本书为国家社会科学基金教育学青年课题"城镇化背景下西部农村成人教育组织建设研究"（项目批准号CKA140127）的研究成果，并受到贵州省教育厅人文社会基地贵州教育发展研究中心专项经费资助和贵州省一流师资队伍建设项目——"两学"教学团队经费资助

乡村社区教育组织引论

杨 智 著

中国社会科学出版社

图书在版编目(CIP)数据

乡村社区教育组织引论/杨智著. —北京：中国社会科学出版社，2019.9
ISBN 978 - 7 - 5203 - 5284 - 0

Ⅰ.①乡… Ⅱ.①杨… Ⅲ.①乡村教育—社区教育—研究 Ⅳ.①G725

中国版本图书馆 CIP 数据核字(2019)第 221861 号

出 版 人	赵剑英
责任编辑	王鸣迪
责任校对	邓晓春
责任印制	张雪娇

出　　版	中国社会科学出版社
社　　址	北京鼓楼西大街甲 158 号
邮　　编	100720
网　　址	http://www.csspw.cn
发 行 部	010 - 84083685
门 市 部	010 - 84029450
经　　销	新华书店及其他书店
印刷装订	北京市十月印刷有限公司
版　　次	2019 年 9 月第 1 版
印　　次	2019 年 9 月第 1 次印刷
开　　本	710×1000　1/16
印　　张	15.75
字　　数	224 千字
定　　价	89.00 元

凡购买中国社会科学出版社图书，如有质量问题请与本社营销中心联系调换
电话：010 - 84083683
版权所有　侵权必究

目　录

序 ·· 李森（1）

前　言 ··（1）

第一章　乡村社区教育组织概述 ································（1）
　　第一节　乡村社区教育组织的含义 ··························（1）
　　第二节　乡村社区教育组织的价值 ·························（13）

第二章　乡村社区教育组织的变迁与类型 ·····················（28）
　　第一节　乡村社区教育组织的变迁 ·························（28）
　　第二节　乡村社区教育组织的类型 ·························（44）

第三章　乡村社区教育组织的生态系统模型 ·················（54）
　　第一节　生态系统模型的构建 ······························（54）
　　第二节　生态系统模型的基本结构 ·························（63）
　　第二节　生态系统模型的基本特征 ·························（71）

第四章　乡村社区教育组织的治理 ·····························（75）
　　第一节　乡村社区教育组织治理的含义与特征 ············（75）
　　第二节　乡村社区教育组织的治理结构 ····················（82）
　　第三节　乡村社区教育组织的治理模式 ····················（94）

第五章　乡村社区教育组织的技术核心 …………（104）
第一节　乡村社区教育组织的目标 ……………（104）
第二节　乡村社区教育组织的课程 ……………（112）
第三节　乡村社区教育组织的教学 ……………（123）
第四节　乡村社区教育组织的人员 ……………（132）

第六章　乡村社区教育组织的文化 ………………（137）
第一节　乡村社区教育组织文化的含义 ………（137）
第二节　乡村社区教育组织文化的要素 ………（141）
第三节　乡村社区教育组织文化的培育 ………（148）

第七章　乡村社区教育组织的冲突与管理 ………（163）
第一节　乡村社区教育组织冲突的含义 ………（164）
第二节　乡村社区教育组织冲突的类型 ………（168）
第三节　乡村社区教育组织冲突的管理 ………（178）

第八章　乡村社区教育组织的压力与变革 ………（187）
第一节　乡村社区教育组织的压力 ……………（187）
第二节　乡村社区教育组织的变革 ……………（198）

第九章　乡村社区教育组织评估 …………………（212）
第一节　乡村社区教育组织评估的含义 ………（212）
第二节　乡村社区教育组织评估的指标 ………（217）
第三节　乡村社区教育组织评估的实施 ………（227）

参考文献 ……………………………………………（233）

序

　　乡村是我国社会的重要构成基础，也是现代化的动力源泉，曾经承担着现代化物力、资源与人力支持等任务，为现代化建设做出了积极的贡献。随着改革开放的逐步深化，城乡差距渐趋显现，劳动力人口的大量外流使得乡村逐步失去了其原有的活力，凋零之势渐显。现代化作为国家的发展战略，不仅包括城市现代化，也包括乡村现代化。乡村的凋零本身也不符合国家现代化的战略目标。因此，21世纪以来，国家出台了系列的关于乡村发展的政策，以此引领与支持乡村的全面发展，例如，西部大开发战略、新农村建设政策与乡村振兴战略等。同时，相关的学者从经济、产业、文化、政治与教育等视角进行了深入的研究，试图从各自的研究领域为乡村现代化寻求出路。乡村社区教育组织作为为乡村经济社会发展提供智力支持的机构，也逐步受到重视。如国家先后出台了《关于推荐全国社区教育实验区、示范区的通知》（教职成司函〔2015〕124号）、《教育部等九部门关于进一步推进社区教育发展的意见》（教职成〔2016〕4号）等文件，要求"充分发挥社区教育在弘扬社会主义核心价值观、推动社会治理体系建设、传承中华优秀传统文化、形成科学文明生活消费方式、服务人的全面发展等方面的作用"。基于国家的政策背景，学者们开始从西方社区教育经验推介与本土构建两个视角开展了一系列的研究，但现有的研究仍难以满足乡村社区教育发展的需求。

　　基于上述的政策背景，杨智教授撰写的专著《乡村社区教育组织引论》为乡村振兴背景下乡村社区教育的发展提供了新的视角。该书回顾历史、立足现实，着眼于未来，为乡村振兴背景下乡村社区教育的发展提供了新的视角。全书共包括三个部分，一是基本理论研究，重点阐述了乡村社区教育组织的含义与价值，变迁的历程与类型，尝试构建了乡村社区教育组织生态系统模型并阐释了该模型的特征。二是运行的探究，主要探讨了乡村社区教育组织的治理、技术核心、文化与评估。三是发展研究，主要借用社会学的相关理论，讨论了乡村社区教育组织发展过程中存在的冲突与管理，面临的压力与变革的策略。

本书是一本认识乡村社区教育组织的基础性著作，其提出的观点、思路、策略等对社区教育的理论研究与实践探索都有一定的启示，总体而言，其具有时代性、前瞻性、基础性与创新性四个基本特征。

时代性。服务社会发展是人文社会科学研究义不容辞的责任，也是学术研究本身的价值所在。社会总在向前发展，相应的学术研究也需跟随社会发展的步伐，从理论上或实践上致力于社会问题的解决。质言之，也就是研究需要彰显时代性。本书的时代性主要表现在两个方面。一是研究立足于乡村振兴的时代背景，把乡村经济振兴、文化振兴与生态宜居等目标作为乡村社区教育组织建设的宏观目标导向。二是把培养适应、推动或引领乡村现代化的人作为乡村社区教育组织建设的具体目标导向，以人为核心和纽带把乡村社区教育组织、乡村社区居民与乡村社会的发展自然衔接起来。

前瞻性。本书的前瞻性主要表现在两个方面。一是乡村社区教育组织尽管在部分乡村已存在，但真正针对村级社区进行科学设计的教育机构很少。借鉴国外乡村社区教育发展的经验以及社区教育服务社区全面发展的理念，讨论了未来科学的乡村社区教育组织遍及村级社区的可能性。二是乡村社区教育组织本身需要经济的支撑，但目前大部分村级社区自身的经济难以支撑社区教育的实施，致使部分乡村社区难以构建社区教育组织，但作者坚信，当经济发展到一定程度后，综合性社区教育组织将会是乡村不可或缺的要素。

基础性。尽管本书在撰写过程中考察了许多现实已存或消失的乡村社区教育学校，但就写作导向与构架而言，本书具有基础性。一是就本书的定位而言，作者本身是把其定位为探讨乡村社区教育组织建设的基础性研究，旨在为乡村社区教育具体组织的构建及其运行提供基本的框架和思路。二是从组织构建的视角探讨乡村社区教育的研究相对偏少，因此本书可能为乡村社区教育研究的拓展以新的启示。

创新性。创新是学术研究的本质特征，本书的创新性主要表现在两个方面。一是选题与研究对象新颖。尽管已有一定数量的研究乡村社区教育的著作与论文，但以效率为导向，以乡村持续发展为目标，从组织的视角探讨乡村社区教育发展的研究较少。二是研究内容新颖。研究综合探讨了乡村社区教育组织的模型、治理、技术核心、文化、冲突以及变革等，尤其探讨了冲突与管理、压力与变革等方面的内容，为我们认识乡村社区教育组织的发展提供了新的视角。

总体而言，本书反映了作者浓厚的乡村社区教育情怀，其写作态度端正，写作过程中参阅了大量的文献资料，做出了属于自己的学术探索。但研究的理想色彩较为浓厚，提出的见解还有待实践的进一步检验。相信只要不断地努力，作者的学术之路会不断延展。

应杨智教授之约，略陈数语，是为序。

2019 年 8 月 6 日

前　言

21世纪以来，国家尤为重视乡村的发展，先后出台了系列的关于乡村发展的政策，如西部大开发，新农村建设，脱贫攻坚与乡村振兴等，有效地推动了乡村的全面发展。乡村社区教育组织作为乡村社会发展的智力支持机构，在乡村建设过程中承担着智力支持的任务。在此意义上，研究乡村社区教育有助于国家乡村发展政策的落实。除上述原因外，笔者研究乡村社区教育组织还基于三个方面的原因。一是笔者在乡村出生与成长，毕业后在乡村小学担任过五年的小学教师，也担任过扫盲教师，亲身体验了偏远乡村在现代化过程中缺失智力支持的彷徨与无奈，其浅层原因是乡村人口理念、知识与技能等方面的匮乏，深层原因则是乡村教育发展的滞后与无力。笔者逐步意识到乡村的发展需要教育的支持，并且认为作为教育工作者我应该为乡村发展做点力所能及之事。二是社区教育作为实践教育形态，事实上已在我国乡村存续了数千年，已深度融入乡村居民的生产生活实践中。我国古代社会属于米德所言的"前象征"社会，晚辈重复学习祖辈的知识与经验，在此慢速度的社会中形成的社区教育难以应对现代社会快速发展的需求，因此结合现代社会发展的实际探讨乡村社区教育既是教育自身发展之需，也是乡村社会发展之需。三是尽管实然状态的乡村社区教育在乡村具有深厚的基础，但是这种成长于传统社会的教育形态很难满足追求高速度、高效率的现代社会对教育的需求。因此，从组织构建的视角讨论乡村社区教育在某种程度上能更有效地发挥社区教育的价值。

基于对本书产生的背景与现实需求的考量，笔者参照生态学与功能主义的理论框架，扎根乡村基层开展研究，以期能从三个方面彰显其抛砖引玉之价值。一是期望本书能弥补乡村社区教育组织理论研究的不足，同时也能引起学界对乡村社区教育组织研究的关注。二是期望本书能为乡村社区教育的规划与实施提供新的视角，从与社会环境、社区环境融合的角度认识乡村社区教育组织。三是期望能推进乡村社区教育组织实际建设与拓展管理者的工作思路，从开放、创新与持久的视角建设乡村社区教育组织。

本书的成果主要包括下列七个方面。

第一，乡村社区教育组织含义与价值，变迁历史与类型概况。一是研究认为乡村社区教育组织是为促进乡村社区全面发展，在乡村社区范围内由乡村居民与其他社会组织机构或个体共同构建的，指向乡村当前与未来发展的教育机构，其具有育人价值、教育价值、社会发展价值与国家安全价值。二是本书采用史论结合的方式梳理了乡村社区教育组织变迁的历程，并认为经济社会的发展是其变迁的动力源泉。三是本书基于对乡村社区教育组织实施主体的梳理，分析得出乡村社区教育组织主要包括社会型组织与学校型组织两种形式。

第二，综合运用生态、结构功能主义与组织学等相关理论，构建了乡村社区教育组织生态系统模型。该模型主要包括社会、社区与乡村社区教育组织自身三个层级系统以及发展与引领、资源支持、智力支持、服务支持四条链接主线，彰显了社区教育组织发展的系统性、共生性、开放性与创新性等特征。

第三，本研究把现代治理念融入乡村社区教育组织建设中，界定了现代治理理念支持下的乡村社区教育组织的内涵，分析其具有全员共治、多元互动、科学规范、"善治"导向四个基本特征。从功能的视角讨论了乡村社区教育组织的职权结构、专业结构与制度结构，并在此基础上讨论了乡村社区教育组织的政社、社校与社区自治三种模式。

第四，乡村社区教育组织与其他组织的根本区别在于其技术核心，主要包括目标、课程、教学与人员四个基本要素。乡村社区教育组织的目标主要包括形态性目标、保障性目标与功能性目标三类，在目标的基础上讨论了课程的开发与课程框架，教学组织形式与方法以及教学的平台与载体，尤为强调教学的实施需要构建与实际生产生活场景近似的平台和载体或直接在真实的环境中开展教育教学活动。

第五，乡村社区教育组织本身属于文化性组织，其文化主要包括理念文化、物质文化、制度文化、语言文化与行为文化五种类型，文化培育需要寻求理论基础与实践基础，并在此基础上构建环境、制度与语言三种载体，并以环境熏陶、制度引导、教育渗透与问题解决引导四种方法推动文化建设的落实。

第六，乡村社区教育组织本身属于发展性组织，冲突与压力是乡村社区教育组织变革与进步的动力源泉。一是本研究从目标设计、资源供需、学习观、活动组织与信任五个方面讨论了乡村社区教育组织的类型，提出了乡村社区教育组织冲突管理的五种方法，即竞争与合作、妥协与自调、包容与迁就三类方法。二是基于压力处理方式的差异，乡村社区教育组织可能形成进取型组织、维持型组织与放任型组织三种类型，在此情形下，组织的发展要正确认识压力的价值，以指定科学的变革策略。

第七，评估是乡村社区教育组织建设不可或缺的重要构成要素，本书构建了乡村社区教育组织的评估指标体系，主要包括3个一级指标，11个二级指标与50个三级指标，并讨论了乡村社区教育组织评估的主体构成、模式与实施方法。

尽管笔者具有浓厚的乡村社区教育情怀，但才疏学浅，导致本书尚待提升之处仍较多，恳请各位读者不吝赐教，诸多的不足笔者将在后续的研究与工作中不断完善。

第一章 乡村社区教育组织概述

个体的一生总是与组织发生着千丝万缕的联系，家庭组织、教育组织与社会组织等各种类型的组织伴随个体从出生、成长到最终的死亡。传统社会中，教育组织伴随个体到成年并不再对个体成长发挥作用。随着社会经济的发展，教育正在贯穿个体的一生。在现代社会中，陶行知先生所言"出世便是破蒙，进棺材才算毕业"的终身教育思想正在成为现实。为落实终身教育思想，势必在乡村建立社区教育组织以服务于人的终身学习与终身发展。这种组织是什么，其价值如何是接下来研究所探讨的问题。

第一节 乡村社区教育组织的含义

乡村社区教育组织，在现实中不仅是形式上的教育组织，深层次上它更是具有悠久历史渊源的教育组织，其背后是积淀几千年的乡村社区教育文化。为使研究更加透彻，我们有必要从历史的视角认识乡村社区教育组织，挖掘其固有的含义。本研究主要以乡村社区、教育组织与乡村社区教育组织三个核心词组的展开界定乡村社区教育组织的含义。

一 乡村社区

（一）何为乡村？

乡村是与城市相对的社会形态，实际上，因为不同国家与地区具有不同的经济与文化环境，所以关于乡村的界定也存在着差异。综合国内外关于乡村界定的理论与实践基础，其主要包括行政基础、产业基础与社会综合基础，与之对应的是行政区划视角下的乡村、产业基础视角下的乡村与社会综合视角下的乡村三种类型。

1. 行政区划视角下乡村

乡村是国民经济统计中使用的重要的地域概念，它意味着与城市不同的经济结构、人口结构与文化结构，因此不同国家与地区对于乡村的界定也有所差异。这里主要从行政管理的视角列举日本与美国关于乡村界定的基本情况来分析。

一是日本的行政区划主要包括都、道、府、县、市、町、村，其中的町相当于我国的镇，村类似于我国的村。[①] 其差异在于我国的行政区划中上下级之间属于垂直领导关系，而日本的都、道、府、县与市、町、村之间是非垂直领导关系，但前者对后者有一定的管理权限。二是美国乡村分为早期乡村与现代乡村。现代乡村是早期乡村的延展。早期美国因地理环境的限制使得村民在相对封闭的地理空间中从事商品交换、做礼拜、接受教育，因此美国人口普查局把相对封闭的人口稀疏且在2500人以内的区域界定为乡村。然而，社会经济的发展引导部分城市人开始向乡村迁移，城市与乡村的界限渐趋模糊，因此美国人口普查局拓展了乡村的概念，把远离市中心的小城镇以及人口稀疏地区都称为乡村[②]。而我国乡村的划分主要依据国家统计局《关于统计上划分城乡的暂行规定（试行）》，其中把我国行政区域划为城区、镇区与乡村三种类型[③]，城区与镇区以外的区域都称为乡村。尽管各国的行政区划存在差异，但是乡村作为国家行政体系中城镇以

---

① 王承云、郭鑫等：《日本城市旅游地理》，上海社会科学院出版社2013年版，第37页。
② 5000人以上的中心城市及其所延伸的郊区都不属于乡村。
③ 《关于统计上划分城乡的暂行规定（试行）》指出：城区指街道办事处所辖的居民委员会地域与城市公共设施、居住设施等连接到的其他居民委员会地域和村民委员会地域；镇区指镇所辖的居民委员会地域，镇的公共设施、居住设施等连接到的村民委员会地域或常住人口在3000人以上独立的工矿区、开发区、科研单位、大专院校、农场、林场等特殊区域。乡村指城镇以外的其他区域。

外的区域已成为共识。乡村在行政区划中属于初级的基础性单位，城市则作为优于乡村的概念存在。

2. 产业基础视角下的乡村

行政区划视角下的乡村是从社会治理或管理的视角进行的划分，产业是其划分的主要基础。城市与城镇的经济、政治、文化处于各自所辐射区域的核心地位，但是其产业主要是商业、工业与文化业。乡村则是以农业为主要产业，当然这里的农业还包括林业、畜牧业与渔业等。在文化层面上，城市由工商业文明主导，而乡村则由农业文明主导。在此意义上，乡村与农村的概念类似。经济社会的发展导致传统的与农村概念类似的乡村概念正在受到挑战，因此理论界与实践界对乡村的概念进行了更加契合时代发展的界定。如王思斌（2004）认为乡村"由众多农民家庭聚居而成的社区，它有与城市不同的经济类型、居住形态和生活方式"[①]。然而现代乡村不全是农民家庭。一是因为尽管户口属于农民，但他们不再从事农业活动；二是在某些矿区与厂区其户口不是农民。在此意义上，对现代乡村的理解需要超越传统农村的范畴，把乡村界定为与城市经济、文化、产业、生活方式存在差异的居民聚居区，同时包括每个聚居区居民所活动的非城镇区域。其主要产业包括农业及副业、旅游业、手工业与矿业及加工业等。

3. 社会综合视角下的乡村

从理论层面而言，行政区划的乡村概念是清晰的与可操作的。就现实而言，城镇与乡村之间仍存在界限模糊的情况，致使我们在现实中难以准确界定城与乡。如果非要清晰划分，那么这里需要引入"城乡接合区"的概念。这样我们的社会就存在三类区域，城市中心区、乡村中心区与城乡接合区。即使有这样的划分，城乡接合区与另外两者之间在关系上仍较为模糊。产业基础视角下的划分在现代社会中同样存在不足。传统意义上的以农业为主要产业的乡村社会在改革开放

---

① 王思斌：《乡村社会学》，中央广播电视大学出版社2004年版，第2页。

的推动下，乡村青壮年劳动力大量外流使得部分传统乡村成为"空心村"，传统的男耕女织的乡村正在变为"无耕无织"的乡村。因此，以产业为乡村划分依据的方法也与现实不符。

基于行政划分与产业基础划分两种方式存在的困境，本书认为现代乡村的界定需采用综合的视角，在考量行政区划、产业划分的基础上增加政治、文化与生活方式等因素。在政治方面，乡村属于基层自治组织，包括行政村与自然村两类组织形式。在文化方面，乡村人际关系紧密，社区自我文化认同感较强。在生活方式上，乡村"意味着一种生活的方式与观念——亲近自然，更舒缓的生活节奏，重视传统、独立、自强和幽静的略微保守的生活风格"①。

（二）何为社区？

就我国而言，社区是近二十年才开始流行的概念。社区概念的广泛使用在理论上意味着研究者试图探究具有亲密关系的共同体的构建。它代表着社会对传统的熟人社会的怀念与追忆，当然也期望通过社会共同体的探究为乡村社会稳定，为现代陌生人社会的固有问题的解决寻找出路。尽管社区从实态而言在人类社会诞生之初即已存在，但是作为研究性概念的提出则始于近代西方。中国作为具有几千年文明的国家，尽管社区概念引进较晚，但实态的社区也有其深厚的文化根基。因此，我们关于社区概念的探讨主要从社区含义的汉语溯源，西方学者关于社区的界定、我国学者对社区概念的引进与发展三个方面展开阐述。

1. 社区含义的汉语溯源

汉语的发展事实上遵循的是从字到词，词到短语，短语到句子，句子到段落，再到篇章的规律。这个过程既是汉语本身的发展过程，也与中国人的认知发展水平存在一致性，如幼儿的语言发展同样遵循这样的规律。此规律给予我们的启示在于：对社区的考察先分开讨论"社"与"区"，再探讨"社区"的含义。

---

① ［美］莫拉莱斯、［美］谢弗：《社会工作：一体多面的专业》，顾东辉等译，上海社会科学院出版社2009年版，第316页。

就词源学的考察而言，古汉语中的"社"包括神学视角上的含义与社会机构视角上的含义两种类型。就神学意义上的界定而言，其含义主要包括土地神之主，祭祀神社之所，祭祀社神与祭祀社神的节日等。例如《礼记·祭法》"共工氏之霸九州也，其子曰后土，能平九州，故祀以为社"，这里的"社"即为土地之神。就社会机构意义上的"社"而言，其主要包括三种含义，即基层乡治组织、基层乡治组织的延伸机构和团体组织。社会机构意义的"社"与现代乡村社区的含义更为密切，因此这里探究的重点放置于社会机构意义上关于"社"的三种含义上。

一是"社"指基层乡治组织，它包括按户划分与按地域面积划分两种类型，在历史上主要以基层乡治单位或自然村落的形式存在。[①]就按户的划分而言，具有代表性的如《说文解字·示部》的释义为"社，《周礼》：'二十五家为社'"，又如《元史·食货志一·农桑》所记载："县邑所属疃，凡五十家立一社，择高年晓农事者一人为之长。增至百家者，另社长一员。不及五十家者，与近村合为一社。地远人稀，不能相合，各自为社者听。"就按地域面积的划分而言，如《管子·乘马》记载："方六里，名之曰社。"这里的"方六里"为地域范围。

二是"社"指在基层乡治组织含义上延伸出来的附属机构。如社即社学或社仓即为此义。《续文献通考·学校四》："弘治十七年，令各府州县访保明师，民间幼童十五以下者，送社读书。"这里的社即社学之义。《明会要》卷五十六记载："宋则准民间正税之数，取二十之一为社。"这里的社即社仓之意。

三是"社"指团体组织。《宋史·兵志四》："今河朔西路被边州军，自澶渊讲和以来，百姓自相团结为弓箭社。"这里的社就指的是以弓箭为武器所组织起来的武装团体。[②]

[①] 王日根、张侃、毛蕾：《厦大史学》（第4辑），厦门大学出版社2013年版，第279—230页。

[②] 《汉语大字典》，四川辞书出版社、湖北辞书出版社1986年版，第2386页。

"区"在古汉语中具有隐藏、居处、小屋、地域范围等意思。《说文解字》的解释是:"區,踦区,藏匿也,从品在匸中。品,众也。"意即人藏身的地方为"区"。颜师古注引如淳曰:"居处所在为区。"颜师古对《汉书·胡建传》"时监军御史为奸,穿北军垒垣以为贾区"中的"区"注为"小室之名"。《玉篇·匸部》认为:"区,域也。"总之,无论是藏身的地方、居所还是小室,"区"都可理解为具有相对固定界限的地域范围。

对"社"与"区"的历史溯源为我们理解现代社区含义奠定了基础。结合古代"社"与"区"的含义,"社"与"区"主要包括三种含义。一是社区具有一定的地域空间,无论是基层的乡治单位或自然村落,以及在此基础上延伸出来的组织,还是团体组织,其都有特定的地域空间。二是社区的核心是人,作为乡治单位的社或自然村落的社和社学、社仓、藏身之处等都与人密切关联。三是社区具有团体的含义,无论是基层乡治单位还是自然村落,相对其他基层乡治单位或自然村落而言,其成员间的关系更加紧密。

2. 西方学者关于社区的界定

1887年德国社会学家斐迪南·滕尼斯(Ferdinand Tonnies, 1855—1936)发表了其重要著作 *Gemeinschaft und Geseiischdft*,该著作有《社区与社会》和《共同体与社会》两种译法。Gemeinschaft 指原始的,以血缘、感情和伦理为纽带而聚集在一起的共同生活的群体,类似于我国传统的自然村落。在这样的群体中,人与人之间保持着自觉的、亲密的关系,属于熟人群体。Geseiischdft 指建立在自私、自利的、因利益相关或为共同目的而聚集在一起的人类群体。[①] 前者类似于传统的乡村社会,人与人之间更多依靠血缘与亲缘联系在一起。后者属于现代的城市社会,人与人之间依靠法律关系或共同商议制定的规约联系在一起。所以滕尼斯认为共同体社会属于有机结合体,社会

---

① 黎民、张小山:《西方社会学理论》,华中科技大学出版社2005年版,第117—118页。

属于机械结合体。① 共同体具有自觉的持久性，依靠内在力量来维持；机械团体则依靠外力来维持。

滕尼斯提出社区与社会概念之后，西方社会学家开始用社区的概念来分析社会问题，并把滕尼斯的社区概念与社会概念进行融合，并汲取了"共同体"的含义。美国社会学家帕克（R. E. Park）把社区概念用于分析城市问题，他认为社区是人群的汇集，社区包括地域、人口与制度三个最基本的要素。并从生态学的视角认为社区是一定人口依据经济（职业）、文化与政治等体制在一定地域空间上汇集而成的。② 帕克的社区与滕尼斯的社区存在概念差别，前者研究的是城市社区，因此本质上与滕尼斯所言的 Geseiischdft（社会）含义更为接近。在帕克之后，社会学者埃弗里特·M. 罗吉斯和拉伯尔·J. 伯德格、G. 邓肯·米切尔以及戴维·波普诺等人对社区的界定都包含了帕克的三个基本要素。罗吉斯和伯德格认为"社区是一个群体，它由彼此联系，具有共同利益或纽带，具有共同地域的一群人所组成，社区是一种简单群体，其成员之间的关系是建立在地域的基础之上"③。米切尔认为"社区是居住在某一特定区域的、共同实现多元目标的人所构成的群体。在社区中每个成员可以过着完整的社会生活"④。美国社会学家戴维·波普诺在《社会学》中提出了两种社区概念。一是把社区理解成"居住在某一特定地域中的一群人，他们的生活围绕着日常的互动模式而组织起来，这些模式包括工作、购物、娱乐等活动，以及教育、宗教、行政等设置"；二是把社区理解为"这样一些地方或群体，在其中人们感到团结一致，并通过日常共同的认同感强

---

① ［德］斐迪南·滕尼斯：《共同体与社会——纯粹社会学的基本概念》，林荣远译，商务印书馆1999年版，第52页。
② ［美］R. E. 帕克、［美］R. D. 麦肯齐：《城市社会学》，宋俊岭、吴健华译，华夏出版社1987年版，第110—112页。
③ 宋林飞：《社区社会工作》，社会科学文献出版社2002年版，第5页。
④ ［英］G. 邓肯·米切尔：《新社会学词典》，蔡振扬等译，上海译文出版社1987年版，第51页。

有力地联系在一起"①。上述四种定义之间的区别在于,罗吉斯和伯德格认为人与人之间的联系是基于共同利益的,米切尔则认为其是基于多元目标实现的,波普诺认为其是基于日常互动和心理认同的。

3. 社区概念的引进与发展

尽管作为实践形态的社区伴随着人类社会的产生而产生,然而我国对社区概念的引进则是近代以来的事。社区概念的引进始于费孝通先生。1948年10月16日,费孝通在《社会研究》第77期上发表了一篇题为《二十年来之中国社区研究》的论文,并基于英文版 *Community and Society*②对"社区"概念进行了译介。他最初把 Community 译为"地方社会",后来在翻译滕尼斯的 Community 和 Society 两个不同概念时,发现 Community 与 Society 的含义存在差别,于是认为"地方社会"这种翻译不恰当。后来偶然想到"社区"一词,这就是"社区"一词的来由。③在费孝通译介"社区"概念之后,我国学者的相关研究与西方关于社区的研究随着学术交流程度的加深其融合也更快,国外关于社区的现代界定也不断被介绍到国内。如美国学者霍华德·莱茵戈德(Howard Rheingold)(1993)提出的虚拟社区④概念,Rhiengold(1993)、SchWartz(1995)、Hiltz 和 Welman(1997)等人提出的"虚拟学习社区"概念。⑤相关的系列概念被陆续引入我国的同时,国内学者也结合自身的研究对社区进行本土化的界定,先后提出了网络社区、智慧社区、生态社区与过渡型社区、新型社区等被赋予时代内涵的概念。

纵观世界范围内关于社区概念的界定,滕尼斯是社区研究的鼻

---

① [美]戴维·波普诺:《社会学》,李强译,中国人民大学出版社1999年版,第570页。
② 德文 *Gemeinschaft und Geseiischdfi* 的英文版名称为 *Community and Society*。1940年,美国人 C. P. 卢密斯第一次将滕尼斯的这部著作从德文译成英文时,译为"社会学的基本概念"(Fundamental Concepts of Sociology)。1955年,在英国出版这部著作的英译本时,标题译为"社区与社团"(*Community and Association*),直到1957年芝加哥大学再版卢密斯的译本时,将标题定为"*Community and Society*"。
③ 杨淑琴:《社会学导论》,上海交通大学出版社2009年版,第112页。
④ 曾祥翊:《专题教育社区的概念与特征》,《中国电化教育》2013年第10期。
⑤ 鲍有斌:《学习型组织与虚拟学习社区》,《远程教育杂志》2004年第3期。

祖，此后受到 19 世纪 20、30 年代以 R.E. 帕克为首的芝加哥学派的推动，社区的研究在世界范围内蓬勃开展，例如 1981 年美国华裔社会学家杨庆堃统计发现关于社区的定义已达到 140 多种。[1] 尽管社区的界定众多，但是，其本质上主要包括实际的或虚拟的地理空间、地理空间内的人口、人与人的关联方式三个最基本的要素。基于这三个基本要素，本研究把社区界定为处于一定实际或虚拟地理空间的人口，以有机的、机械的或二者兼具的形式形成的共同体。具体到乡村范围内，乡村社区可界定为：在乡村范围内，乡村人口依托实体或虚拟平台，自然形成的或在外力助推下形成的亲缘、血缘、地缘、职业或利益共同体。其范围延展到居民生产与生活的主要区域，它与别的社区间存在模糊的边界。

就学理划分而言，社区主要包括城市社区与乡村社区两种形式，但现实中我国只把城市中的基层行政单位与经济相对较好的镇中心所在地的村称为社区。显然这种社区的界定是以城市为导向，忽略了社区的本源性质。基于此，本研究主要以滕尼斯的社区概念为基础把社区置于乡村范围内讨论。结合我国乡村社会的实际，本研究中的乡村社区主要指行政区划中属于乡村的社区以及非城乡接合部的行政村与自然村落。研究中之所以不严格依照滕尼斯的"共同体"社区概念界定乡村社区，原因在于随着经济社会的发展，传统的共同体式的乡村社区已发生变化，目前乡村社区主要包括自然村落型社区、传统行政村社区与新的移民型社区三种类型。

二 教育组织

组织是本研究中最核心的关键词，它关系到研究的总体设计思路，因此这里首先对组织进行界定。与社区的古汉语含义一样，组织也是两个单独的字。就组而言，古汉语中主要包括名词的"组"与动词的"组"两种用法。名词的"组"指用丝编织的柔软物件，如

---

[1] 徐永祥：《社区工作》，高等教育出版社 2004 年版，第 7 页。

《诗经·邶风·简兮》中的"有力如虎,执辔如组"。朱熹把"组"解释为"织丝为之,言其柔也。御能使马,则辔如组也"。《说文解字·系部》把"组"解释为"组,绶属",宽而薄的丝带。动词的"组"是编织之义,如《诗经·鄘风·干旄》"素丝组之,良马五之"中的"组"即此义。① 就"织"而言,同样在古汉语中有名词与动词两种用法。名词的"织"主要指丝织品,如《说文解字》的解释即此义:"织,作布帛之总名也,从系,只声。"② 动词的"织"指用相互交错、勾连的方法编织物品,如《隋书·东夷传·流求国》中的"织藤为笠,饰以毛羽"即为此义。③

综合"组"与"织"的古汉语释义,"组"与"织"的释义较为接近。"组"与"织"合用的例子也可佐证此观点。作为名词时都指用丝状物或藤状物编制的物件,如《隋书·何稠传》"波斯尝献金緜锦袍,组织殊丽,上命稠为之"与欧阳修的《酬学诗僧惟晤》"又如古衣裳,组织烂成文"中"组织"即为此义。作为动词的组织为构造、安排之义。刘勰的《文心雕龙·原道》"雕琢情性,组织辞令"与龚自珍《怀我生之先箴》"今大夫天干琅琅,地支气昌,帝组织我阴阳,庸讵知我非符"中的"组织"即为此义。现代汉语对古汉语中的"组织"含义进行了引申。作为名词的"组织"在现代汉语中主要解释有三:一是有一定关系的事物之间形成的系统或相互配合的关系;二是纺织品经纬纱线的结构;三是多细胞织物体内由若干现状和作用相似的细胞组合而成的基本结构。④

从词源的分析而言,传统意义上我国对组织的解释主要是从物的视角而言的,而现代意义上的组织属于社会学概念。在社会学层面探讨组织的过程中,西方的组织思想对我国产生了较大的影响。从词源的角度来看,英文单词组织的名词形式为 organization,其源

---

① 《汉语大字典》,四川辞书出版社、湖北辞书出版社1986年版,第3380页。
② 同上书,第3543页。
③ 同上书,第3454页。
④ 《现代汉语学习词典》,商务印书馆2010年版,第1703页。

于希腊文"organon",意为工具、手段与方法。此意思引申到组织含义中,即组织是实现特定目的的工具或手段。英文组织的动词是orgnize,其意思为组织、安排、使尽然有序,与汉语中组织的含义也较为接近。随着管理科学的发展,研究者对组织作出了不同的界定。具有代表性的定义有:一是斯宾塞(Herbert Spencer)从社会学的角度把组织界定为社会有机体。二是巴纳德(Chester Barnard)认为组织是"两个或两个以上的人有意识地协调其活动和力量的系统"[1]。三是达夫特认为"组织(organizations)是……具有明确的目标导向和精心设计的结构与有意识协调的活动系统,同时又同外部环境保持密切的联系"[2]。四是霍尔(Richard H. Hall)通过对历史上关于组织概念的梳理,认为"组织是有相对明确的边界、规范的秩序(规则)权威级层(等级)沟通系统及成员协调系统(程序)的集合体;这一集合体具有一定的连续性,它存在于环境之中,从事的活动往往与多个目标相关;活动对组织成员、组织本身及社会产生结果"[3]。前述的关于组织的界定理论性相对较强,而亨利·明茨伯格(Henry Mintzberg)的界定更为直观,他认为组织即"将工作拆分成若干不同的任务,再协调整合起来以实现工作目标的各种方法的综合"[4]。

  基于我国的文化传统,借鉴西方的组织思想,我国逐步形成了相对规范的社会学意义上的组织概念。如朱国云认为人类组织是"互动的个人或团体为实现一定的目标,依据一定的职权关系,通过一定的结构所形成的具有明确界线的实体"[5]。动词的组织被认为是"把分

---

[1] [美]霍尔:《组织:结构、过程及结果》,张友星、刘五一、沈勇译,上海财经大学出版社2003年版,第33页。

[2] [美]达夫特:《组织理论与设计》,王凤彬等译,清华大学出版社2011年版,第12页。

[3] [美]霍尔:《组织:结构、过程及结果》,张友星、刘五一、沈勇译,上海财经大学出版社2003年版,第35页。

[4] [加]明茨伯格:《卓有成效的组织》,魏青江译,中国人民大学出版社2012年版,第5页。

[5] 朱国云:《组织理论:历史与流派》,南京大学出版社1997年版,第2页。

散的人或事物有目的、有系统、有秩序地结合起来"①。黄志成认为组织指"管理者在一定的时空中，为实现一定的目标，合理有效地配置人、财、物，科学地设计、实施和变革组织的结构，以适应变化的环境，达到维持组织结构动态平衡的过程"②。

综合国内外关于的组织的界定，社会学意义上的组织主要包括四个基本要素。一是组织有任务目标；二是基于目标完成而按一定方式组合起来的一群人；三是人与人之间基于任务的完成而制定相应的职责和工作制度；四是组织具有自觉发展的动力与不断扩展的张力。在教育组织的词组中，教育是组织的修饰语，是从功能的视角对组织性质的界定，因此我们认为教育组织是为提升教育效率，在人类社会历史进程中形成的或专门设置的承担教育功能的机构。

三 乡村社区教育组织

前面分别对乡村、社区、教育组织的考察为全面理解乡村社区教育组织提供了基础。这里主要从关系的视角对乡村社区教育组织进行全方位考察。

就乡村与社区的关系而言，城市与乡村是人类社会主要的两种生产生活方式存在差异的社会形态。城市的基础是乡村，乡村不断发展最后形成城市。在此意义上，乡村是人类社会最初的根。依据滕尼斯社区的界定，乡村本身就是社区，而城市则属于社会。乡村中的行政村落或自然村落本身就是社区，因此乡村与社区之间存在着本质的天然联系。众多的行政村或自然村——社区构成乡村。从社区的视角研究乡村教育，有助于更加清晰地审视与剖析社区教育对社区发展的影响。就乡村社区与教育组织的关系而言，乡村社区是对教育组织所属范围的限定，即在乡村社区的范围内讨论促进乡村社区发展的教育组织类型。重心不是讨论如何实施教育，而是从组织的视角讨论如何构

---

① 《现代汉语学习词典》，商务印书馆2010年版，第1703页。
② 黄志成、程晋宽：《现代教育管理论》，上海教育出版社1999年版，第145页。

建高效的有助于社区发展的教育组织。

基于上述的分析，本书认为乡村社区教育组织是为促进乡村社区全面发展，在乡村社区范围内由乡村居民与其他社会组织机构或个体共同构建的，指向乡村当前与未来发展的教育机构。其主要包括普通学校教育组织与非普通学校教育组织两种形式，前者的专业性强且组织已基本完善，对象是未成年人，因此本书主要讨论的社区教育组织指社区内的非普通学校教育组织。从持续时间的视角而言，乡村社区内非普通学校教育组织包括临时性社区教育组织与永久性社区教育组织，临时性社区教育组织通常属于外来的注入式社区教育组织，是其他社区教育主体工作的延伸。永久性社区教育组织指扎根于乡村生产生活实际，成为乡村社区有机构成要素的社区教育组织。从乡村社区发展的理想而言，永久性社区教育组织是乡村社区发展必需要素，因此本书试图从乡村社区发展的视角探究适合乡村社区发展需求，并随着乡村社区发展而不断发展的永久性乡村社区教育组织的建设。

第二节　乡村社区教育组织的价值

就主客关系而言，价值是客体属性对主体需要的满足，主要表述为主体客体化与客体主体化两种类型。前者指客体对主体所产生的影响，后者指主体对客体所产生的影响。主体在通过客体预期价值满足自己需求的过程中也在不断调适使自己尽可能挖掘客体潜在的或延伸价值以满足自身的需求。在此意义上价值本身是对主体、客体相互关系的描述。无论是主体客体化还是客体主体化，本质上都表现为明显的主体性。"一是为我性。即价值是因'我'而存在的，为'我的发展'而服务的。二是需要性，指价值的存在是源于主体自身发展对于自身活动及外部世界的依赖性。三是效益性，主体的需要与目的通过客体转化成为现实的客观形态，客体同化于主体，客体为主体服务，价值就得以实现。"①

乡村社区教育组织作为服务乡村自身发展的组织，组织本身的关系较为松散且复杂，因此关于其价值的探析需要我们从复杂的社区乃至社会系统中确立价值主体与价值客体，以此逐步明晰乡村社区教育组织的价值类型。就乡村社区教育关联的主体而言，直接主体是乡村社区的居民，社区教育的价值必须通过居民得以实现。社区教育本身属于教育的类型，社区教育发展在教育体系的视角下具有教育价值。社区教育主体是村民，村民的成长直接导致乡村社区的变化与发展，因此社区教育具有促进乡村社区发展的价值。乡村是国家不可缺少的构成要素，社区教育通过促进乡村的发展而间接地为国家安全做贡献，在此意义上乡村社区教育组织具有国家安全价值。

一 育人价值

乡村居民是乡村社区教育的主体，也是社区教育服务的主要对象。从年龄阶段划分，乡村社区教育的主体主要包括青少年儿童与成年人，其价值即乡村社区教育组织要满足村民学习的需求。尽管乡村居民可能尚未意识到自己的学习需求，然而从社区发展以及人自身的发展而言，乡村社区教育组织的育人价值总是存在的。结合乡村社区发展的实际，乡村社区教育组织的育人价值主要包括乡村居民的现代化与乡村居民的乡土化。从形式上看，现代化意味着变化与超越，乡土化意味着保守与停滞。而事实上，现代化意味着居民需要积极发展以应对经济社会发展的需求，但并不否定过去。乡土化并非对现代化的抵制，而是要求乡村居民深处乡村应认识乡村并热爱乡村。在育人价值上，要培养既能着眼于当下与未来的，具有前瞻性的村民，同时也培养村民的乡土情怀。

---

① 王天平：《社会转型时期乡村教育的价值取向》，《西南大学学报（社会科学版）》2017 年第 1 期。

（一）乡村社区居民现代化价值

现代是一种理解社会的语境，它与"某种变化有关。它表示某种新的东西出现——新的方式或形态，甚至也许是新的存在方式"①。作为过程即为现代化，作为变化的结果时即为现代性。现代化是社会进步的趋势，带来的是生产高效与生活的舒适与便利，现代化是人本身不可回避的趋势。从人与自然的关系而言，传统与现代的主要差别在于传统指人与自然相互依赖，现代使人逐步与自然疏离。乡村社区教育组织的居民现代化价值主要指社区教育具有引领乡村居民适应现代社会发展需求，甚至促使乡村居民推动现代社会积极向前发展的价值。现代化是一把双刃剑，在推动乡村社区积极发展的同时，也会带来副作用。乡村社区教育组织的居民现代化价值的考量需要从积极性与破坏性两个方面展开。

现代化能赋予人适应社会并改造社会的力量。乡村社区教育组织需要以此为价值导向引导村民参与到教育活动中。在现代化过程中，乡村人口结构正在发生变化，现有的乡村人口主要由留守儿童，老人与妇女，"候鸟式"农民工，少数留在乡村的青壮年构成。因其年龄、社会责任与家庭责任的不同，对其实施的社区教育也应有所差异。一是就留守儿童而言，乡村社区教育组织主要承担其校外教育的任务，为留守儿童提供温馨舒适的生活环境，引导其身心健康发展。二是就留守老人与妇女而言，乡村社区教育组织需要传输现代生产生活理念，引导其学习现代生产生活常识与社会常识，如民主法治、卫生与健康、环境与安全、社交与网络、理财与休闲等常识，促使其成为现代乡村人。三是就"候鸟式"农民工而言，乡村社区教育组织要培养其现代城市生产所需的职业技能，掌握城市生活的基本规则，推动其尽可能融入现代城市生活，同时需引领其通过多种渠道参与乡村社区建设。四是少数留守乡村的青壮年通常包括乡村实用型人才与

---

① ［加］托马斯·拉马尔、［韩］姜乃熙主编：《现代性的影响》，江苏教育出版社2008年版，第1页。

创业型人才，乡村社区教育组织需要引领其逐步成长为乡村社区发展的领衔人与"新乡贤"，同时也需要对其实施相应的技能教育与创业教育。总而言之，乡村社区教育组织的村民现代化不仅需要按照现代化的进程让后进者赶上现代化的步伐，同时也要引领其超越当前，走向未来。

现代化能赋予人破坏生态系统的力量。相比传统社会，现代化在赋予乡村人口现代"幸福"生活的同时，也给乡村生态系统造成破坏。如果以滕尼斯的社区与社会概念为依据，传统的社区在现代化的冲击下正在步入社会。在此转变过程中，势必破坏原有的生态系统，但也可能重建新的生态系统。基于乡村社区的实际，这种生态系统的破坏主要包括对传统人文生态系统的破坏与自然生态系统的破坏。乡村人文生态的破坏指现代化打破了乡村社区原有的文化生态系统，乡村社区正在从"义"社区转变为"利"社区，正在从熟人社会变为半陌生人社会，传统的德高望重"领袖"正在由钱势"领袖"取代，传统精神文化体系正在被消解，乡村自带的道德体系等正在遭到现代化的消解。调查发现，乡村居民似乎都很怀念传统的社区人文生态，但当其面对利益的诱惑时却不自觉地走向"现代化"。因此，乡村社区需要通过教育促使乡村居民掌握现代乡村社区人文生态系统重建的理念、知识与技能以及乡村建设的情怀。乡村自然生态系统的破坏指乡村居民在生产生活实践中破坏了乡村原有的生态系统，延缓或阻止了生态系统的自我修复功能。农药、除草剂、塑料薄膜、生活垃圾、饲料滥用等都是乡村自然生态系统的破坏源。基于此，乡村社区教育组织需要结合社区实际对乡村居民实施自然生态系统保护教育，唤醒其重视乡村生态环境保护的意识，提升乡村生态环境保护的知识和技能。

（二）乡村社区居民乡土化价值

当前的现状是乡村人口纷纷"遗弃"乡土，主要包括教育逃离、务工逃离、创业逃离、政策搬离等多种形式。乡土正在成为青壮年成长中的回忆与怀念，真正乐意守护乡土的似乎只有那些年长的、没有能力外出谋生的，在乡土上挥洒了一辈子汗水的老人。2019年之初在沿河土家族自治县的调查中发现，FY 村因山体滑坡被政府界定为强制搬离的村庄，同时要求当年年底全员搬离，但2018年仍有5位60岁以上的老人不愿随子女外迁而坚守乡土。这就是扎根于潜意识里的乡土情怀与责任，是在与乡土交融的过程中形成的不言自明的自觉性与主动性。与之相反的是，现代年轻的乡村居民缺乏这种情怀、责任与自觉性。因此需要借助乡村社区教育的力量，培养现代的乡土人。

现代乡土人必须具备乡土情怀与责任，具有参与乡村社区全面治理的自觉性，热爱乡土，对乡土充满敬畏之心。乡土情怀的形成分为体验式与影响式两种。体验式乡土情怀是生于并成长于乡土上或在多年与乡土接触的过程中自觉形成的崇敬与热爱乡土的情感。影响式乡土情怀是通过教育或参与乡土某些活动而形成的热爱乡土并守护乡土的情怀。乡村社区教育与乡土情怀的培养主要属于后者，但同时在此过程中也可借鉴前者的经验。

第一，乡土情怀的培养需要从思想观念入手。我国传统社会的主流教育价值取向本身是非乡土性的，其总在鼓励乡村青少年认真学习以至能"跳出农门"，吃"国家饭"。对于乡村的长辈而言，其动因很朴实，"跳出农门"意味着后代不用肩挑背驮，不用日晒雨淋。现代乡村社会的发展事实上完全有别于传统的乡村劳作生态，运输与耕作正在被机器取代，农耕经济正在被旅游、服务、"打工"等经济形式取代，相对城市生活而言乡村生活更加自由、休闲与惬意。在此背景下，乡村社区教育组织需要通过对村民实施现代乡村生产生活形态教育，转变其传统的乡村思想观念，树立其参与家园建设的责任意识，从而促动其积极地参与乡村社区建设。尽管近年来国家政策提倡乡村学校教育与乡土本身相融合，然而在追求升学率的情况下融合效果不甚明显。基于此，乡村社区教育组织需要加强与普通学校的沟通，弥补学校教育在乡土教育方面的不足。

第二，乡土情怀的培养需要增强乡土生产生活的体验。思想观念教育只是从思想层面意识到参与乡土建设的重要性。真正的乡土情怀仍需要通过体验获得,并且在不断的体验中得以强化。一是通过社区教育组织增强乡村社区居民的生产能力与劳动能力,促使乡村居民能获得更多的经济收益,以此增强乡村居民的经济归宿感。二是乡村社区教育组织引领乡村居民参与社区治理,培养其"我的乡村我作主"的乡土情怀,以此增强村民的主人翁感与责任感。同时,治理带来的美丽乡村环境有助于吸引村民留在乡村并为乡村建设贡献更多的力量。三是乡村社区教育组织能辅助乡村青少年的健康成长。青少年成长是乡村祖辈生产与工作的主要动力,乡村社区教育组织能辅助青少年健康成长,增强其父辈的乡土教育认同感。四是乡村社区教育需要通过各种活动引领青少年参与乡村治理中,通过亲近乡村并建设乡村的方式,培养未成年人的乡土情怀。

二 教育价值

乡村社区教育组织的教育价值指乡村社区教育组织作为教育系统的构成要素,其对教育体系存在与发展的作用。乡村社区教育组织的教育价值主要包括乡村社区教育发展的价值与教育体系发展的价值。

(一)乡村社区教育发展价值

乡村社区教育主要包括有组织的乡村社区教育与无组织的乡村社区教育两种形式。有组织的乡村社区教育是指由固定的教育组织负责实施的乡村社区教育,无组织的乡村社区教育是非专业的乡村社区教育组织负责实施的社区教育。前者较为规范,后者较为随意。本研究主要讨论的是有组织的乡村社区教育,也包括在有组织乡村社区教育发展促动下延伸出来的自觉的"无组织"教育。

第一,乡村社区教育组织有助于提升乡村社区教育的效率。从组织存在的价值而言,"组织之所以建立起来,是因为人们靠自身的力量根本不能或至少不能令人满意地完成某些任务"[①]。从而使得人们

---

① [美]史蒂文·凯尔曼:《制定公共政策》,商正译,商务印书馆1990年版,第119页。

需要构建组织以提升办事效率。乡村社区教育之所以需要组织，在于无组织的乡村社区教育随意性大，效率偏低，而专业的社区教育组织能提升乡村社区教育的价值。就乡村社区教育组织自身而言，其又分为弱专业性乡村社区教育组织与强专业性乡村社区教育组织。就现实的乡村社区教育而言，无组织的乡村社区教育的效率低于弱专业性的乡村社区教育的效率，弱专业性乡村社区教育的效率低于强专业性乡村社区教育组织的效率。在此意义上，乡村社区教育的发展有必要构建专业的乡村社区教育组织，反之乡村社区教育专业组织的存在有助于提升乡村社区教育的价值。根据笔者2017年下半年的调查研究，将四川省威远县SF村与TP村的社区教育对比，可印证这样的结论。SF村离县城15千米左右，TP村紧邻县城，前者在县电大的帮扶下建立了专业性更强的乡村社区教育学校，后者尽管紧邻县城但其社区学校属于乡村自我探索型，专业性弱。结果是SF村的村民愿意参与社区教育，而TP村的居民不愿意参与社区教育活动。分析发现，SF村有专业性更强的社区学校更好地满足了村民的学习需求，而TP村的社区学校则很少满足村民的学习需求。

第二，乡村社区教育组织有助于提升乡村社区教育的社会认可度。乡村社区教育组织的正式性本身有助于提升乡村社区教育的社会认可度。在社会学中，规范与有序的组织通常代表正式性与正规性，无序的临时性组织代表非正式性。社会通常习惯性地认可前者而不愿意承认后者，承认它就等于认可它的存在价值。在此意义上，本书认为乡村社区教育组织象征着社区教育的正式性与正规性。这种正式性与正规性有助于提升乡村社区教育的社会地位，包括村民自身的认可与社会认可。乡村社区教育组织是乡村社区的文化标志，有效的乡村社区教育组织类似于美国社区中教堂的作用，它不仅象征着乡村的文化精神，同时也时刻在警示村民把乡村社区教育组织所教之内容服务于生产生活活动，以及"我"要不断学习才能成为现代乡村居民。乡村社区教育组织在提醒与影响社区居民的同时，也提升了乡村社区教育的认可度。

（二）教育体系发展价值

在人类教育发展长河中，教育组织是学校发展的主要标志，例如，我国古代的庠、序、校、书院，苏美尔人创办的泥板书屋，柏拉图的学园以及丹麦教育家科隆威（N. Grundtvig）创办的民众中学等都属于人类教育发展历史进程中的标志性组织，支撑着不同时期教育的发展。此类教育组织不仅是实现教育目的的主要途径，也是整个社会教育体系不可或缺的构成要素。在此意义上，乡村社区教育组织本身也有助于教育体系的完善。本研究主要从学制体系与学科体系两个视角讨论乡村社区教育组织教育体系的发展价值。

第一，乡村社区教育组织是我国学制体系中不可或缺的构成要素。就横向而言，我国学制体系主要包括普通学校教育与社会教育两种类型。社会教育对象主要为成人，按层次分为成人小学、成人初中、成人高中与成人高等教育，横向上分为成人学历教育与成人非学历教育。然而，纵向的每个阶段与横向的每个阶段都需要通过特定的学校来实现。乡村社区教育尽管在我国学制体系中未明确规定，但其作为新时代的产物，承担的是传统成人教育的主要职能与青少年校外教育职能。在此意义上，其正在替代传统乡村的成人教育学校，承担着支撑成人教育体系发展的责任。从我国学制发展的趋势而言，大力发展继续教育与终身教育是重要的趋势，在当前乡村传统成人学校式微的情况下，乡村社区教育组织自然成为支撑乡村居民终身教育与继续教育的重要载体。

第二，乡村社区教育组织有助于社区教育学科体系的完善。社区教育属于教育学的学科范畴，然而在我国的教育学学科分类体系中并不存在二级学科社区教育，在学术界更多是把其划归为成人教育学科。事实上，现代社区教育与成人教育学科关联度较大，但其又超越了传统的成人教育学科的研究范畴。如青少年校外教育原本不属于成人教育的范畴，并且在国家近几年的政策文件中成人教育似乎正在被终身教育、继续教育、社区教育等相关概念替代，因此构建社区教育的学科体系似乎正在成为必然。回顾历史，早在

1992年，黄利群就提出"社区教育理论必将发展成为独立形态的教育科学学科"①的论断；2006年周嘉方认为社区教育学科建设已具备动力、外部条件、人员力量与理论平台②。甚至有地方已开始采用实际行动提升社区教育的学科地位，如2013年上海市启动了社区教育学科高级职称评审③。在现有的部分研究的表述中似乎已默认社区教育作为独立学科的地位，开始直接用社区教育学科这样的称谓。如沈光辉认为自己的研究有利于"促进社区教育学科建设，丰富和发展社区教育科学理论"④。社区教育要成为独立的学科必须满足学科的基本标准，刘仲林提出学科分类的七项标准，即学科的研究对象、研究范围、理论水平、独特的方法、分析工具、实践运用与历史偶然性。⑤ 如果以刘仲林提出的标准为分析框架，乡村社区教育组织属于社区教育学科研究对象与实践运用的范畴。在此意义上，乡村社区教育组织有助于推动社区教育学科体系的完善。

三 社会发展价值

乡村社区教育组织的社会发展价值主体是社会，在乡村社区教育本身所具有的属性与乡村社会自身关系的调适过程中乡村社区教育组织的价值得以有效发挥。就乡村社区教育的政策变迁而言，乡村社区教育的发展总是伴随着乡村社区教育组织的发展，同时其与国家的乡村发展政策存在密切的关系，是国家落实乡村社会发展政策的推动力量。就现代意义上乡村社区教育组织的变迁而言，相对较早的概念是2005年党的十六届五中全会提出的"建设社会主义新农村"的时代

---

① 黄利群：《社区教育概论》，沈阳出版社1992年版，第227页。
② 周嘉方：《走向学科：社区教育科学研究的理性目标》，《成人教育》2006年第1期。
③ 上海市长宁区终身教育指导服务中心编：《长宁终身教育能力建设研究》，上海科学技术文献出版社2015年版，第409页。
④ 沈光辉：《转型发展中的社区教育问题研究》，中央广播电视大学出版社2016年版，第4页。
⑤ 刘仲林：《现代交叉科学》，浙江教育出版社1998年版，第30页。

命题，同年"十一五"规划提出发展农村远程教育，部分农村陆续建立了远程教育组织，此后农村开始建设农家书屋试图通过阅读服务的方式开展社区教育，同时部分乡村开始建立现代乡村社区教育组织。2010年《国家中长期教育改革和发展规划纲要（2010—2020年）》推动乡村社区教育组织逐步普及。2016年《教育部等九部门关于进一步推进社区教育发展的意见》（教职成〔2016〕4号）更强调乡村社区教育服务乡村治理的价值。就当前而言，国家提出了乡村振兴战略，规划了"产业兴旺、生态宜居、乡风文明、治理有效、生活富裕"的乡村发展蓝图，乡村振兴需要乡村社区教育组织的推动，反之乡村社区教育组织的发展也需依托乡村振兴的政策力量。基于乡村社会自身的发展需求以及乡村社区教育组织的实际状况，本书认为乡村社区教育组织的社会发展价值主要包括四个方面的内容。

（一）乡村社区教育组织是乡村经济振兴的动力来源

经济是基础，乡村振兴首先必然是乡村经济振兴，经济振兴了才能给予其他要素发展以扎实的物质基础。乡村经济振兴的措施主要包括产业发展、劳动力转移、专业人才队伍建设等。每种措施的落实都需要智力支持，这本身属于乡村社区教育组织的本质功能。一是就产业发展而言，产业本身意味着高效，因此传统的农耕乡村基本谈不上"产业"而只能称之为"农业"。相应的产业发展需要更多的科学理念、知识与技术的介入，以此推动产业效率的提升。以温铁军提出的"六产化农业"为例，其认为现代乡村农业发展主要包括生产农业，加工农业，金融、流通、保险与旅游农业，养生农业，体验农业与文化农业。[①] 在乡村自身发展力量不足的情况下，农业产业化必然需要国家政策的支持。乡村居民作为乡村社区教育发展的主体，其自身产业综合素养的提升必然需要乡村社区教育组织的帮扶，反之乡村社区教育组织因帮扶而更加充盈。二是乡村是富余劳动力的主要聚集地，

---

① 温铁军：《乡村振兴的现实意义》（https：//mp.weixin.qq.com/s?__biz=MjM5MDg0MjQwNg%3D%3D&chksm=beb53b3989c2b22ff4e02668470dc4bec5fed2f5e3bac61f0b41b6f78a94b0cc7cbbbe354909&idx=1&mid=2650746992&mpshare=1&sn=9f751f7b870caffa16e38d9a26e9ccdf.）。

劳动力的转化是乡村经济振兴的重要路径。目前的主要方式为劳动力的输出。随着劳动力输入地劳动科技化程度的加深，其对劳动力的技术能力提出更高的要求，因此乡村社区教育组织承担着提升劳动力综合素养的任务。三是农村实用技术人才是乡村振兴中不可缺少的重要力量，主要包括农业职业经理人、经纪人、乡村工匠、文化能人、非遗传承人等，他们自身专业的持续发展需要持续不断地学习，乡村社区教育组织作为智力机构不仅能对他们进行专业理念、知识与技能的培养，同时也能为他们专业发展提供持续的支持。

（二）乡村社区教育组织是乡村文化振兴的重要载体

乡村振兴不仅需要经济的振兴，更需要乡村文化的振兴，它代表着乡村的精神、信仰与力量。如索晓霞所言，"乡村振兴如果只有经济的视角而没有社会的文化的视角会给乡村发展带来巨大的风险"[①]。刘奇认为乡村文化振兴内容主要包括兴教育、续文脉、集器物、修志书、承技艺、革旧弊。兴教育主要指乡村青少年儿童的教育。续文脉指乡村望族的家训、家教与家风的传承。集器物指通过博物馆建设的形式搜集乡村传统生产生活用具。修志书即撰写或修订乡村发展史。承技艺指乡村传统的民间饮食、手工与杂技等技艺的传承。革旧弊即移风易俗，即革除乡村文化的陋习，重塑科学健康的乡村文明。[②]

乡村社区教育组织本质上具有文化选择、传承与创新的功能，因此它在上述六种乡村文化振兴行动中不能缺位。其主要功能为选择乡村有价值的文化与传承乡村优秀文化，并在此过程中结合乡村社区实际创造文化，以塑造乡村之灵魂。六种文化振兴行动中与乡村社区教育组织直接相关的是兴教育、续文脉、承技艺与革旧弊，它们与乡村社区教育组织之间存在着天然的密不可分的关系，或者说这四种行动本身可视为乡村社区教育组织的行动。集器物与修志书尽管不属于乡村社区教育组织的行动，但是器物与志书作为乡村传统文化的重要载

---

① 索晓霞：《乡村振兴战略下的乡土文化价值再认识》，《贵州社会科学》2018年第1期。
② 刘奇：《乡村振兴与乡村文化建设》，《中国发展观察》2018年第Z1期。

体，只有被乡村民众内化于心其价值才能发挥出来，此内化于民众之心的过程即乡村社区教育过程。总而言之，乡村文化振兴离不开乡村社区教育组织的支持与引领。

（三）乡村社区教育组织是乡村生态宜居的助推器

乡村生态包括乡村自然生态与人文生态，两者共同构筑了乡村生态系统。乡村自然生态主要指乡村的田园、树木与山水等自然要素构成的生态系统，自然生态是人文生态的基础，人文生态则是建立于自然生态基础上的生态系统，主要由乡村民居、人文景观、活动与教育场所等构成。乡村生态建设并非恢复乡村的蛮荒状态，而是构筑生态的、美丽的、宜居的乡村立体生态系统。

乡村生态系统建设的潜在假设即乡村生态系统的人为破坏。就自然生态系统而言，农业污染与生产生活废弃物污染已成为破坏乡村自然生态系统的重要因素。例如塑料薄膜、农药、除草剂、生活污水等正在挑战乡村自然生态系统的自净能力。田野调查中发现，很多乡村农民根本未意识到塑料薄膜、农药与除草剂等会对生态环境造成破坏，他们通常只关注生活污水、生活垃圾这类肉眼能看见的"脏"污染源。基于自然生态环境的破坏，乡村社区教育可从乡村居民科普知识入手，引导其正确认识乡村生态环境正在遭到的破坏及其原因，唤醒其保护生态环境的意识并提升其保护生态环境的知识与技术，推动其积极投入乡村建设中。

乡村人文生态系统是基于自然生态基础上的关于乡村居民衣食住行用等人文要素构成的系统。人文生态系统是乡村灵魂之根，对其的破坏相当于间接消解乡村文化之根。如乡村民俗建筑的消失，乡村周边风水树的砍伐，乡村传统祭祀文化的消解等都属于人文生态系统被破坏的表现。调查发现，针对乡村人文生态被破坏的情况，部分地方政府出台了相应的保护措施，但效果不甚明显。结合乡村社区教育的实际功能，可以在社区教育实施过程中融入人文生态环境恢复与保护的思想理念、知识与技术等内容，以此推动生态宜居乡村的建设。在此意义上，乡村社区教育组织有助于推动宜居乡村目标的实现。

四　国家安全价值

乡村社区教育组织的国家安全价值是从国家安全的视角审视乡村社区教育在国家安全过程中发挥何种作用,反之它本身也能根据国家安全需要对自身进行适当调适,以使其国家安全价值最大化。乡村社区教育组织的国家安全价值主要包括三种。

(一)乡村社区教育组织有助于乡村社会永葆生机

以经济类型、生产生活状态来划分,国家通常被划分为城市与乡村两部分。只有城乡的共同发展,国家才会真正兴旺发达。然而有种观点认为,城镇化似乎造成乡村在不久的将来消亡的迹象,以此类推乡村社区教育组织似乎也就没有精心构建之必要,甚至其应该成为乡村消亡的推动力。周立否定了这样的结论,他认为"以2050年15亿人作为测算依据。有三个城镇化模拟方案:一个是保守方案。城镇化率达到70%,那么仍然有4.5亿生活在农村……第二个是中等方案,城镇化率达到80%,仍然有3亿人口在农村……第三个是乐观方案,城镇化率达到90%,仍然还有1.5亿人生活在农村"①。无论人口怎么变迁,2050年我国至少仍有1.5亿乡村人口。当然这还不包括国家生育政策放开后乡村会有更多的人口。既然有1.5亿甚至更多的人口居住在乡村,乡村社区教育组织也就必须存在,为其提供教育服务。甚至到那时候,乡村社区居民对生活品质的要求更高,乡村社区教育组织的服务应更加高效。只有这样,乡村社区教育才能为乡村持续发展与繁荣提供动力支持,乡村社区也才能充满活力并不断向前发展。

(二)乡村社区教育组织有助于国家的稳定

费孝通先生认为,中国社会是乡土性的。换言之,即中国社会的基础是乡村。因此,乡村稳定是国家稳定的基础。历史已从三个方面证明了此论断的科学性。一是乡村在战争期间是国家战略物资的最后

---

① 周立:《展望2050:中国城乡一体化图景》,《经济研究导刊》2015年第8期。

保障者与输送者。例如，抗战期间乡村为前线提供的人力、财力与物力支持。二是乡村是"中国现代化的稳定器与蓄水池"①。乡村不仅有助于化解现代化过程中的经济危机，也能为现代化的发展提供动力支持。例如，温铁军在《八次危机》中认为历史已证明经济危机在乡村可以实现软着陆，乡村有助于经济危机的消解，以此保障国家经济的安全。三是乡村具有稳定统治的功能，且治理成本偏低。"乡村是一个自治社会，它可以长期封闭性地自主存在。很多从古到今的案例告诉大家，乡土社会实现自治是一个国家最节约成本的治理方式。"②乡村社区教育组织作为为乡村社区发展提供智力支持的组织，其良好发展有助于推动乡村的全面振兴，这样乡村才能更好地发挥其助力国家稳定的功能。

（三）乡村社区教育组织有助于国土与粮食安全

"国家是具有确定的领土、一定数量的永久性人口和能行使主权，具有一定的政权组织的政治、经济和军事等的综合实体。"③ 领土与人口是国家最基础的构成要素，也是国家其他要素得以存在的前提和基础。就当前而言，我国乡村，尤其是"老少边贫"地区的乡村，因自然环境条件恶劣、经济条件较差以及城镇吸引力增强，乡村人口大量逃离乡村，使得乡村"空心化"现象较为严重。村民的离开在某种意义上相当于失去领土最有效的宣示者，长此以往势必会影响国土的安全。在国家安全的层面上，势必需要保护和发展乡村。保护与发展乡村的前提是改善乡村居住条件、经济条件与文化条件，以此留住乡村人口。这样才有助于国家主权的保障。粮食安全是国家安全重要构成要素。粮食安全首先是粮食产量的保障，粮食保障需要乡村居民的耕种，在此意义上乡村留住居民，引导居民从事粮食生产即是保

---

① 贺雪峰：《谁的乡村建设——乡村振兴战略的实施前提》，《探索与争鸣》2017年第12期。
② 温铁军：《生态文明与比较视野下的乡村振兴战略》，《上海大学学报（社会科学版）》2018年第1期。
③ 毕虎、李惟民：《社区人与中国梦》，同济大学出版社2015年版，第59页。

住粮食产量。同时，粮食质量的安全是现代社会发展不可忽视的问题，如农药滥用等都是威胁粮食质量安全的重要因素，在此背景下，乡村社区教育组织需要通过传授科学的种植理念、知识与技术，保证粮食产量的同时保证粮食的质量。因此，乡村社区教育组织主要是通过理念、知识与技术帮助村民留在乡村、发展乡村，以此发挥其在国家安全层面的价值。

第二章　乡村社区教育组织的变迁与类型

乡村是城市的前身，部分乡村在发展过程中因经济、文化与政治发展速度较快，逐步进化为城市。在此意义上，最早的教育组织理应是乡村教育组织。因此，本书有必要从历史的视角讨论乡村社区教育组织的发展与演变。首先，本章主要从中国古代、民国时期、1949—1978年、改革开放以来四个阶段讨论我国乡村社区教育组织的变迁。其次，再从横向的角度对乡村社区教育组织进行类型分析，以尽可能全面地呈现乡村社区教育组织变迁与发展的图景。

第一节　乡村社区教育组织的变迁

乡村社区教育组织的产生与发展必须满足四个基本条件。一是生产力的发展使得村民有闲暇时间参与教育活动；二是经济的发展使社会有一定的财力与物力投入乡村社区教育活动中；三是社会上具有一批有志于从事乡村社区教育的人；四是提供符合乡村社区居民学习需求的学习内容。具备上述四个条件算是具备乡村社区教育组织的雏形。随着社会生产力的发展，乡村社区居民的需求会发生变化，因此社区教育同样需要变化才能适应社会发展的需求。不断变化的过程即乡村社区教育组织的变迁历程，本章对其进行讨论有助于更加清晰地了解乡村社区教育组织的发展与变迁，能从中析出相应的经验，获得相应的启示。

一 变迁历程简述

（一）中国古代

尽管中国古代社会经历了多朝的更迭，但始终处于农业社会。生产力发展水平偏低，科学技术发展速度偏慢，农村人口的流动很少，乡村社会发展较为稳定，乡村社区教育组织与居民的生产生活密切联系。即使在此过程中也存在为仕途而生的乡村教育组织，但此类组织事实上是以未成年人为主的教育组织，本质上不属于本书讨论的以成人为主的乡村社区教育组织。就具体发展阶段而言，民国前期的乡村社区教育组织发展主要分为原始社会与古代社会两个阶段。

原始社会是乡村社区教育组织的萌芽阶段，根据已有的资料推测，此时期的乡村社区教育活动已存在，但组织的发展处于萌芽期，尚未形成完善的社区学校。

但可以推断出原始社会的社区教育组织与居民的生产生活紧密联系。在教育内容的视角上，例如，"伏羲氏之世，天下多兽，故教民以猎"（《尸子》），"遂人之世，天下多水，故教民以渔"（《尸子》），"后稷教民稼穑，树艺五谷，五谷熟而民人育"（《孟子·滕文公上》），"尧其导民也，水处者渔、山处者木、谷处者牧、陆处者农"（《淮南子·齐俗训》）等都说明教育与居民生产生活的密切关系。尽管从记载中未发现社区教育组织出现，但至少这个时期已有无固定组织的乡村社区教育形态。

随着生产力发展水平的提升，原始社会逐步向奴隶社会过渡，这期间产生了真正意义上的乡村社区教育组织。据资料显示，我国最早的乡村教育组织是庠、序、校，到底它们的对象中是否有成人，目前也不得而知，因此这里姑且把其作为乡村社区教育组织。此后，生产力发展促进了有组织的乡村社区教育的出现。例如，《尚书大传》记载："大夫、士七十而致士，老于乡里，（大夫为父师，士为少师）。耰（锄田器）已藏，祈乐（当为新谷）已入，岁时已毕，余子皆入学（余子犹众子也）。十五始入小学，见小节，践小义，十八入大学，见大节，践大义焉。距冬至四十五日，始出学傅农事。"① 小学与大学可能不是现代意义上的学校，文中尚未说明有学校，但乡村社区教育组织肯定是存在的。从下列两个方面可以推断乡村社区教育组织具有成人性而非单纯的未成人性。一是十八入大学，十八已是现代意义上的成人；二是十五入小学，尽管十五岁在现代意义上属未成年人，但是在古代社会很多部族判断成人的标准是"结婚"，古人十五岁之前结婚生子的颇多，因此对于部分结婚较早的人而言，十五岁已属成人。

　　春秋战国时期，各国常年征战致使统治阶层无暇控制知识分子，知识分子为生存与传播自己的思想，推动了文化下移。因此乡村私学开始勃兴，但这种存在于乡村的私学事实上很少为乡村生产生活的实际发展服务。据考证可能只有墨家创办的部分私学是为乡村服务的私学。后期尽管很多精舍、书院都存在于乡村，但就其本质而言，它们都与乡村居民的生产生活距离较远，并非本书所讨论的为乡村居民服务的社区教育组织。按照本书对乡村社区教育组织的界定，可能在古代最早的、最为接近现代乡村社区教育组织性质的学校属元代的社学。例如，元朝政府规定："诸县所属村庄，五十家为一社，择高年晓农事者立为社长。……每社立学校一，择通晓经书者为学师，农隙使子弟入学。"② 尽管其中可能存在未成年人的教育，但至少也包括有古代意义上与现代意义上的成人，并且其主要是服务于乡村社区本身的发展。社会发展至清末，清政府的衰落给予了外国势力与农民运动的可乘之机，也给予有志之士实施教育救国的机会。这期间产生的乡村社区教育组织主要包括教会学校，太平天国辖区内建立的"女馆"与部分实业学堂与补习学校等。③ 教会学校本身带有传教的性质，并非纯现代意义上的社区教育机构。女馆以妇女教育为主属于真

---

① 孟承宪、陈学恂等：《中国古代教育史料》，人民教育出版社1983年版，第43页。
② 杨智、何光全：《近代以来我国农村成人教育组织的发展及其特征》，《职教论坛》2014年第22期。
③ 同上。

正意义上的乡村社区教育组织,但事实上更多是服务于太平天国的统治。实业学堂与补习学校尽管大部分是服务于城市,但也有部分乡村社区教育性质。

(二) 民国时期

民国时期是我国近代乡村社区教育组织的繁荣期,也就是在此时期出现了现代意义上的真正的乡村社区教育组织。随着有识之士对西方社区教育、乡村教育与社会教育思想与实践等的不断引介,加上国内教育热心人士与组织机构的积极探索,乡村社区教育组织获得了新的发展机遇,这时期可以说是我国乡村社区教育的全面繁荣期,这期间建立了大量的乡村社区教育组织机构,有效地推动了乡村社区教育的发展,也为后续乡村社区教育的发展奠定了基础。民国时期乡村社区教育组织的发展本书主要从国统区与解放区两个方面展开。

国统区的乡村社区教育组织主要包括普通社会教育组织与学校式社区教育组织两种类型。普通社会教育组织包括民众教育馆、图书馆、体育馆、博物馆、美术馆、水族馆、谷物保管所、讲演所、阅报处、问事处或代笔处。学校式社区教育组织主要包括民众学校、补习学校、识字班、各种补习班、盲童工艺学校与聋哑学校。抗战爆发前,乡村社区教育组织发展迅速,为民国时期乡村社会发展做出了积极的贡献,然而随着抗战的爆发,乡村社区教育组织急剧减少。有资料显示,"日寇每占我一地,即首先摧毁文化机关,故各游击区内公立私立民众教育馆被敌摧毁者,目前虽无精确之统计,但为数当在不少"[①]。据统计,1932年普通社会教育组织与学校式社区教育组织的总数为78278所(处),前者为39312所(处),后者为38966所(处)。[②] 1936年两者总数增加到158038所(处),"1946年猛跌至47036所(处);其中的民众学校1936年有67803所,1946年跌至17009所;民众教育馆,1936年为1509所,到1946年降至1425所;

---

① 民国教育部社会教育司:《民众教育馆》,正中书局1941年版,第1页。
② 民国教育部社会教育司:《全国社会教育统计》,商务印书馆1936年版,第4页。

职业补习学校和普通补习学校,1936年有2342所,1946年降至1492所"①。尽管上述的数据统计尚未把城市的数据从中剥离出来,但它至少能从宏观上反映当时乡村社区教育组织发展的趋势。

解放区也积极创办乡村社区教育组织,主要机构包括农民讲习所、平民学校、民众学校、农民夜校、农民冬学等,为民国时期乡村社区教育发展做出了积极的贡献,例如,1924年至1926年毛泽东、澎湃等在广州创办的农民讲习所,② 1934年苏区建立的识字班、夜校、半日学校、业余补习学校以及学习俱乐部等。因共产党人主要在乡村地区活动,因此其创办的社区教育组织本身具有现代意义上的乡村社区教育组织的性质。解放战争打响后,新政府通过对解放区原有乡村社区教育组织的整改与新组织的创建,乡村社区教育组织发展迅速。以冬学为例,1946年苏皖边区的群众教育组织达7399所(处),1948年东北解放区共有冬学30572所(处)。③ 此类乡村社区教育组织的主要内容为识字教育、政策教育以及实用劳动技术教育。

总体而言,民国时期乡村社区教育组织的发展较为迅速,且教育已突破传统的以读经吟诗为主要目的的局限,成为服务乡村居民实际生产生活的教育组织,它们的发展也为中华人民共和国成立以后乡村社区教育组织的发展奠定了坚实的基础。

(三) 中华人民共和国成立至改革开放时期(1949—1978年)

新中国成立初期我国仍有80%的人口居住在农村,并且农村人口中文盲很多,甚至存在整村找不到人能识字与计数的情况。据贵州省沿河县某乡村一位年近80岁的老人回忆,"全村都找不到识字的人,集体劳动记工分就是每人放个罐子在大队,获得一分工分就往里面放一颗玉米,扣掉一分就从罐子里拿出一颗玉米"④。针对农民文化水平低的实况,1949年12月全国首次教育工作会议提出在解放区以冬

---

① 参见董明传、毕诚、张世平《成人教育史》,海南出版社2002年版,第25页。
② 同上书,第32页。
③ 李珠:《中国成人教育近现代史》,黑龙江教育出版社1996年版,第422页。
④ 2016年,笔者在贵州省沿河土家族自治县中寨乡清河村调查所获得的案例。

学的形式从政治与文化（扫盲与识字）两个方面开展农村教育运动。1950年12月，教育部颁布的《关于开展农民业余教育的指示》提出各地根据实际情况对农民实施识字教育、时事教育、政策教育、生产教育与卫生教育。识字教育是当时所有教育的基础。1951年10月，《关于改革学制的决定》正式把扫盲教育列入学制体系中。在上述政策的推动下，全国各地兴起了业余教育办学，办起了一批农民业余学校（班），当然这期间的农民业余学校（班）主要依托普通中小学的校舍与场所实施。1955年6月，《中华人民共和国国务院关于加强农民业余文化教育的指示》要求业余教育由合作社办，经费采用自筹的方式，扫盲仍是农民业余教育的主要任务，并且要求把业余教育机构办成常设机构。1959年，全国各地公社办起3000余所农业中学，同时还办有各种业余学校和红专学校。[①] 受到"大跃进"思想的影响，这期间农村业余教育发展迅速，业余小学在学人数从1958年的2600万人增加到1960年的7671万人。1958年，仅四川省的业余中小学与红专学校就达9万余所。[②] 仅从数据上看，中华人民共和国成立以来农村成人教育取得较大成就，文盲从中华人民共和国成立初的80%减少到43%左右。这期间的成人教育发展出现了经验不足、发展过快以及质量不高等问题。1961年，农村成人教育发展陷入困境，业余小学在学人数降到320万人。[③]

1962年，鉴于前期农村成人教育发展存在的问题，全国秉持着"调整、巩固、充实、提高"的要求开展成人教育整顿工作，农村成人教育开始逐步恢复。以四川省为例，截至1964年，2249个公社恢复了业余教育工作，并且还创办了业余技术学校，主要包括机电提灌班56个，农业技术班263个，财会班1090个。[④]

[①] 谭震林：《为提前实现全国农业发展纲要而奋斗》，《杭州日报》1960年3月16日。
[②] 《中国教育年鉴》编辑部：《中国教育年鉴（地方教育）（1949—1984）》，湖南教育出版社1986年版，第1016页。
[③] 董明传、毕诚、张世平：《成人教育史》，海南出版社2002年版，第82页。
[④] 《中国教育年鉴》编辑部：《中国教育年鉴（地方教育）（1949—1984）》，湖南教育出版社1986年版，第1016页。

1968年,"五·七"大学与"七·二一"大学产生,尽管以大学命名,事实上不是严格意义上的大学,其招收对象为有实践经验的农民与回乡、下乡的知识青年,他们学成后回到生产实践中参加劳动。除招收脱产学员外,还开展短期的技术培训班。因此,它们承担了部分的农村成人教育职能。至于农村的成人扫盲教育与业余教育,在"文革"期间完全遭到破坏,基本处于停滞状态。尽管1972年部分地区开始恢复成人教育,但在"四人帮"的影响下,有些乡村成人教育组织开始"变味",例如1974年小靳庄政治夜校(以阶级斗争为目的)受到"四人帮"的推广,在全国各地农村兴办了一批政治夜校,此类学校带有很强的"左"的政治色彩,但其也算是农村的成人教育机构。

为了尽快恢复我国的农村成人教育,1978年在全国范围内针对"文革"期间成人教育的发展状况开展了整顿工作。1978年11月,国务院出台了《关于扫除文盲的指示》,提出"一堵,二扫,三提高"的思路,逐步恢复了农村的扫盲班,同时根据农业发展的需求,在全国各地建起了一批农业技术班,为改革开放农村成人教育组织的发展奠定了基础。[①]

(四)改革开放以来

改革开放是国家领导人在综合中国社会发展的现实问题以及世界发展总体趋势的基础上作出的综合判断,是中国经济社会发展的重大抉择,可以说是影响现代中国经济社会发展的最为重要决定。改革开放初期在教育上的主要任务主要是针对"文革"教育问题进行"拨乱反正",提出从"文革"期间重视政治与文化斗争转向以经济建设为中心,发展市场经济。以经济为主导的开放需要适应并推动经济发展的人才,因此乡村社区教育组织在此背景下也作出相应的调适。乡村社区教育组织类型与名称较多,但国家相关的统计文献中主要包括农民技术培训学校、农民文化技术培训学校、农

---

① 董明传、毕诚、张世平:《成人教育史》,海南出版社2002年版,第138—139页。

民初等学校、农民初中以及在它们服务指导范围内的教学班与教学点。结合乡村社区教育组织发展的实际，研究主要从农民初等学校、农民初中与农民（文化）技术学校三个方面讨论改革开放以来的乡村社区教育组织。由于当时农民高中主要以未成年人为主，因此这里不加以讨论。

1. 农民初等学校的发展

农民初等学校主要设在乡村，主要职能是对农民实施文化教育，同时在某些乡村开展部分技术教育活动，但文化教育仍是其重点。农民初等学校主要招收已脱盲但未达到小学毕业程度的农民与未脱盲的农民，均采用业余的形式实施教育。据资料显示，1980年以来农民初等学校发展主要经历了六个阶段的变动，主要变动趋势表现为数量的上升与下降。一是1980年至1983年数量持续下降；二是1984年至1986年持续上升；三是1987年至1990年持续上升；四是1991年至1997年持续上升；五是1998年至2006年持续下降；六是2008年以后的持续下降。总体而言，截至2015年，农民初等学校呈下降趋势，初等学校总数从1980年的650689所（个）下降到2015年的55315所（个），36年间下降了91.5%，扫盲班从1980年的513308个下降到2015年的33007个，36年间下降了93.6%（见表1）。

表1　　　　　1980—2015年农民初等学校发展概况

年份	农民初等学校（含学校、小学班、教学班点）		年份	农民初等学校（含学校、小学班、教学班点）	
	总数（所/个）	扫盲班（个）		总数（所/个）	扫盲班（个）
1980	650689	513308	1998	183702	134169
1981	366432	260157	1999	179139	128668
1982	266692	161081	2000	159913	107501
1983	219049	141308	2001	134296	85870
1984	271603	—	2002	105396	70346

续表

年份	农民初等学校 （含学校、小学班、教学班点）		年份	农民初等学校 （含学校、小学班、教学班点）	
	总数（所/个）	扫盲班（个）		总数（所/个）	扫盲班（个）
1985	276413	—	2003	81805	—
1986	297727	117109	2004	68307	47239
1987	173020	—	2005	60827	43572
1988	182413	—	2006	54417	40397
1989	209195	—	2007	—	—
1990	254390	—	2008	172399	98883
1991	153290	—	2009	—	—
1992	155653	111399	2010	104276	22227
1993	157476	106439	2011	—	—
1994	162308	112077	2012	84176	50619
1995	166409	116415	2013	—	—
1996	161593	113143	2014	—	—
1997	192564	140761	2015	55315	33007

本章的表1、2与3的数据来源于：中国成人教育协会主编：《中国成人教育改革发展三十年》，高等教育出版社2008年版；中国教育年鉴编辑部：《中国教育年鉴（2011）》，人民教育出版社2011年版；中国教育年鉴编辑部：《中国教育年鉴（2013）》，人民教育出版社2014年版；中华人民共和国教育部发展规划司编：《中国教育统计年鉴2009》，中国统计出版社2010年版；中华人民共和国教育部发展规划司编：《中国教育统计年鉴2016》，中国统计出版社2017年版。

2. 农民初中的发展

农民初中事实上指以提升农民文化水平为目的的初级中学，与之对应的系列学校是农民初等学校与农民高中。1980年以来，农民初中主要包括以成年农民文化素养提升为目的的初中与同时承担成人农民文化素养提升以及未成年人教育的初中，在经济条件较为偏远的地区后者居多。并且农民初中主要设置在公社（乡）① 一级，主要服务于本乡的发展，因此它也属于农村社区教育组织的类型。总体而言，1980 年以来农民初中数量呈下降趋势，从 1980 年的 16447 所下降到 2015 年的 1006 所，36 年间下降了 93.9%。据不完全统计，教学点的数量也呈下降趋势，仅 2008 年至 2015 年 8 年间减少了 66.9%（见表 2）。

表 2　　　　　　　　1980—2015 年以来农民初中的发展概况

年份	数量（所）	教学点（个）	年份	数量（所）	教学点（个）
1980	16447	—	1998	2948	—
1981	18785	—	1999	2163	—
1982	—	—	2000	1873	—
1983	—	—	2001	2014	—
1984	18522	—	2002	1656	—
1985	23748	—	2003	1773	—
1986	9048	—	2004	1853	—
1987	5474	—	2005	1921	—
1988	—	—	2006	1480	—
1989	4171	—	2007	—	—
1990	3357	—	2008	1329	7316
1991	3522	—	2009	—	—
1992	2618	—	2010	1474	6433
1993	2852	—	2011	1771	4047
1994	2061	—	2012	1316	6473
1995	3110	—	2013	—	—
1996	2937	—	2014	1243	3580
1997	3054	—	2015	1006	2428

---

① 1992 年以前，县级及以下行政机构的设置为：县、区、乡、村四级；1992 年全国实施行政机构改革后改为：县、乡（镇）、村三级。最初的农民初中主要设置在乡一级，随着教育的发展，部分被取消，其余部分被改为当前的乡（镇）中学，某些学校还兼有农民初中的功能，即为农民初中办学点。

3. 农民文化（技术）学校的发展

农民文化（技术）学校包括两种类型，即2003年以前的农民技术学校与2003年及以后的农村成人文化技术学校。无论其采用何种称谓，其服务对象主要以农村成人为主，当然在20世纪80年代也包括少量的接近成年的未成年人。1982年《农业部关于加强农民技术教育工作的通知》（〔1982〕农业（教）字第61号）规定在巩固900多个县以及部分社队农民技术教育的基础上，争取在70%的县建立农业科学实验、推广与培训中心、农民技术学校，20%的公社建立初级农民技术学校；有条件的大队也要建立固定的农民教育场所。此后各地陆续开办农民技术学校，截至1986年全国共设置各类农村技术学校27348所（见表3）。如表3所示，直到1990年学校的数量总体呈上升趋势。1987年，国家教委、农牧渔业部、财政部颁发《关于乡（镇）农民文化技术学校暂行规定》，从称谓上把农民技术学校改为农民文化技术学校，学校的功能得到延展。1991年，国家教委颁发《关于大力发展乡（镇）、村成人文化技术学校的意见》，要求成人文化技术学校延展到各村。调查发现在改革开放的冲击下，这期间很多乡村并未设置农民文化技术学校。因此在相关教育年鉴的统计中，一直沿用的是农民技术学校的称谓。

2002年，《教育部关于进一步加强农村成人教育的若干意见》（教职成〔2002〕13号）提出要建立农村成人文化技术学校，承担技术培训与精神文明教育的任务。乡（镇）普遍建立成人文化技术学校，村级成人文化技术学校覆盖面积85%以上。国家相关政策中关于农民技术培训学校与农村成人文化技术学校的统计存在差异。2007年至2015年，农村成人文化技术学校的总体数量呈下降趋势（见表4）。主要可能包括三个方面的原因。一是这期间逐步把社区学校从农村成人文化技术学校中剥离出来；二是城镇化导致乡村数量减少；三是为管理方便，部分地方进行了乡村兼并。

表3　　　　　　1986—2002年农民技术学校发展概况

年份	1986	1987	1988	1989	1990	1991	1992	1993	1994
数量（所）	27348	27289	33443	34112	38225	—	271453	255521	332452
年份	1995	1966	1997	1998	1999	2000	2001	2002	2003
数量（所）	385497	430013	443691	454924	522889	474926	496384	389504	—

表4　　　　　2007—2015年农村成人文化技术学校发展概况

年份	乡办		村办	
	学校（所）	教学班点（个）	学校（所）	教学班、点（个）
2007	22064	130722	124002	235674
2008	512754	—	—	—
2010	17252	118214	85425	170512
2011	16419	108687	81384	158536
2012	16443	98889	78164	146649
2014	12114	85939	64576	110217
2015	学校：76244所；班点：251165个			

二　变迁的经验与启示

笔者在对中华人民共和国成立以来乡村社区教育组织发展的资料梳理过程中发现，改革开放前关于乡村社区教育组织的数量统计在《教育年鉴》等官方资料中总体上处于缺失状态。已有资料主要统计的是乡村成人教育的受教育人数，但这并不能说此期间不存在乡村社区教育组织或者说国家并未注意到乡村社区教育组织的重要性。事实上，早在1951年颁布的《关于冬学转为常年农民业余学校的指示》证明国家已注意到"运动式"冬学的教育效果较差，因此需要建立稳定的业余学校以提升民众教育效果。至少我们从农村成人教育的受教育人数、文化水平与政治素养等方面的变化可推导出乡村成人教育发展的良好势头。"文革"结束后，乡村社区教育组织发展与生产劳动的关系更加密切，其规范性与科学性越来越强，也说明乡村社区教育组织在乡村社会发展过程中的价值越来越大。纵观乡村社区教育组织的变迁历程，我们发现乡村社区教育组织的变迁总是与国家政治经济等因素密切相关，乡村社区教育组织因经济社会的兴衰而产生相应的变化。具体而言，影响乡村社区教育组织发展的因素主要包括四个方面。

（一）经济的发展影响乡村社区教育组织的发展

百年大计，教育先行，尽管我们认同教育先行的观点，但同时也得承认经济在教育发展过程中的基础性作用。经济的勃兴必将带来教育的勃兴，经济是教育发展的基础，教育的发展反之引领与带动经济的发展。依据马斯洛的需要层次理论，人最为基础的需要是生存与安全的需要，而经济发展状况是满足人生存与安全最为重要的因素。尽管教育有助于促进经济的发展，但在马斯洛的需要层次理论中其更多属于获得尊重与自我实现的高端需求。尤其是在对乡村社区教育不够重视的文化传统中这种情况更甚。在此意义上，本研究认为经济是影响乡村社区教育组织最为基础的要素。它不仅使得社会有更多的"闲钱"投入乡村社区教育中，同时也能保障乡村社区居民能有更多的精力投入社区教育活动中，甚至它会影响乡村社区教育发展的国家抉择、科学研究与实验以及乡村社区居民的教育需求。

经济发展对乡村社区教育组织发展的影响，我们从清末以来的历史发展过程中能得到相应的佐证。晚清是我国市场经济启蒙时期，尽管是被动的市场经济，但这期间，乡村社区教育组织在国家新兴工业经济的推动下获得了发展的机遇。1919 年到 1927 年是民国经济的黄金十年，所以直到抗战全面爆发前乡村社区教育组织发展仍旧较好。抗战开始至新中国成立，这期间因战争我国经济总体处于衰退期，乡村社区教育组织发展受阻。改革开放以来，我国经济开始复苏，20 世纪 80 年代我国的农科教结合政策刺激了大量乡村农民文化学校的产生。90 年代，我国经济增长为乡村社区教育的发展奠定了经济基础，农民初中与农民技术学校的渐趋繁荣。1997 年后，农民初等学校逐渐减少，原因在于经济增长使得更多农民获得了教育机会，同时也导致教学员人数减少，相应的农民初等学校也有减少。21世纪以来，经济增长对劳动力的技术素养要求愈来愈高，催生了乡办与村办成人教育学校（教学班、点）的发展。但从统计数据来看，2007年以来呈逐年递减之势，这与我国行政村数量的减少以及劳动力人口向城市转移有关。

此外，经济的增长刺激乡村社区居民开始有了接受更多类型教育的需求，因此民办乡村社区成人教育组织获得了发展机遇，部分地方出现了民办的乡村社区教育组织机构，据笔者2016年暑期调查贵阳清镇市卫城镇建立了××村蚕业学校，成都市双流县永安镇建立了×××葡萄种植学校。此类学校把技术传授、肥料与农药供给融为一体，以新的形式为乡村社区教育发展提供服务。

（二）国家的政策影响乡村社区教育组织的发展

教育具有生产性功能，其发挥的前提是需要先期的相关投入，因此必须得有资源投入主体。乡村社区教育组织主要以成人为对象，在国家投入不足的情况下，成人通常是不愿意为自己的生产生活作出教育性投入的，尤其在经济条件相对不好的农村尤为如此。基于这样的判断，我国乡村社区教育事业及其组织的建设都与国家的相关政策密不可分。

就历史的视角而言，政府的引领推动了乡村社区教育的发展。一是元代的"社学"，元代政府下令要求每社办一所社学，主要从事农事教育与读经教育。社学可视为是我国有记载以来的较早的乡村社区教育组织，为蒙汉两类文化的有机融合，稳定元朝的统治发挥了积极的作用。二是清末民初政策引领，如民国时期的实业学校、职业补习学校、民众大学、社会大学、民众教育馆等社区教育组织的发展在一定意义上也得益于政策的支持。三是解放战争期间冬学的繁荣得益于共产党的引领。四是新中国成立后的冬学、农民夜校、业余学校与农民文化技术学校的发展都是在国家政策的调控下实施。五是国家近年来提出的乡村社区教育发展政策，对乡村社区学校的发展作出了支持和规定，如《教育部等九部门并于进一步推进社区教育发展的意见》

在一定程度上推动了乡村社区教育的发展。总体而言，政策的引领有助于推动乡村社区教育组织的繁荣。

（三）科学研究与实验影响乡村社区教育组织的发展

乡村社区教育组织的发展从本质上看需要科学研究与实验做保障，只有通过不断的探索，乡村社区教育组织才能真正为乡村居民的发展与乡村现代化建设服务。乡村社区教育组织依赖科学研究与实验主要源于两个方面。一是基于乡村社区教育组织服务对象的特点。其服务对象主要是社会政治、经济、文教与卫生等，然而随着生产力的发展，社会的各构成要素也处于不断变化与发展过程中，乡村社区教育组织服务于社会各要素的发展并无直接的成功经验可"搬用"。此外，社会的构成要素除受到生产力因素的影响外，还受到地理交通条件与传统文化基础等方面的影响，所以研究与实验乡村社区教育组织很有必要。二是基于乡村社区教育组织主体的特点。乡村社区教育组织的主体是乡村居民，居民已有的文化水平、学习观念与生产生活现状都会影响村民乡村社区教育的参与度。在此意义上，乡村社区教育组织发展研究需要结合村民的学习特点因地制宜、因材施教来进行。

就乡村社区教育组织的历史变迁而言，历史上乡村社区教育组织的繁荣与兴衰也和科学研究与实验有着密不可分的关系。总体而言，我国乡村社区教育组织现代意义上的研究与实验主要经历了三个阶段。一是民国时期的研究与实验。民国时期是我国乡村社区教育组织百花齐放的时期，在内忧外患的情况下政府无暇顾及乡村社区教育文化与教育事业的发展，因此一批有志之士抱着救国的理想，进行了大量的乡村社区教育组织研究与实验。例如陶行知、梁漱溟、晏阳初与陆费逵等，他们创办了民众大学、工学团、平民学校、乡农学校、职业养成所等乡村社区教育组织，为民国时期乡村社区教育的发展做出了积极的贡献。二是中华人民共和国成立后至改革开放时期的研究与实验。尽管这个时期乡村社区教育组织的建设主要是由国家意志所决定，但是其中也出现了一些探索与实验。如1952年教育部在北京市东郊区高碑店乡进行的祁建华速成识字法实验，经验还在全国各地陆续推广。三是改革开放后陆续开展的乡村成人教育组织建设实验。如1981年在天津市开展的农民初级技术学校试验，21世纪以来在新农村建设与社区教育政策的推动下全国各地开展的乡村社区教育试验等。此外，改革开放以来乡村社区教育组织的发展还受到学术研究的推动，这期间涌现了大量的研究成果，包括专著、研究报告与学术论文等。总体而言，乡村社区教育组织的繁荣与相关的研究与实验密切相关。

（四）民众的需求影响乡村社区教育组织的发展

影响人发展的要素主要包括遗传、环境、教育与个体的主观能动性。遗传是基础，环境营造氛围与施加压力，教育是主要的动力，而个体主观能动性的发挥是关键。乡村社区教育组织的运行需要充分发挥村民学习的主观能动性，推动村民"要我学"向"我要学"的理念的转变，这样他们才能积极地参与到乡村社区教育组织建设活动中，乡村社区教育组织的发展才能取得真正的实效。之所以需要充分发挥村民学习的积极性。一是村民都属于成人，学习已不再是其主要的任务，因此只要受到其他因素的影响，村民可能不愿意参与到乡村社区教育组织活动中。二是成人村民都具有较为丰富的社会经历和经验，明确知道需要学习什么内容，自己要怎么学。如果乡村社区教育组织所提供的内容与学习方式与村民已有的经验以及自身意识到的需求不符合，村民可能也不会积极地参与到乡村社区教育组织活动中。在此意义上，乡村社区教育组织的发展需要充分考虑村民的学习需求，以此调动居民参与学习的积极性与主动性。

历史已证明乡村社区教育组织的繁荣与村民的真实需求之间存在密不可分的关系。乡村社区教育组织与村民的真实需求的契合程度越高，组织则越繁荣，反之亦然。一是民国时期乡村社区教育组织的发展满足了普通民众对文化、教育谋生与教育救国的渴求，因此民国时期乡村社区教育组织发展势头较好。二是新中国成立以后乡村社区教育组织的繁荣源于其在一定程度上满足了民众对知识文化的渴求以及为社会主义建设做贡献的需求。新中国成立后，我国仍有80%的人口属于文盲，文化成为稀有之物，因此民众学习的积极性普遍较高。新中国成立后，广大劳苦群众开始当家作主，参与社会主义现代化建设的激情高涨，而学习被认为是为社会主义现代化建设做贡献的路径，因此其学习热情高涨。三是现代社区教育的繁荣与发展得益于其与当前民众的真实需求相结合。例如社区教育组织建设过程中都进行了事先的调研，主要致力于满足村民对乡村产业发展、技术提升、身体健康与文化娱乐等方面的需求，这样现代乡村社区教育组织发展才充分调动了村民的积极性，在一定程度上保障了社区教育的实效。调查中我们遇到部分社区教育组织脱离居民真实需求的事例，其结果是村民都不愿意学习。据2017年笔者调查，贵州省H县G村社区学校即属于这样的案例，该社区学校主要的活动是政策宣讲，村民都不愿意参与学习，社区学校不得已给每位学习村民发放误工补贴，但因误工补贴的标准是50元/天/人，因此来参加学习的多以不能劳动的老人与妇女以及部分残疾人为主。相反，我们在重庆市的TP村调研发现，该村的培训主题是在征求村民意见的基础确定的。因为该村产业主要是早熟梨，村民都需要这方面的技术，因此雪梨种植技术培训很受村民的欢迎。每次培训只需要发出通知，村民都会主动前来村社区学校学习。

第二节 乡村社区教育组织的类型

我们从历史梳理中发现我国乡村社区教育存在的时间较长，在历史变迁的过程中为我国社会发展做出了积极的贡献，因此其存在的必要性毋庸置疑。且即使在美国、日本、法国以及北欧等发达国家和地区，乡村社区教育仍是社区发展的重要推动力。乡村社区教育组织作为乡村社区教育的主要实施机构，21世纪以来在国家新农村建设、城镇化政策与文化强国政策等系列政策的推动下迎来了新的发展机遇，当然也面临着新的挑战。机遇是相关政策的落实需要系统的乡村社区教育组织提供智力支持，挑战是乡村社区教育组织的发展需要在国家相关政策落实的过程中准确定位。基于这样的现实背景，我国已建成了一批的乡村社区教育组织。结合我国乡村社区教育组织的发展历程以及历史上乡村社区教育组织的具体类型，乡村社区教育组织主要包括两大类，即社会型乡村社区教育组织与学校型乡村社区教育组织。

一　社会型乡村社区教育组织

社会型乡村社区教育组织指乡村社区教育组织并非以学校的形式存在，而是以社会组织的形式存在，且对于组织主办方而言，开展社区教育活动只是其附加的或临时性的任务。依据此类组织在乡村社区教育实施过程中所承担的职责与功能，社会型组织主要包括临时性组织与资源供给型组织。

（一）临时性组织

组织分为名词与动词两种形式。在名词语境下，临时性乡村社区教育组织也可称之为无组织的乡村社区教育。在动词语境下，临时性乡村社区教育组织指有人组织实施了乡村社区教育，但并未成立稳定且固定的乡村社区教育组织机构。

临时性乡村社区教育组织的特点为短期性，长则几天至数月，短则半天。通常包括项目式与部门工作式两种类型。项目式指政府、企业（公司）或其他社会组织或个人在某乡村社区进行项目投放时，需要获得村民支持与参与而实施的社区教育活动，其本质目的是借助社区教育活动实现其他目的。此类组织有自身的目的，教育性不够强。例如，笔者调查发现，2016年贵州省沿河土家族自治县SW村因移民搬迁需要征收村民的承包地而进行了为期一天的政策教育活动，此次活动并未依托社区教育组织，而是由镇政府主导与村委组织的社区教育活动。部门工作式社区教育活动指社会机构为更好地完成自己的工作而实施的具有教育性质的活动。社区教育本身属于广义教育，因此相关管理与服务部门为自身工作开展需要而在社区进行的临时性社区教育活动也属于此种类型。例如，笔者调查发现，贵州省沿河县

GH村由地方卫生部门利用集市的机会定期免费为村民进行体检与健康咨询活动即属于此种类型，体检与咨询活动结束此临时组织即解散。此外，很多地方政府利用宣传车进行的春耕宣传、消防宣传与法治宣传都属于临时性的社区教育组织。在此类案例中，主办方本身不是社区教育组织，实施社区教育活动是其常规工作的构成部分，有利于推动其本身工作的完成。调查发现，还存在民间公益组织在乡村开展的临时性教育活动，这种活动的实施团队也属于临时性乡村社区教育组织的类型。

临时性社区教育组织的优点在于问题导向性较为明确，能结合乡村社区的实际需求开展教育活动，同时也在一定程度上弥补无社区教育组织的乡村对社区教育的需要。如贵州省很多乡村自"两基"验收通过后直接取消了乡村社区教育组织（扫盲班），部分乡村在"两基"验收期间的扫盲教育本身由乡村中小学教师兼职承担，在教师工作计划中根本未设置社区教育的内容，只是为迎接"两基"验收而建立的短期"运动式"组织。尽管它们具有临时性特征，但是这种临时性组织也帮助很多地方通过了扫盲验收工作。临时性社区教育的缺点在于其规范性差，教育的专业性偏低，并且由于没有固定的乡村社区教育组织的支撑，难以形成良好的社区学习氛围。调查发现，临时性乡村社区教育组织在乡村较为普遍，只要是地方政府未强制要求建立固定的乡村社区教育组织的乡村，基本都是通过临时性的乡村社区教育组织开展教育活动。从本质上看，因缺乏稳定性，临时性乡村社区教育组织看似更像一场场"运动"，看似"热闹"但实际效果却欠佳。

（二）资源供给型组织

资源供给型乡村社区教育组织是指在乡村存在着带有社区教育性质的组织机构，其主要职责是提供资源而非组织实施社区教育活动。它们通常具有固定的场所与基本的学习设施，尽管社区教育不是其主要任务但其也可能配备教学活动场所。在很多乡村社区中，村民并未意识到资源供给型社区教育组织属于教育组织，甚至存在很多村民并

◆ 第二章　乡村社区教育组织的变迁与类型 ◆

不清楚有这种学习服务机构的存在。通过资料收集与实地调查发现，资源供给型乡村社区教育组织主要包括图书馆（室）、博物馆（室）与名人故居等。其中最为普遍的是乡村社区图书馆（室），又名农家书屋。博物馆（室）在乡村中很少见，通常只有经济条件较好或具有某种特色的乡村才会修建博物馆。名人故居更少，它是可遇而不可求的组织。

农家书屋由原国家新闻出版总署于2005年倡导，曾被中央宣传部批示为是"十一五"期间的文化建设工程，其与新农村建设政策密切相关。2007年中共中央办公厅、国务院办公厅印发了《关于加强公共文化服务体系建设的若干意见》（中办发〔2007〕21号）明确提出到2010年建成20万所农家书屋，且2015年基本覆盖每个行政村的建设目标，此后农家书屋在乡村社区中逐步建立起来。农家书屋的主要任务是为乡村居民提供阅读支持。据统计，截至2012年，全国行政村建成了600449个书屋，配送了9.4亿册图书，惠及6.7亿农村常住居民和1.77亿农村流动人口，农村人均拥有农家书屋公共藏书量达到1.1册[①]。覆盖率超过全国乡村总数的80%。随着信息技术的发展，部分乡村在原农家书屋的基础上建立了数字化农家书屋。截至2015年年底，全国共建成3.5万个数字农家书屋，2.2万个卫星数字农家书屋，3000个其他类型数字书屋。[②] 当前，随着网络的普及，部分乡村还建立了农家书屋APP。尽管资源配备较为充裕，农家书屋在使用中仍存在"地方部门形式化管理""传播环境复杂多元，阅读习惯难于扎根"与"内容供给不能满足实际需要"等问题。[③] 更有部分乡村在建设之初并未建立农家书屋的专用场所，存在着投放的图书被村民拿回家做包装纸与做手纸的情况。

博物馆与村史馆在农村地区修建很少，并且其修建的初衷更多是

---

① 刘琳：《农家书屋建设问题及应对策略研究——以天津市北辰区农家书屋建设为例》，《农业图书情报学刊》2014年第7期。
② 陈含章：《我国数字农家书屋建设现状及模式探析》，《出版发行研究》2017年第9期。
③ 陈燕：《农家书屋建设与发展再探：现状、问题与趋势》，《编辑之友》2018年第3期。

出于保护传统文化，而非提供社区学习服务，但其建成后也具备部分教育职能。例如贵州省依托传统文化保护政策建立的西江苗寨博物馆、郎德博物馆与梭嘎博物馆，四川省威远县 SF 村建立的乡村博物馆。调查发现博物馆主要承担的是青少年校外教育职能，乡村成人很少依托博物馆开展教育活动。名人故居本身属于乡村精神的象征，通常也作为文物保护，部分名人故居也为乡村社区教育提供服务，如贵州省麻江县的夏同龢状元文化产业园则具有为村民提供教育服务的功能。

二　学校型乡村社区教育组织

学校型乡村社区教育组织指乡村社区教育组织本身以学校的形式存在，具有名称、相对固定的学习场所、固定的管理人员与规章制度等。学校型社区教育组织与社会型社区教育组织的区别在于前者的教育专业性更强，而后者主要的教育目的是为学习者提供辅助性学习服务。就现实而言，学校型乡村社区教育组织主要包括社区学习中心、社区学校、农民文化技术学校、农民夜校、农民讲习所、农民文化技术学校与农民田间学校等类型。由于乡村社区教育组织建设本身缺乏稳定的资金来源、充裕的师资与管理者，加上目前尚未出台有效的乡村社区教育组织建设标准，因此乡村社区教育组织的建设可谓各有特点。就组织建设的理念与思路而言，乡村社区教育组织可分为直觉型、经验型与科学型三类。

（一）直觉型组织

直觉型乡村社区教育组织指社区教育在设计过程中，既无前期的社区教育组织经验支持，也未对其进行理性论证而构建的组织类型。直觉型乡村社区教育组织产生的主要原因是乡村社区教育组织的设计者与实施者根本不具备相关的乡村社区教育（成人教育）经验。在此情况下，组织的设计者只能根据自己的直觉或道听途说获得的"经验"开展乡村社区教育组织建设工作。直觉型乡村社区教育组织通常在形式上是合理的，但在内涵方面是不合理或完全的"虚无"。现实中，直觉型乡村社区教育组织主要包括挂牌型与"无所不能"型两种类型。

挂牌型乡村社区教育组织指组织完全无任何实质性的内容，有且仅有挂在村委会或普通基础教育学校的牌子。有的学校可能一年开展过一两次教育教学活动，有的甚至是从未开展过任何教育活动。调查发现2016年以前贵州部分乡村都挂牌有人口学校，但实际上这些人口学校很多都流于形式，并未开展过任何相关的人口教育活动，从而使得组织完全流于形式。甚至村民根本不清楚此组织的功能是什么，他们只知道是政府挂的牌子。例如，贵州省德江县JC村的人口学校即此种情况，调查可知该村并不存在除人口学校以外的其他社区教育机构。该人口学校原初租借了公路边一农户的一间房子，门口贴了"JC村人口学校"的牌子，室内不足10平方米的墙上贴了几张宣传计生工作的海报。2017年，JC村人口学校被挪到新建的村委会，但是布局仍旧与原来同样。访谈原来租房给相关机构村民，她根本不清楚此学校用来做什么，也不见开展过任何活动。平时都是她家用于堆放杂物，只是有人检查工作的时候会提前通知她把杂物搬出来。除挂牌式乡村社区教育组织以外，甚至还存在"心"式乡村社区教育组织，即乡村社区教育组织连基本的牌子都没有，但是村委却说有这样的组织，只是牌子坏掉未重新做。因此，我们把这种只存在于干部心中的乡村社区教育组织称为"心"式组织。

"无所不能"型乡村社区教育组织主要指乡村社区教育组织有牌子，但是基本未开展针对乡村多数居民的社区教育活动。而是把其他组织机构实施的类似于教育活动的内容全部纳入自己的活动，从而造成该乡村社区教育组织无所不能的假象。2017年暑期，笔者在四川省SL县的调查发现，某镇的乡村社区教育组织仅就一块牌子，而且是挂在某葡萄种植基地的门口，在基地内未发现社区教育的基础设施设备。对于这样的情况负责人是这样解释的："我们的社区教育内容很广泛，开展机构也很多，妇联、工会、政府、老年学校、公安机关等，所以我们没有必要配备设施设备，上交材料的时候我们问他们要就可以了。"调研离开前委托负责人在培训中帮忙让学员填写 100 份问卷,但此后我们一直联系不上对方。后来通过其他渠道发现,该社区学校校长本身就是做企业的,根本不懂乡村社区教育是什么,所以只能在葡萄基地门口挂牌子敷衍了事,甚至还可以套取政府的某些经费支持。我们在贵州省某区调查时也遇到类似情况,乡村社区教育负责人开始吹嘘其社区教育搞得很好,当我们提出希望其介绍几位参训村民了解详情时,他却把话题引向别处,向我们抱怨当地农民学习积极性很差,通知其学习都不来,即使补贴每天 20 元的生活补贴也不来学习,而宁愿在家打麻将。后来我们在村庄"特意"偶遇几位村民,他们都说乡村社区教育组织并未组织他们参与过学习,在他们看来唯一参加过的学习是乡村小学召开的家长会。

(二) 经验型组织

经验型乡村社区教育组织与直觉型乡村社区教育组织设计的差异在于经验,前者指相关设计与实施者具有乡村成人教育或青少年校外教育的经验,而后者指没有相关的经验。就理论而言,经验型乡村社区教育组织的效率要高于直觉型乡村社区教育组织的效率。经验型组织主要包括三个特征。一是相关的设计者与实施者以及学员都具有参与乡村成人教育或青少年校外教育的经验;二是乡村社区教育组织的设计与实施依托相关人员的前期经验,并且在此基础上进行积极的调适;三是乡村社区教育组织相关者前期经验的丰富程度直接影响组织的效率。经验型乡村社区教育组织主要包括教育教学经验型乡村社区教育组织与社会教育管理经验型乡村社区教育组织。

教育教学经验型乡村社区教育组织指组织的设计与实施者主要为具有直接教育教学经验的人员,他们主要是普通学校的、曾经参与过乡村成人教育与青少年校外教育的教师,不仅具有较为丰富的青少年校外教育经验与成人扫盲、普法教育、亲职教育等经验,同时还长期在乡村工作,具有一定的乡村教育情怀且对乡村具有深入的了解。例如重庆市巴南区的 ES 社区学校即此种类型,校长王某曾经为中学教师,负责过中学德育工作与 ES 镇关工委工作,并且他本人还具有池塘养鱼经验。因此在他的带领下，ES 镇社区教育学校办成了集教育培训与扶贫、资源（如饲料、农药与兽药）供给与技术咨询服务一体的乡村社区学校。该社区学校引领下的万亩梨园、万亩茶园与万亩花椒园已经投产并吸引部分外出农民回乡创业。

社会教育管理经验型乡村社区教育组织指组织的设计与实施者本身缺乏普通教育与成人教育的专业知识，但其从事过扫盲、农业技术培训、国家政策宣传等方面的管理工作。如很多由任职年限较长的村干部负责的乡村社区教育组织即为此种类型。如四川省威远县的 TP 村即为此种类型，该村的成人学校由村支部书记负责，村长任常务校长。书记曾某曾经作为学员参与过村政治夜校的学习、农民文化技术学校的学习，作为管理者具有组织成人扫盲教育的经验，况且他本人年轻时期还承包过水库养鱼与销售。因此在他的指导下，TY 文化技术学校的运转较顺畅，在党员教育、老年健康教育与职业技术培训方面取得了一定的成效。据 2016 年笔者暑期调查，该村已形成的教育常态是一周一次党员集中学习，一月两次老年健康教育，而职业技术教育则根据产业发展的需求不定时组织。

（三）科学型组织

从组织理论的发展历程而言，组织理论经历了理性系统组织、自然系统组织与开放系统组织三个主要阶段。[①] 不同的组织理论都有其自身的侧重点，它代表不同的组织设计理念。理性系统组织"是意图寻求具体目标并且结构化程度较高的社会结构结合体"[②]。自然系统组织"是一个集合体，参与者寻求着多种利益，无论是不同的还是相同的"[③]。开放系统组织认为"组织并非是与环境割裂的封闭体系，而是开放的且依赖于外界的人员、资源和信息的开放系统"[④]。就三

---

① ［美］W. 理查德·斯格特：《组织理论：理性、自然和开放系统》，黄洋译，华夏出版社 2002 年版，第 22—27 页。
② 同上书，第 24 页。
③ 同上。
④ 同上书，第 25 页。

者的关系而言，并不存在后者对前者的否定，而是后者对前者的完善。理性组织仍是基础，后两者的变化在于要求组织的设计需根据实际情况弱化组织结构化的程度与封闭程度，更多关注参与者的不同需求以及组织与外界的联系，增强组织的生态特性。就根源上而言，乡村社区教育组织本身属于具备理性、自然性与开放性特征的组织类型。就理性层面而言，乡村社区教育组织的设计需要理性的逻辑支撑，包括学习者的特点、教育的规律、经济社会发展的规律等。在自然系统层面，乡村社区教育组织需以学习者为本，尊重学习规律，关注不同的学习需求。在开放系统视角下，乡村社区教育组织本身属于社区的有机构成要素，是为社区全面发展服务的教育组织，需要加强与社区环境的融合。在此意义上，乡村社区教育的设计本身需要很强的科学性，而不能简单地依托直觉与经验来设计。但是在设计的过程中同样需要融入直觉与经验的元素，需要融入理性组织思想、自然组织思想与开放组织思想的要素。基于这样的思路，我们把这种组织称为科学型乡村社区教育组织。

科学型乡村社区教育组织在现实中并不多见，主要原因在于其需要专业组织设计、乡村社区教育理论与实践、经济与社会发展以及社区系统论等相关知识与技能作支撑。尽管其难度较大，但我们在调查中也发掘到类似案例。四川省威远县的 SF 村社区学校即为这样的案例，尽管其尚未达到完全之实效，但在设计过程中且也基本具备这样的发展理念与思路。分析发现，SF 村社区学校的设计是多方共同努力的结果。首先，学校的宏观规划设计者是县与市的相关社区教育专家，他们不仅具有较为深厚的理论基础，同时其背后有主要包括广播电视大学这样的智力服务机构作支撑。其次，学校的领导班子主要以村支委领导班子为主，他们都具有多年的扫盲经验与参与农民文化技术培训的经验，并且村支部书记被评为"全国劳模"。最后，SF 社区学校本身是服务乡村全面建设的。其课程体系、教学资源等设计与配置与社区的精神文化、社会规范与社区产业发展紧密联系。在设计过程中紧紧围绕先进乡村、富裕乡村、文明乡村、和谐乡村与美丽乡村建设的五大目标，在此基础上开设思想教育、职业教育、法治教育、道德教育与文化教育的课程，并结合实际配备师资与设施设备，采用基于村民学习实际学习特点的教育教学组织形式与教学方法等。

直觉型、经验型乡村社区教育组织在乡村地区较为常见，在社区教育被忽视的且交通不便的地区这种情况更为普遍。科学型乡村社区教育组织属于现有组织中较为完善的组织类型，但其仍处于探索阶段。从理论与实践验证而言，科学型乡村社区教育组织是乡村社区教育发展所需的最为理想的组织类型。

第三章 乡村社区教育组织的生态系统模型

乡村社区教育组织生态系统模型是从生态学的视角对乡村社区教育组织的内部构成要素与外在环境影响及其相互之间关系的模型化呈现,其价值在于为乡村社区教育组织的理论与实践探究提供较为清晰的理论框架。本章主要从乡村社区教育组织生态系统模型的构建、基本结构与特征三个维度展开探究。

第一节 生态系统模型的构建

就本研究所收集到的资料而言,关于乡村社区教育组织构建的相关研究总体偏少,民国时期主要有梁漱溟的乡农学校、陶行知的工学团与社会大学以及乡村师范学校、黄炎培的民众教育馆与民众学校、俞庆棠创办的劳工学校与农工学校等。中华人民共和国成立以后,对乡村社区教育组织进行科学探索与凝练的也不多。21世纪以来,尽管国家提倡在乡村地区建立乡村社区学校以发展乡村社区教育,但总体而言,对乡村社区教育组织进行理性探究的研究成果并不多见。基于乡村社区教育组织当前发展较为混乱的现状,有必要构建乡村社区教育组织的生态系统模型。该生态系统模型有助于从思想上厘清乡村社区教育组织运行的机理,为乡村社区教育组织的实际运行提供理论参照。就本书而言,乡村社区教育组织生态系统模型的构建主要经历两个阶段,并且笔者近十年来一直致力于乡村社区教育组织构建的探索。

一 研究的前期基础

研究的前期基础主要包括三个部分，即生活与工作实践的启示、专业学习的驱动与博士学位论文的探究，三个部分之间事实上是循序渐近的过程。

第一，早期生活与工作实践。笔者生于20世纪80年代的贵州偏远农村，生活上的青黄不接，教育上同伴们陆续辍学与女孩子不能上学，粗放式的管理方式成就了笔者"色彩斑斓"的童年，也激发了笔者通过学习改变命运的愿望。1999年笔者中师毕业后，怀着一颗献身乡村的赤子之心回到了乡村成为一名小学人民教师。因为学校只有四名老师也使得笔者有机会真正参与到学校的管理与建设中，这为笔者后期从事组织建设研究积累了"第一桶金"。与所有的乡村小学教师一样的是笔者学校的老师还需承担扫盲任务，在扫盲中我们发现种种不和谐的现象。尽管扫盲实际效果可能与国家扫盲的初衷相去甚远，但在此过程中笔者发现"文盲"事实上需要的不是读书识字，而是需要生产生活、教育与安全等实用性的知识和技能，现实中却缺少针对这类实用性知识与技能可得的教育教学活动。

第二，乡村教育研究的初涉。2007年，笔者如愿考上了四川师范大学的硕士研究生，主要从事成人教育与职业教育研究。鉴于笔者前期教育学理论知识的匮乏，导师何光全教授便要求笔者阅读大量的民国时期刊出的《中华教育界》与《新青年》的原著（文）并做好相关史料的摘录工作。其中陶行知、梁漱溟、晏阳初、雷沛鸿、黄炎培等的成人与职业教育思想与实践深刻地影响笔者，加上笔者早期的乡村生活与工作经历，在导师的指导下笔者毅然开始了乡村社区教育的相关研究。笔者的硕士学位论文《土家族哭嫁习俗中的女性成人教育研究》即此阶段较为重要的研究成果。

第三，系统研究的开始。2010年，笔者考取了西南大学成人教育学专业的博士，师从李森教授。在与导师讨论博士研究计划的过程中，笔者谈了自己的研究意向是乡村社区教育，导师结合其美国访学的经历便做出判断，未来的乡村社区教育肯定会成为热点。通过阅读大量的文献与现实考察，笔者认为乡村社区教育的系统化发展需要专业的乡村社区教育组织机构（学校）作支撑，因此笔者的博士学位论文题目便确定为《农村社区教育组织建设研究》。在研究过程中，笔者提出了这样的假设：乡村社区教育的组织化是提升教育效率的必然路径，还可以提升资源利用率，减少资源浪费，并且也是乡村社区教育长效发展必须依托的路径。在具体的研究过程中，笔者主要以奈德勒（Nadler）和图什曼（Tushman）（1977）的组织协同理论模型、达夫特（Daft，R.L.）的组织设计变量理论模型与迈克尔·马奎特（Marquardt，M.J.）的学习型组织模型为理论依据，结合农村成人教育组织发展的实际，构建了"农村社区成人教育组织要素系统模型"①（见图1）。

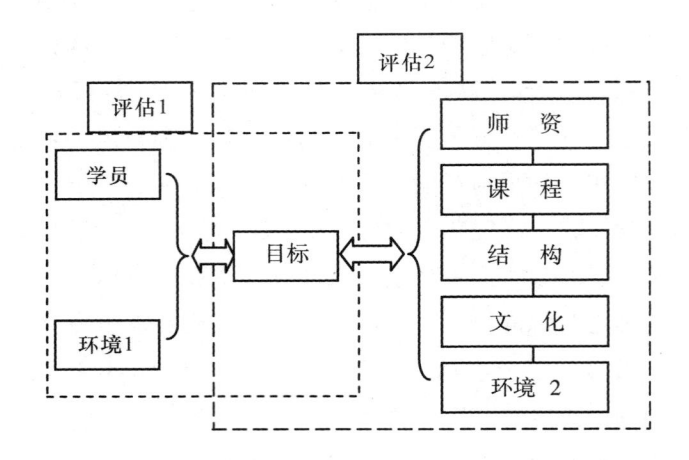

图1 农村社区成人教育组织要素系统模型

农村社区成人教育组织要素系统模型共包括十个要素，十个要素相互作用，共同构成了该模型。具体而言，环境1与学员是组织目标

---

① 杨智：《农村社区成人教育组织建设研究》，博士学位论文，西南大学，2013年。

制定的基本依据；师资、课程、结构、文化与环境 2 共同为组织目标的实现提供资源支持；评估 1 主要考察学员、环境 1 与目标之间的关系；评估 2 主要考察师资、课程、结构、文化与环境 2 对目标的支持关系。

通过后期的继续研究与探索，笔者发现该系统模型的组织特性不够明确，立体性不够强，并且过于微观。笔者认为乡村社区教育组织作为开放的社会性组织机构，需要借鉴组织理论从更为宏观的层面展开探究。基于这样的判断，结合新型城镇化与乡村振兴等战略的要求，我们开始对农村社区成人教育组织模型的重新探索。乡村社区教育组织模型的重新探索主要基于两个方面的原因。一是调查发现，乡村社区教育组织的要素系统模型难以真正满足乡村社区教育组织建设实践对理论的要求。二是课题组在资料收集与整理过程中受到加拿大管理学者亨利·明茨伯格（Henry Mintzberg）的组织设计思想与美国组织学者彼得·圣吉学习型组织理论的启示。

现实中的乡村社区教育组织事实上与国家的战略、社会的支持以及社区自身的概况存在着千丝万缕的联系，原有的乡村社区教育组织要素系统模型对此有所忽略，因此在明茨伯格与圣吉组织理论的启发下，研究团队构建了乡村社区教育组织的有效模型（见图 2）。明茨伯格认为，结构化的组织主要包括运营核心、战略高层、中间线、技术结构与支持人员五个基本要素。运营核心主要指直接从事产品生产和服务的工作人员。在乡村社区学校中，它主要指从事具体教育教学工作的教师与学员以及把二者联系起来的教育中介，他们共同构成乡村社区教育组织的技术核心。在技术核心与战略高层之间存在中间管理层（中间线），因乡村社区学校规模小，所以战略高层与中间线事实上难以区分，因此我们把二者合称为管理。支持人员即为组织提供间接服务的机构或个体，如食堂、收发室、法律顾问与公共关系部门等，这在乡村社区教育学校中基本不存在。技术结构是由分析专家构成的团队，目的是为组织运行提供智力支持。结合乡村社区教育的实际，可以分为两部分，即为管理者提供技术咨询与服务的人员，为教师与学员提供教学咨询服务的技术人员。前者概括为管理支持，后者概括为技术支持。调查发现，很多设计较为完善的乡村社区教育组织难以吸引村民参与到学习过程中，而四川省威远县 SF 村社区学校村民参学积极性相对较高。其深层原因在于其给村民塑造了美好的愿景，并且该愿景通过产业发展、精神文化与美丽环境等带来的益处得到强化，因此研究确定愿景是乡村社区学校其他要素的基础。共同愿景"特别是有内在深度的愿景，能够激发人们的热望和抱负"。基于以上理论与实践的碰撞与融合，本书提出了乡村社区教育组织的有效模型。

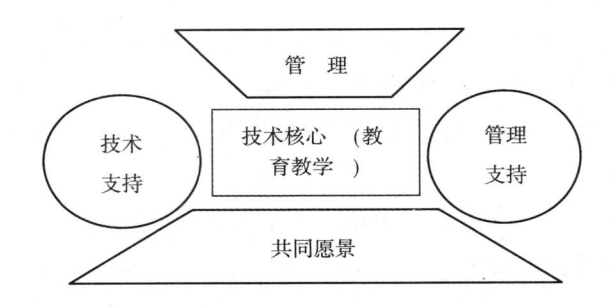

图 2　乡村社区教育组织有效模型

乡村社区教育组织有效模型在具体用于分析乡村社区教育组织的过程中，笔者发现尽管其思路较为明确且很简洁，然而从工具与手段的视角而言，其操作性不够强，并且该模型似乎更多关注的是组织的内部运行，而对组织与外在环境的关系有所忽略。现实中的乡村社区教育组织作为服务乡村社区全面发展的教育组织机构，事实上它与社区、社会环境之间存在着千丝万缕的联系，其发展"依赖外部环境的支持和资源，组织通过向外部提供产品和服务来换取环境资源。组织内通过建立组织结构，来明确员工的工作和职责，只有结合众人的努力，组织才能将原始资源转换成满足市场需要的产品和服务"①。基于这样的理论判断，以及已构建的乡村社区教育组织模型存在的不足，本书认为乡村社区教育组织的探究需要放置于整个社会大环境中，以社会与社区发展需求为导向，探讨乡村社区教育组织与外部环境的关系以及其内部运行结构，有助于我们更加清晰地认识到乡村社区教育组织在社会系统中的地位、功能及其与社会系统之间的互动关系。

二 生态系统模型的生成

乡村社区教育组织生态系统模型构建的最初想法基于对少数民族传统村落保护与发展的相关研究。在研究过程中，通常运用生态学的相关理论解释少数民族传统村落保护与发展的问题。少数民族传统村落本身是社区组织，它们经历了从封闭走向开放的过程。此开放过程可能是主动的也可能是被动的，但是开放的引力与压力都是外界环境的变迁使然。在生态学视角上，少数民族传统村落的发展主要讨论两个生态循环系统。一是民族村寨的内循环系统，主要探究内部的构成要素及其互动关系。二是民族村寨的外部循环系统，主要探究民族村寨本身与周遭自然环境、社会环境之间的互动关系。民族村寨从开放走向发展的过程即系统内各要素之间互动的过程。调查发现，传统民族村落本身也存在社区教育组织，社区教育组织总是随着社区的变化而变化。并且从生态学的视角审视乡村社区教育组织有一种"豁然开朗"之感。因此，本书决定从生态的视角尝试重构乡村社区教育组织生态系统模型。

生态学发展的前身为动物生态学与植物生态学，直到20世纪初生态学才初步成为一门学科，并逐步从动植物生态学探究向人文生态领域拓展，相继诞生了社会生态学、人类生态学与文化生态学等系列学科。本书主要讨论的乡村社区教育组织本属社会性组织，因此我们

---

① ［美］谢霍坚（Dean Tjosvold）、陈国权、刘春红：《团队组织模型：构建中国企业高效团队》，上海远东出版社2003年版，第5页。

这里主要探讨社会生态学相关研究的发展。据考证，最早用生态学理论研究社会问题的是芝加哥学派的帕克（R. E. Park）与伯吉斯（E. W. Burgess），他们在1921年合著的《社会学科学导论》（*An Introduction to the Science of Sociology*）中首次提出人类生态学概念，并且采用生态学的相关理论分析城市综合问题，从而形成了城市生态学或城市区位学。例如，伯吉斯从社会区域功能的视角创立了同心圆理论，即城市中心为商业区，依次为过渡区、工人住宅区、中产阶级住宅区和往返区五个呈同心圆状的环带。① 霍伊特（H. Hoyt）认为，城市的以水源与铁路为中心向外以扇形的形状延伸，从而创立了扇形理论。② 哈里斯（C. Harris）和厄尔曼（E. Ullman）认为，功能相似的单元分别向不同的中心点集结，形成若干彼此独立的"集结点"，并且各点之间相互依存，从而提出多中心理论。③ R. D. 麦肯齐的研究与本书主题更为接近，他在《人类社区研究的生态学方法》中认为，社区的研究尤其需要关注本社区与其他社区之间的关系，④ 在社区内部需要探讨个人与机构之间的关系。随着生态学研究领域的不断扩展与深化，以人类群体内部及其周遭环境变化为研究领域的相关研究越来越多，在此过程中诞生了新的传统生态学。主要代表人物包括霍利（A. Hawley）、奎因（J. Quinn）、邓肯（O. Duncan）、施努尔（L. Schnore）等。奎因从人群内部的视角认为生态学研究应研究人类群体及其相互之间的关系，霍利认为生态学研究应讨论在变化的环境中人如何维持自我与控制环境。邓肯的研究相对更加具体，他认为生态系统由人口、组织、环境与技术四个变量构成，生态学研究主要是讨论四个变量间的互动与互变关系。⑤ 尽管研究领域存在差异，但

---

① ［美］R. E. 帕克、［美］E. N. 伯吉斯等：《城市社会学——芝加哥学派城市研究文集》，宋俊岭等译，华夏出版社1987年版，第48—62页。
② 胡申生：《社区词典》，上海古籍出版社2006年版，第1页。
③ 蔡禾：《城市社会学：理论与视野》，中山大学出版社2003年版，第15页。
④ ［美］R. E. 帕克、［美］E. N. 伯吉斯等：《城市社会学——芝加哥学派城市研究文集》，宋俊岭等译，华夏出版社1987年版，第62—77页。
⑤ 参见周鸿《人类生态学》，高等教育出版社2001年版，第6页。

研究殊途同归，都是致力于探讨生态系统的构成要素及其共生关系。

为了使研究的理论基础更加清晰，需要对生态学的相关理论基础理论进行挖掘。就生态学发展的理论源点而言，其主要受到两种观点的影响。一是达尔文的"适者生存"理论与肯尼思·波尔汀（Kenneth Boulding）提出的最融洽者生存理论。适者生存理论主要延伸出种群生态学理论与权变理论，他们认为任何系统都有自己的惯性，因此在外力的压迫下系统本身会主动抵制外界的影响以实现自我保全。最融洽者生存理论认为系统"进化不仅仅是适者生存，还应该是'最融洽者生存'"[①]。系统只有在进化过程中与外界环境达到融洽状态后才能正常或高效运行。两种观点事实上并不矛盾，适者生存理论是从系统变迁的视角讨论保存下来的系统与环境的关系及其对环境的适应，最融洽者生存理论是从结果的视角认为系统变迁过程中凡是与环境融洽的系统即能生存。本书可以这样理解，生存下来的系统是适应环境的系统，也是与环境融洽的系统。两种观点殊途同归，即能保存下来的系统最终与环境形成协调与融洽关系。

综合前述关于生态学相关研究与发展的梳理，结合乡村社区教育组织发展的实际，本书认为乡村社区教育组织生态系统模型的构建需要思考四个方面的内容。一是组织生存与发展的分析要秉持发展与变化、协调与融洽的观点。二是组织由相互关联且发生作用的要素所构成。三是组织环境（含社区与社会环境）总是以不断吸引或迫使的方式和组织本身发生博弈关系，在博弈的过程中变好或变坏。四是环境、组织与组织效果之间存在着互动关系，即环境为组织内部各要素提供发展能量，组织内部各要素互相协调与变化以产生良好的效果，组织效果反之能在不同程度上满足环境的各种要求。以上述四个方面的内容为基础，结合前期关于乡村社区教育组织系统模型构建的相关研究，本书认为乡村社区教育组织主要包括调节与治理、文化与愿景以及技术核心三个基本要素。调节与治理是组织内部进行宏观协调的

---

① ［加］加雷思·摩根：《组织》，金马译，清华大学出版社2005年版，第58页。

行为，但其背后的支撑是组织的治理框架、职权划分以及各责任岗位之间的相互关系，其目的在于从治理层面上形成形式上的组织。文化与愿景是组织的灵魂，是理想效果与成员习惯的综合体，起着凝聚、激励与引领或促动作用。技术核心是组织运行最为重要的或者说组织之所以称之为乡村社区教育组织的核心要素，主要包括目标、课程、教学、评价、教师与学员。调节与治理、文化与愿景、技术核心三者之间相互作用，共同致力于组织的发展。乡村社区教育组织作为为了乡村、服务乡村并扎根于乡村的社区教育组织机构，社区会从发展与引领、资源支持、智力支持与服务支持四个维度为乡村社区教育组织发展提供支持。社区属于社会大系统的子系统，其必然受到社会系统的影响，同理社会系统也会从上述四个维度与社区进行沟通与协调，共同致力于乡村社区教育组织的发展，反之乡村社区教育组织的发展也有助于社会系统的正常运行。基于前述的讨论，本书构建了乡村社区教育组织生态系统模型（见图3）。

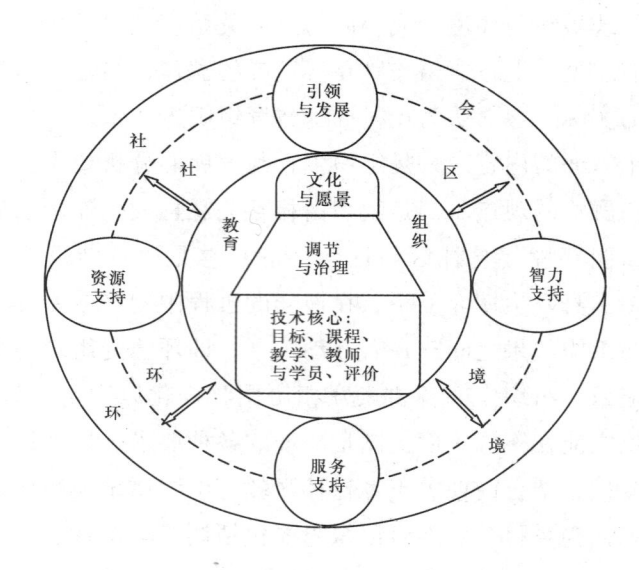

图3 乡村社区教育组织生态系统模型

第二节 生态系统模型的基本结构

乡村社区教育组织生态系统模型从生态学的视角为乡村社区教育组织的分析提供了理论构架，它是我们继续探讨乡村社区教育组织设计的基本依据。在讨论具体的乡村社区教育组织设计之前，我们有必要对乡村社区教育组织生态系统模型的框架做出必要的阐释。尽管在生态系统模型中所构建的是平面图，然而该模型本身具有立体性。它包括三个层级系统与四条连接主线。由于三个系统与四条主线都指向乡村社区教育组织中的技术核心。因此我们把此系统模型简称为"三统四线一核心"，三个系统之间以四条连接主线为纽带形成互动关系。

一 三个层级系统

生态系统是"同一场所生活着的不同种类的生物群体，相互关联、相互结合形成一个共同体"[①]。它主要由"生物和无机环境所构成，但这两个部分并不是独立存在的，两者之间互为作用"[②]。本质上，生态系统中的关系可描述为生物体之间、生物体与无机环境之间的互动共生关系。在社会学意义上，生态系统的细胞是家庭，若干家庭组成社区，若干社区构成社会。小的生态系统具有相对的独立性，但其总是隶属于更大的生态系统。如果我们把社会看成大的生态系统，这个大系统则可分为乡村生态系统与城市生态系统，其中乡村生态系统由若干乡村社区构成，每个社区包含若干子系统，社区教育组织属于社区的子系统之一。就乡村社区教育组织生态系统的运行而言，事实上是以乡村社区教育组织为核心，其直接隶属于社区生态系统，间接隶属于社会生态系统。乡村社区教育组织不仅从另外两个生态系统获取资源，同时其发展的张力也会推动它们的有效运行。

---

① ［日］只木良也、［日］吉良龙夫：《人与森林——森林调节环境的作用》，唐广仪等译，中国林业出版社1992年版，第19页。

② 同上书，第20页。

（一）核心生态系统

乡村社区教育组织生态系统指由教育的基本要素以及环境要素共同构成的有机系统，是各要素相互关联与作用而形成的整体，乡村社区教育组织的核心生态系统即具体教育活动发生的系统。这里主要从教育构成要素的视角讨论乡村社区教育组织的核心生态系统，具体而言，乡村社区教育组织的核心生态系统可从两要素与三要素的视角分别展开讨论。

两要素是从学习的视角对乡村社区教育组织活动进行的讨论。其依据是乡村社区教育组织的主体是成人，成人通常能明确自己的学习需求也具有一定的自学能力。因此，只要在社区教育组织提供学习资源的情况下，学习活动即可以进行。在此意义上，核心生态系统即由学习者与学习资源之间以自学为导向所构建的生态系统。学习资源主要包括核心资源与支持性资源。核心资源指学习的内容及其载体，主要包括目标、课程、教学评测等要素。支持性资源主要包括学习物质环境支持（如场所、学习平台与载体等）。核心资源与支持性资源因学员的学习需求而联系在一起，资源因学员的需求变化而不断改变，学员因资源现有状况而不断调适自己的学习方式，以此达到学习者与资源之间的平衡。因此，学员与资源之间存在相互协调与适应关系。本书可以这样理解，学习资源因学习者的需求其功能与价值得以发挥，或者说因学习者的存在其才被赋予学习资源之称谓。

三要素主要借鉴了普通教育领域的教育构成三要素说的基本观点，认为乡村社区教育组织活动的发生是基于教师、学员与教育资源三类要素的共同作用。乡村社区教育组织的主要主体是乡村成人居民，普遍意义上其不仅文化水平不高，而且离开学校后常年的非系统学习使得其对学习的认识不够或者学习能力在退化，导致其学习能力与其本身原有的文化水平之间不匹配，因此在多数情况下，尤其是乡村社区教育组织建设初期，教师的辅助与引导必不可少。教师与学员本属相互独立的个体，他们因学习而发生关系，这种关系需要相应的媒介作支撑，因此教育文化与愿景、目标、课程与教学、评价与反馈以及各类社区内外的支持性资源都属于教育媒介的范畴。教育媒介中的各要素因教师与学员而形成有机的整体，任何环节的价值弱化都会影响社区教育组织系统的有效运转。这里只对核心生态系统做简要的阐述，更加详尽的论述留在第五章讨论。

（二）社区生态系统

乡村社区本身属于基层的社会生态系统，尽管其处于基层但乡村社区内部仍由诸多相互关联的子系统构成，它们共同形成了乡村社区生态系统并推动乡村社区生态系统的正常运转。按照社会系统的习惯性分类方式，乡村社区生态系统包括经济、文化、政治、教育等组织系统。农业合作社、手工艺协会与商业团体属于经济类组织系统；民俗文化协会、博物馆与图书馆属于文化类组织系统；党支部与政治夜校属于政治组织系统，普通学校与社区学校属于教育系统。此外还有健康组织、卫生组织与环保组织等。在组织分类层面上，社区教育组织与其他组织之间属并列关系，它们共同构筑完整的社区生态系统。

就功能而言，社区教育组织在社区发展中主要承担间接功能而非直接功能，其功能的发挥需要以经济、政治、文化、健康与环保等组织为中介，社区教育为上述组织的运行提供智力支持。乡村社区教育组织与其他组织之间本身存在本质上的联系，其他组织功能的发挥依托乡村居民，乡村居民的综合素养是其他组织功能发挥的保障，乡村社区教育组织则属于乡村社区中能持久地为居民综合素养提升服务的组织。这样使得社区教育组织与其他组织有机地融合在一起，共同作用于社区生态系统。

乡村社区教育组织的运行与社区生态系统之间的关系主要表现为组织的发展要以社区生态系统健康、积极发展为导向，并为其提供智力支持。社区生态系统在力所能及的范围内为乡村社区教育组织的发展提供思想、物质、精神、人力与经费等支持。这样，乡村社区教育组织与社区之间形成给予与收益的互动关系，这有助于增强社区与教育组织之间的相互依存关系。

(三) 社会生态系统

社会系统可分为城市社会系统与乡村社会系统两种类型。在传统文化中，我们通常认为城市是各类资源的聚集地，乡村是落后的标志。历史上，甚至国家一度把重要的资源都集中到城市，乡村成为城市发展的哺育者。然而随着社会的发展，国家提出了城乡统筹、城镇化等政策，目的并非消除乡村，而是缩小城乡差距。在此过程中城市开始反哺乡村。因此，国家通过政策调控逐步向乡村投入更多的资源，以此推动乡村向前发展。或者说通过这种回馈维持社会生态系统的有机运行。否则，当乡村生态系统与城市生态系统在发展过程中产生不协调时，可能会产生相应的生态系统危机。就目前社会生态系统对乡村社区生态系统的反哺而言，主要包括基础设施建设、产业发展、环保、卫生与健康、教育发展等方面的反哺。乡村社区教育组织获得新的发展机遇事实上也离不开国家相关政策的支持，反之社会生态系统也寄希望依托乡村社区教育组织的发展以实现其各项投入价值的最大化。如乡村基础设施建设可能会占用部分村民的土地，产业发展过程需要先进的产业理念与产业技术支持，基础教育发展需要家长具备现代教育理念，这些本身不属于社区教育活动。然而其发展的主体与最终的受益者都是村民，社会的资源投入是基础，资源作用的发挥需要依托村民自身的发展，乡村社区教育组织作为推动村民发生变化的组织机构，其承担着村民发展的责任。在承担责任的过程中，乡村社区教育组织自身也获得发展的机遇。因此，我们可以理解为乡村社区教育组织社会生态系统中的关系主要表现为社会对乡村反哺价值的实现需要依托社区教育组织，社区教育组织的发展需要社会资源支持。

乡村社区教育组织社会生态系统的运行主要以资源为纽带。具体而言，主要通过引领与发展、资源支持、智力支持与服务支持四个方面得以实现。引领与发展主要指社会生态系统中的抉择部门通过政策引领、蓝图构建的方式为乡村社区教育组织发展提供方向。资源支持指社会生态系统要持续不断地为乡村社区教育组织发展提供资源，除非乡村社区教育组织发展已具有足够的资源自创能力，否则这种资源将持续不断地提供下去。智力支持指社会生态系统需要为乡村社区教育组织发展提供智力上的帮扶，包括管理、教育教学与发展方向的支持。服务支持指社会生态系统尽管不常参与直接的服务工作，但在特殊情况下社会生态系统能为乡村社区教育组织发展提供服务支持。如近年来高等院校、民间团体帮扶贫困乡村社区教育组织建设即属于此种类型。

二 四条连接主线

四条主线指社会生态系统、社区生态系统与乡村社区教育组织发生关联所依托的四条路径，通过它们乡村社区教育组织的三个生态系统有机地融合起来。四条主线分别是发展与引领、资源支持、智力支持与服务支持。接下来分别对四条连接主线功能的发挥进行较为详尽的阐述。

（一）发展与引领

乡村社区教育组织属于乡村社区的基层组织，因自然环境、交通与信息、原有的文化理念等相对落后，乡村社区在我国社会生态系统处于相对封闭的地位。随着交通、信息、工业以及市场经济的发展，乡村社区从封闭必然逐步走向开放，乡村社区教育组织作为推动乡村社区更有效开放的组织其本身也需走向开放，否则难以有效履行引领与发展乡村社区的使命。尽管我们在此过程中可以借用适者生存理论来解释社区及其教育组织的开放结果，但在国家战略层面显然不能淘汰部分乡村及其教育组织，因此加强发展与引领是社会与社区生态系统义不容辞的责任。

在发展与引领的主线上，乡村社区教育组织与社区生态系统、社会生态系统之间的关系表现在两个方面。一是乡村社区教育组织的发展需要社区生态系统引领，即社区生态系统的良性运行需要什么，乡村社区教育组织则应在此方面提供教育上的帮助。因此，社区生态系统为乡村社区教育组织的发展提供社区层面的方向。二是社区生态系统的发展需要社会生态系统的引领。社区生态系统隶属于社会生态系统，其发展需要以社会生态系统为导向，乡村社区教育组织属于社区生态系统的构成要素，社会生态系统对社区生态系统进行引领与发展的同时，也对乡村社区教育组织的发展提出了要求。引领的反方面即为支持，乡村社区教育组织在获得社会生态系统与社区生态系统引领的同时，它们本身也会对此做出支持性回应。从而依托引领与发展这条主线形成互动关系，成为乡村社区教育组织生态系统的互动主线之一。

（二）资源支持

资源本身带有价值判断的成分，它通常是相对资源主体而言的。如果抛开乡村社区教育组织讨论乡村社区资源，的确乡村社区的资源较为丰富。如果把资源限定在乡村社区教育组织层面，那么可以理解为乡村社区教育资源仍旧十分稀缺。在此意义上，乡村社区教育组织发展需要充分的资源支撑，否则其难以正常运行。很多乡村难以为乡村社区本身的发展提供充裕的资源，但社会生态系统需要乡村社区发展教育，因此社会生态系统具有为乡村社区教育组织提供资源支持的责任。这样社会生态系统、社区生态系统与乡村社区教育组织三者之间因资源供需关系而联结起来。

就乡村社区教育组织资源效用的发挥而言，乡村社区教育组织、社区生态系统与社会生态系统的资源是以乡村社区教育组织为核心而形成互补关系。目的在于减少资源的浪费。乡村社区教育组织本身具有一定的资源，无论这种资源符合还是不符合社区与社会的要求。乡村社区通常需结合自身对社区教育组织的需求进行资源评定，并尽可能满足组织发展的资源之需。社会生态系统需要结合其自身与乡村社会的实际情况对社区教育资源进行合理评估，并在此基础上提供乡村社区教育组织所需的资源。

从资源投入与效用发挥的视角来看，社会生态系统的资源通常具有普适性，在资源输入时需要结合乡村社区自身的实际，选择与投入能满足乡村社区需求的资源，同时资源是指向教育的，因此乡村社区在对社区教育组织的投入上需要结合教育组织发展而进行。理论上尽管可以这样讨论，但就现实而言，社区教育组织、社区与社会在资源获得与投入上通常都是同步进行，并未依据社会到社区再到组织的步骤。但是作为研究者与设计者，在系统互动中必须从以上角度进行思考，否则可能造成资源获得的错位或无法获得资源，以影响组织效用的发挥。

（三）智力支持

乡村社区教育组织本身属于智力帮扶机构，甚至可以说是智力创造实体。如果乡村社区教育组织自身要成为社区与社会系统发展的智力支持者，首先其自身需要具备智力支持的能力。然而乡村社区教育组织作为基层的教育组织机构，事实上其智力创造的条件仍不够成熟，其自身发展都需要外界的智力支持。我们可以这样理解，乡村社区教育组织发展需要社区与社会生态系统的智力支持，反之其发展又能为社会与社会生态系统提供智力支持。这样以智力支持为连接线，乡村社区教育组织的三个层次系统得以有机连接。具体而言，智力支持包括社区智力支持与社会智力支持两类。社区智力支持的优势在于其源自社区，因此其对乡村社区教育组织的支持更加有效。社会智力支持源自社区以外，在支持过程中可能需要实现智力本地化，以此保证支持的效用。因此以乡村社区教育组织为核心，社区智力支持需要实现教育性转化，社会智力支持需要实现社区性转化与教育性转化，这样智力支持成为乡村社区教育组织生态系统不可缺少的路径。当然，也许在未来某个时段，乡村社区教育组织高度发达以至不需要外界的智力支持而是可以主动支持社区与社会的发展，这时，乡村社区教育组织本身成为真正的智力支持机构。

智力支持的目的是促进乡村社区教育产生实质性的效果，否则不仅会造成智力资源的浪费，还会造成其他辅助性学习资源的浪费。为避免此类情况的发生，智力支持需要做好转化与衔接。调查中我们也遇到过智力支持被浪费的案例，例如，笔者2013年调查发现，2012年重庆市BN区TP村的早熟梨种植需要技术上的支持，某市属学校作为社区教育指导中心的挂靠单位，负责 TP 村早熟梨种植后期的技术完善工作，于是聘请 BN 区某农业技术专科学校的教师进入 TP 村社区学校负责指导工作，但因该教师对当地的气候环境、品种、种植户的专业知识储备及其学习能力估计不足，严重影响早熟梨的收成。后来村社区学校主动联系某大学的果树专家亲临现场对村民进行指导，才解决实际问题。此案例表面看是农业技术专科学校教师的问题，但从智力支持的视角而言，它属于智力转化失败的案例。

（四）服务支持

明茨伯格认为组织的五大构成要素中包括了服务人员与公共关系部门，如食堂、收发室、法律顾问等。因明茨伯格的研究主要是企业与普通院校，此类机构的运转必须配备相应的服务型部门与人员，然而乡村社区教育组织配备这类人员的条件尚不成熟。受此启发，我们认为乡村社区教育组织的生态系统中还存在服务支持这条连接线，它不是乡村社区教育核心组织的构成要素，不属于责任部门与经济利益相关者，而是从公益的视角对乡村社区教育进行有效的帮扶，主要包括社区生态系统与社会生态系统中的个人或组织。这种服务支持本身是服务主体职能的延伸，同时在延伸过程中实现了自我的价值。随着经济社会的发展，很多公益组织开始把服务范围扩展到乡村社区学校的建设上，试图通过产业支持与技术帮扶的方式促进乡村社区的发展。例如现在有公益性的支教组织深入乡村社区教育学校开展青少年校外教育活动，有医疗与健康组织深入乡村社区教育组织实施健康教育活动，还有环境保护组织深入乡村社区进行环保教育活动。当然在实施的过程中，他们通常也会与社区内的公益组织或热衷于公益的个人取得联系，以取得他们的协助与参与。这种服务性支持除直接实施教育活动外，还包括捐赠图书资源、素材资源等。相对于其他三条主线，这条主线目前仍处于建设期，相信随着通信技术、交通条件的改善与公益组织的增加，服务支持会成为未来乡村社区教育组织生态系统不可忽视的重要力量。

第三节 生态系统模型的基本特征

乡村社区教育组织生态系统模型基本特征的认识有助于我们更深入地认识到乡村社区教育生态系统组织与其他乡村社区教育组织的区别。组织本身是个中性的概念，就组织与社区的关系而言，它对社区的影响并非全是积极的或消极的①，但是科学的组织设计有助于充分发挥组织的积极作用而尽可能减少其消极影响。乡村社区教育组织生态系统的构建也本着类似的目的。不同设计理念指导下的乡村社区教育组织有着不同的特征，正是这些特征把乡村社区教育生态系统模型与其他类似的组织模型区别开来。结合乡村社区教育组织发展的实际，乡村社区教育组织的生态系统模型主要包括系统性、共生性、开放性与创新性四个方面的特征。

一 系统性

乡村社区教育组织是乡村社区教育活动实施必备的相关要素共同构成的关联体，各要素相互作用，共同发挥着促进乡村社区与社会发展的功能。从系统的视角上看，乡村社区教育组织本身处于社会与社区生态系统中，与社会和社区生态系统中的其他要素或强或弱地产生联系，在此意义上乡村社区教育组织具有系统性。具体而言，乡村社区教育组织的系统性主要表现在三个方面。一是就组织自身而言，乡村社区教育组织是教育性系统，它由教育目标、课程、管理队伍、师资队伍、管理制度等要素构成，并且各要素基于教育目标的实现而有机融合在一起。二是就乡村社区教育组织与社区的关系而言，乡村社区本身可视为基于地域范围的政治、经济与文化的结合体，它本身是一个相对独立的社会子系统，乡村社区教育组织属于社区系统的重要

---

① ［美］霍尔：《组织：结构、过程及结果》，张友星、刘五一、沈勇译，上海财经大学出版社2003年版，第12页。

构成要素，与其他社区系统要素共同作用于社区的发展，同时社区系统的其他要素也可能制约着乡村社区教育组织的发展。三是在整个社会系统中，乡村社区教育组织所依托的社区很难为其发展提供足够的资源支持，因此其发展必然需要获得社会系统的资源支持，反之社会系统也需要其反哺，在此意义上乡村社区教育组织可视为社会系统的构成要素。基于上述的系统性的讨论，本书认为乡村社区教育组织的建设需要置于整个社会生态系统中，重视它与社区、社会及其各要素之间的相互关系，这样它才能在乡村存续并且更有效地促进社区与社会的发展。

二 共生性

共生起源于拉丁文，是一起出生之义。在系统学的视角下，共生事实上指两个或多个主体在关联过程中能相互促进，共同成长。因此共生并非指此消彼长，也非为了共生而削足适履，而是在系统控制的范围内共同进步与成长。乡村社区教育组织生态系统中的共生性主要表现在三个方面。

一是三个生态系统之间的共生。在功能意义上，乡村社区教育组织生态系统在获得社区支持的同时，社区也收获了发展。同理社会生态系统在支持乡村社区教育组织发展的同时，组织本身通过社区间接地促进了社会生态系统的运行。就系统本身的关系而言，社会生态系统包括社区生态系统，社区生态系统包含社区教育组织生态系统。就前两者而言，社区的缺失必然会导致社会生态系统的崩溃，乡村社区教育组织生态系统的缺失也会影响社区与社会的整体发展。在此意义上，乡村社区教育组织三个生态系统之间存在共生关系。二是乡村社区教育组织核心生态系统中的各要素间存在共生关系。教育教学的有效实施需要管理的支持，管理也因教育教学的实施而获得实施的载体。就教育教学本身而言，其包括目标、课程、教学与评价等要素，各要素紧密联系缺一不可。目标的实现需要课程与教学以及评价等支撑，同时后者因目标的存在而更加有针对性与系统性。三是乡村社区教育组织生态系统中的智力支持者、教师与学员之间存在共生关系。基于学员的需求，智力支持与教师才具有发挥其价值的可能，反之智力支持与教师自身价值的实现与专业成长也需依托学员的成长。

三 开放性

开放性是指"企业与环境间相互作用的程度与频度，又是指与企业适应环境变化的能力相关的属性"[①]。在社区教育组织的语境中，其开放性可理解为乡村社区教育组织与社区环境、社会环境的互动程度。互动范围越广，频次越高，则开放程度越高。具体而言，乡村社区教育组织的开放性主要表现在三个方面。一是服务对象的开放性。乡村社区教育组织向社区的所有人开放，包括各种年龄段的人，残疾人与健康人以及从事各种职业的人等，只要有学习意愿乡村社区教育组织都尽可能满足他们的需求。二是服务时空的开放性。服务时空的开放性指乡村社区教育组织在教育服务的时间与空间上并不固定，而是根据学习主体的需求在适当的时间与适当的空间中开展教育教学活动。例如白天与晚上，闲暇之余与生产生活过程中都可以开展社区教育活动，在家里、生产生活场所与休闲娱乐活动现场等都可以开展教育活动。三是教育形式的开放性。教育形式主要指教育活动的组织形式，如集体教育与个别教育、线上教育与线下教育、讨论与咨询等都属于乡村社区教育实施的组织形式，具体的教育教学活动因具体的情况而异。相对于普通学校教育以课堂为主的形式，乡村社区教育组织的教育组织形式是开放的，并且随着信息技术的发展，乡村社区教育活动的组织形式会更加开放。

四 创新性

创新是组织的灵魂，莫齐认为"创新对于公司就如同呼吸对于生

---

① 李仕明：《现代企业经营战略管理》，电子科技大学出版社 1994 年版，第 53 页。

命一样须臾不可或缺"①。乡村社区教育组织属于智力服务组织，其本质在于通过教育转变乡村居民的思想，促使其掌握新的知识与技能，甚至让村民获得基本的应对经济社会变化的能力。为实现上述的功能，乡村社区教育组织必须具备创新性，只有这样它才能真正应对经济社会发展带来的挑战。具体而言，乡村社区教育组织的创新性主要体现在两个方面。

第一，乡村社区教育组织的存续必须依托创新性，否则其难以长时间存续于乡村。社会总是在不断进步，乡村社区教育组织作为社会生态系统中的构成要素，其必然需要跟上社会发展的步伐，甚至引领社会发展。只有具有创新性的乡村社区教育组织才能永久性地肩负起促进社区与社会发展的责任。这样的观点在乡村社区教育组织的历史变迁中也能得到验证。在历史变迁的视角上，不同的历史时期乡村社区教育组织的称谓与职能都存在差异。在此意义上，创新性是乡村社区教育组织的根本特性。

第二，乡村社区教育组织的主要职能是教育，教育在本质上具有创新性。教育组织固有的创新功能主要通过两种渠道来实现。一是学员学习的内容本身属于相关领域的新理念、新知识与新技能，学员在内化后可结合自身实际实现创造性转化，知识与技能内化为学员所有的过程即创新的过程。二是乡村社区教育组织通过教育的方式有意或无意地培养学员的创造性思维，这样学员能在生产生活实践中实现创新能力的转化。

---

① ［美］杰夫·莫齐、［美］理查德·哈里曼：《公司中的创造力：创新型组织行动指南》，鲜红霞、郭旭力译，机械工业出版社2005年版，第1页。

第四章 乡村社区教育组织的治理

乡村社区教育治理事实上讨论的是乡村社区教育组织的管理问题，因传统的管理模式更多强调的是自上而下的管理，很难调动乡村社区教育组织成员参与教育活动的积极性，并且现实情况是乡村社区居民的学习积极性偏低，常有抵制教育活动的行为。因此，传统的管理理论已难以解决乡村社区教育组织发展面临的现实问题。基于这样的实况，本书认为生态学视角下的乡村社区教育组织运行需要采用"治理"的相关理念与观点，充分调动组织成员参与组织活动的积极性，以解决乡村居民参学积极性偏低的问题。本章主要从乡村社区教育组织治理的含义与特征、治理结构与治理模式三个方面展开讨论。

第一节 乡村社区教育组织治理的含义与特征

治理与管理的含义较为接近，甚至很多时候可以混用。从学科发展的视角而言，管理是治理的前身，治理可视为对管理理论的继承与发展。为更加清晰地理解乡村社区教育组织治理的含义，本研究摄入管理的理论与常识。

一 乡村社区教育组织治理的含义

2013年党的十八届三中全会正式提出"治理"理念，要求从先前的管理转向治理，然而这并不代表治理的相关思想在我国历史上未出现过。事实上早在《礼记·大学》中就有"物格而后知至，知至而后意诚，意诚而后心正，心正而后身修，身修而后家齐，家齐而后国治，国治而后天下平"。国治放置于现代语境中其含义即治理国家。"治"指通过一定的手段使国家变得更好，"理"指梳理、管理与处理之义。治理的前提假设是通过诊断发现有问题，然后采用科学的手段、方式与方法梳理并解决问题。在社会学意义上，治理可理解为根据已有的问题，充分调动各利益相关者的积极性与主动性，共同处理问题，它既是解决问题的路径，也是解决问题的理念。管理与治理好似孪生姐妹，但二者也有所差别。在英语中管理为governance，"原意是控制、引导和操纵的行动或方式，长期以来，它常与统治（government）一词交叉使用"[①]。具体而言，管理弱化客观性，重视主观性；管理依据既定的假设与规则，治理是依据众人的智慧处理问题；治理以问题为导向，涉及社会生产生活的每个方面；管理通常是对相关活动人员思想与行为的规约与引导，重视对权威的服从。治理主要以共商共议为主，重视倾听各利益相关者的意见。

  乡村社区教育组织生态系统具有开放性与创新性，开放与创新意味着未来与不可知，不可知的未来可能需要用新的思维与方法解决问题，需要充分调动各利益相关者的积极性与主动性，这样才能更有效地处理未来的问题。开放性与创新性与治理的含义本身存在共通之处，而管理理念与开放性、创新性之间存在着矛盾与冲突。一是乡村社区教育组织生态系统倾向于开放与发展，着眼于未来，而管理似乎更多是关注对过去的既定规则的遵守以及对前期经验的运用。二是乡村社区本身属于自治性组织，需要充分发挥居民参与社区建设的积极性与主动性。社区教育组织可理解为居民参与社区自治活动的平台，管理重视的是自上而下，关注的是权威服从，这与乡村社区自治性的本质相违背。基于上述的讨论，本书认为乡村社区教育组织治理是以乡村社区或社会的未来发展为导向，直接或间接的利益相关者采用合

[①] 乔东平、高克祥：《政府与社会组织的合作：模式、机制和策略》，华夏出版社2015年版，第202页。

作、共商、探究的方式共同发现问题、分析问题与解决问题，推动乡村社区教育组织生态系统良性运行的过程。因社会总是向前发展，乡村社区教育组织治理也需不断变化以服务于社会发展，因此乡村社区教育组织治理事实上只有起点，尚未有终点。

二 乡村社区教育组织治理的特征

乡村社区教育组织治理与其说是处理问题方式上的转变，可能更应理解为是处理现实问题或预防未来问题发生的意识觉醒与理念的转变。讨论乡村社区教育组织的治理，有必要对其本质特征进行提炼与挖掘，为治理结构与模式的讨论奠定更加坚实的基础。基于前述对乡村社区教育治理含义的分析，结合乡村社区教育组织发展的实际概况，研究发现乡村社区教育组织治理主要包括全员共治、多元互动、科学规范、"善治"导向四个特征。

（一）全员共治

在关于治理与管理（统治）含义的讨论中，我们已明确后者"意味着要确知自己走向何方，并且相信自己的方向，至少是让他人相信这个方向"[①]。在统治与管理理念中，存在着管理者或统治者，被管理者与被统治者。管理者掌握着权力，被管理者只能在其构建的体系内按照其确定的方向行动，并且管理者或统治者要想方设法让被管理者与被统治者相信自己的正确性。借用玛格丽特·米德的前喻文化、并喻文化与后喻文化作为分析框架，统治与管理的理念适合于前喻文化社会，然而社会在向并喻与后喻文化过渡的过程中，传统的统治者与管理者主导的对立式管理理念与模式难以适应社会发展的需求。现代社会，管理者与统治者的权力地位越发模糊，他们不再是权力的所有者，更多承担着工作的组织者与服务者角色，因此我们的社会进入以共商共治为特征的治理时代。面对社区的问题，所有利益相关者必须肩负起促进社区发展的责任，积极地参与到治理活动中，集

---

① ［法］戈丹：《何谓治理》，钟震宇译，社会科学文献出版社2010年版，第3页。

众人智慧，共同商定未来的发展。在此意义上，全员共治即乡村社区的所有利益相关者必须充分发挥自己的优势，相互协作共同推动乡村社区的发展。

乡村社区教育组织作为乡村社区的重要构成要素，其必然需要吸收全员共治的思想。第一，乡村社区教育组织需依托治理理念应对社区与社会的发展。社区与社会总是处于不断发展的过程中，相应的会不断产生新的问题但同时也会获得新的机遇。这需要乡村社区教育组织充分调动居民的积极性与主动性，主动面对新的问题与把握新的机遇，共同促进乡村社区与社会的发展。第二，乡村社区居民具有主动参与乡村社区治理的动力。社区是村民自己的家园，积极主动地治理家园是其义不容辞的责任。由于社会总是在不断变化，致使乡村社区居民缺乏解决问题的知识与能力，乡村社区教育组织则从知识与技能传输的视角助推乡村居民解决其生产生活中面临的问题。第三，乡村社区本身属于自治性社区，自治的本质特征即要求全员参与，乡村社区教育作为乡村自治的助力机构，全员参与治理本身与乡村自治的本质特性之间存在耦合关系。

（二）多元互动

20世纪90年代，国际上兴起了"多中心治理"理论，其核心思想为："传统的以政府为中心的'单中心供给'思路在庞大的需求面前缺乏效率，因此，需要'权力分散、管理交叠和政府市场社会多元共治'，政府、市场、公民共同参与和多种治理手段的应用的治理模式。"[①] 在乡村社区治理语境中，多元治理不仅指参与主体的多元化，而且包括互动途径与形式的多元化。多元主体的互动能获得多元的结果，多元主体还可以就不同的结果进行磋商，最终确定最理想的治理方案。在此意义上，多元互动的过程事实上即充分发挥参与主体积极性、创造性，集众人智慧为一体的过程。乡村社区教育组织治理多元

---

① 阎占定：《新型农民合作经济组织参与乡村治理研究》，世界图书出版广东有限公司2013年版，第264页。

互动的分析我们主要从多元与互动两个维度展开。

乡村社区教育组织治理的多元指多主体参与。在乡村社区教育组织生态系统中，乡村社区教育组织治理的主体主要源自社会生态系统、社区生态系统与社区教育自组织系统，因主体存在着多元交叉的情况，因此在实际过程中难以完全确定其归属于何种系统。一是社会系统视角上的主体主要包括相关政策制定者与规划者，资源供给者与服务支持者等。二是社区系统视角上的主体主要包括相关政策与规划实施的责任者，社区的各类组织与个体等。三是乡村社区教育组织视角上的主体主要包括学员、教师、管理者与服务支持人员。社区教育组织的治理需要源自三类系统的人员共同协作完成。就当前乡村社区教育组织的发展而言，缺少任何主体都可能影响组织的效率。

互动方式指乡村社区教育组织生态系统中的各利益相关主体因社区教育组织而形成的互动关系。就互动主体的关系而言，主要包括直接互动与间接互动。间接互动指互动主体之间需依托第三方产生的互动。如社会生态系统中的主体尽管不直接参与社区教育组织的建设，但社区教育直接建设主体的行动通过信息传输的方式送达其处，他们根据收到的信息对社区教育组织的发展进行调适。直接互动指各利益相关主体就社区教育组织发展而产生直接的互动关系，如学员、教师与管理者之间的互动属于此种关系。就互动的效果而言，直接互动是基于乡村社区教育组织核心技术要素的互动，其效果更加有效；间接互动则属于以资源供给为主的保障性互动，因此其效果更多处于保障层面。就互动途径而言，主要包括面对面互动、电话互动、互联网互动、评估与考察性互动等途径，其目的在于通过多种方式促进乡村社区教育组织各利益相关主体的交流。多元互动途径从理论上而言必然会增加沟通，有助于组织的良性运行。

（三）科学规范

本书在讨论全员共治与多元互动的过程中已经明确乡村社区教育组织治理需要各利益相关者的参与，同时采用多种互动方式。调查发现在现代治理理念尚未提出之前，民族地区的部分村落都在采用多元共治的方式进行乡村社区治理。尤其是当乡村社区本身面临重大问题时,"头人"或"族长"会召集村民(通常是每户户主)共同商议、提出并采用"投票"表决的方式决定问题的解决方案。这样的方式在传统的乡村社区帮助乡村社区居民度过了系列的难关。通过分析发现,其实他们商议解决问题的方案都是建立在其祖辈积累与传承的经验基础上。在传统的相对封闭的社会,他们所遭遇问题的挑战性相对较弱,因此参照祖辈的经验通常能解决现实问题。然而,现代乡村社区是开放性社区,并且总是处于不断的变化中,因此传统的基于祖辈经验的商讨式治理方式已难以应付现代社会的复杂问题。乡村社区教育组织作为服务于现代乡村治理问题解决的机构,尽管可能存在部分相关的经验,但这些经验可能难以满足现代社会的需求。因此,乡村社区教育组织的治理需要坚持科学的原则,各治理主体在治理过程不断学习,深入探究,共同探索科学的乡村社区教育组织治理路径。一方面,治理主体要相信科学,具备科学发展的观念,努力探索乡村社区教育组织发展的规律,为组织的科学发展奠定基础。另一方面,乡村社区教育组织的治理结构、内容与模式以及具体的教学治理要坚持科学的原则。通过科学的治理,乡村社区教育组织才能在服务乡村社区发展的同时,自身也获得更好更快的发展。

规范性指乡村社区教育组织治理需要相对规范的制度约束,这样在治理过程中才不至于迷失方向。一是需要明确乡村社区教育组织是中国共产党领导下的乡村社区教育组织,乡村社区教育组织治理必须在国家法律法规框架内进行。二是乡村社区教育治理需制定具体的规章制度,对治理主体的思想行为、治理过程的实施与治理结果的处理进行相应的规范管理。三是乡村社区教育组织治理的规范性只能是相对规范,而非绝对规范,即需要结合实际有效把握规范的度。四是由于乡村居民通常因处理生产生活现实问题,履行家庭与社会责任而难以统一集中学习,在此意义上乡村社区教育组织治理需要因地、因事制宜。

（四）"善治"导向

"善治"是社区治理体系构建的理想状态，善治是构建乡风文明、环境优美、生态宜居、生机勃勃的理想乡村形态的重要路径。就概念的生发而言，善治思想主要源于三个方面。一是西方的善治思想，对应的英文为 good governance，其核心是强调治理主体的多元化。如美国学者 F. 发林顿认为，"善治"即组织和教育社区成员积极参与改善生活，从而促进社区进步的方法。二是源自《道德经》的"善治"，即无为而治，强调治理方法的柔和性。三是以法治为基础的现代政治学中的善治。"指的是公共利益最大化的治理过程和治理活动。它是一种官民共治，是国家治理现代化的理想状态。"[①] 就上述思想而言，"善治"类似于"善政"，它蕴含着治理的目标导向，即治理的最终目的是形成"善"的社区。

美国学者默顿（R. K. Robert King Merton）认为，社会变迁过程中社会系统存在显功能与潜功能。显功能会增强系统适应，调整的后果包含更多积极因素；潜功能可能会减少系统适应或调整的后果。D. P. 约翰逊认为减少潜功能的副作用，"可能要建立补偿结构，来中和或消除反功能的后果"[②]。乡村社区教育组织则属于这种补偿结构，以此弥补乡村社会变迁过程中社区与社区居民之间的不适应，这种补偿性的目标导向即为"善治"。乡村社区组织治理的"善治"主要表现为两个方面，一是社区层面的善治。乡村社区教育组织本身不属于专门的社区治理机构，甚至在现有的乡村治理体系中其功能发挥受到限制，但其可通过思想引领，知识与技能支持以及文化氛围营造等途径促进理想的乡村社区建设，从而推动社区的"善治"。二是乡村社区教育组织本身的"善治"。"善治"在这里主要指乡村社区教育组织自身的发展目标，即要求各利益相关者共同参与，引领乡村社区教育组织向协调、开放与创新的方向发展，以促成组织的文化性目标，

---

① 俞可平：《法治与善治》，《西南政法大学学报》2016 年第 1 期。
② ［美］D. P. 约翰逊：《社会学理论》，南开大学社会学系译，国际文化公司出版公司 1988 年版，第 555—556 页。

功能性目标与保障性目标都达到理想状态。

第二节 乡村社区教育组织的治理结构

一 治理结构的含义

组织的治理结构是对组织构成要素及其相互关系的描述，既包括组织中人与人之间的关系描述，也包括组织运行环节以及组织具体任务的分配。通过治理结构可以窥见组织运行过程中的纵向、横向与交叉关系。查尔德（John Child）认为组织结构包含三个基本的要素："1. 组织结构决定了组织中的正式报告关系，包括职权层级的数目和主管人员的管理幅度。2. 组织结构决定了将个体组合成部门，部门再组合成整个组织的方式。3. 组织结构包含了确保跨部门沟通、协作与力量整合的制度设计。"[①] 这里的结构主要包括三个基本内容，即管理结构、职能结构、制度与沟通结构。乡村社区教育组织作为以教育为主要任务的组织机构，相对公司与企业，乡村社区教育组织具有更多的灵活性、自主性与复杂性。其复杂性除乡村社区教育组织生态系统自身的系统复杂性外，更为复杂的是乡村社区教育组织的主体是人，每个个体的思想理念、文化基础、需求导向以及其所从事的职业、社交圈子等都导致个体非常复杂。因此，乡村社区教育组织治理结构既要与通识性的社区教育组织治理结构为参照，但也必然要突破非教育类组织治理结构的局限性。

乡村社区教育组织的治理结构主要指乡村社区教育组织体系的运行逻辑框架。结合第三章构建的乡村社区教育组织生态系统模型，已有的通识性组织治理结构以及乡村社区教育组织治理的现实状况，本书认为乡村社区教育组织治理结构主要包括三个部分，即职权结构、专业结构与制度结构。职权结构是从传统的权力关系与任务相结合的

[①] [美] 达夫特：《组织理论与设计》，王凤彬等译，清华大学出版社2011年版，第98页。

视角而言的治理结构。① 专业结构主要指乡村社区教育组织在运行过程中，在管理与设计上需要专业团队或人员的支持，在教育教学过程中要结合乡村实际进行教育教学内容的专业性规划、实施与评估。制度结构指乡村社区教育组织所构建的制度框架。三种子结构共同构成乡村社区教育组织的治理结构体系。

二 治理结构的类型

（一）职权结构

职权结构的核心即基于岗位职责与权力运行的治理结构，在治理过程中各部门或岗位履行自己的职能，共同促进乡村社区教育组织的发展。职权结构是所有组织都必须存有的结构，否则组织不可能存在。关于乡村社区教育组织职权结构的讨论主要基于泰勒（Frederick Winslow Taylor）的科学管理理论与法约尔（Henri Fayol）的管理理论。泰勒作为科学管理理论的首创者，他从生产过程与环节精细化的视角提出其科学管理理论，试图通过对生产过程的改进来提升生产效率。法约尔则从行政管理的视角提出了其管理理论，他认为管理活动主要包括五个基本要素，即计划、组织、指挥、协调与控制。泰勒的管理理论强调的是基于生产环节的职能机构的建设，而法约尔的管理理论更多强调基于生产运行过程中权力的行使，综合两者的观点，本书认为乡村社区教育组织需要建立基于运行机制与权力行使的职权结构。关于乡村社区教育组织职权结构的探究，笔者在《农村社区成人教育组织建设研究》中曾构建了包括组织委员会、各类教育责任部门、对应的专业教师与学员的纵横交叉的职权结构。② 这是理想化的乡村社区教育组织职权内部结构，置于乡村社区教育组织生态系统中，这样的结构显然难以满足生态视角下乡村社区教育组织运行的要求。因此，本书主要从生态学的视角构建乡村社区教育组织的内部职

---

① 杨智：《农村社区成人教育组织建设研究》，博士学位论文，西南大学，2013年。
② 同上。

权机构与外部职权结构。

1. 外部职权结构

亨利·明茨伯格认为在组织基本框架中，战略高层与运行核心之间存在着中间线，中间线即组织的管理结构。事实上，乡村社区教育组织的生态系统中也存在这样的结构，缘由是当前我国乡村社区教育发展是以教育部主导的多部委协同引领下的全国社区教育网状体系，同时社会其他机构承担资源供给、智力支持与服务支持等职能。支持性的职能主体与乡村社区教育具体组织之间存在中间线，这条中间线即乡村社区教育治理的外部职权结构。外部职权结构呈现了社会生态系统与乡村社区教育组织的互动关系。外部职权结构主要通过设计与引领、服务支持、资源支持与智力支持四种职能，民间与行政两条路径共同作用于乡村社区教育组织（见图4）。

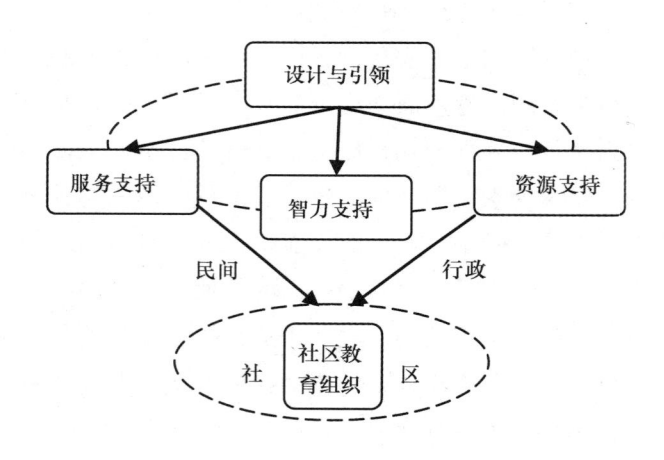

图4 外部职权结构

具体而言，战略高层的主要责任是设计与引领，主要承担相关政策、法规与条例的制定、愿景的塑造等任务。当前我国乡村社区教育组织发展的战略高层主要由以教育部主导的多部委协同构成。例如，当前乡村社区教育组织发展最为重要的文件《教育部等九部门关于进一步推进社区教育发展的意见》即为上述机构共同颁布。服务支持主体、资源支持主体与智力支持主体三者与战略高层属于业务指导关系或合作关系，甚至可能是行政的上下级关系。服务支持主要提供行政与民间视角上的服务支持，如民间组织与专业性的社会机构可以从服务的视角为乡村社区教育组织提供支持。资源支持机构或个人主要包括稳定的资源主体与非稳定的资源主体，前者能为组织提供稳定的资源，后者可能提供间歇性或临时性资源。智力支持主要由智力帮扶机构完成，包括高等院校、科研机构与相关领域专家等。两条路径主要包括行政路径与民间路径，前者主要为以行政指令的形式或者受行政指令要求支持乡村社区教育组织发展，后者主要指以非官方的形式支持乡村社区教育组织发展。现代乡村社区教育组织还处于发展初期，从普惠的视角而言在将来一段时间仍将以行政引领与支持路径为主，随着组织的发展与乡村经济水平、文化水平的提升，民间支持路线在乡村社区教育组织建设中的比重会逐步增加。反之，乡村社区教育组织的发展也能间接地对社会生态系统进行显性或隐性的回馈，然而就目前而言这种回馈还很薄弱。

2. 内部职权结构

内部职权结构是乡村社区教育组织在社区环境中正常运行时的职权关系。尽管乡村社区本身属于基层的自治组织，但是它主要是基于共产党领导的，在乡（镇）行政部门的指引下开展自治工作。乡村社区教育组织作为服务社区自身发展的组织，同理其具有自治权。它与乡村社区普通学校不同的是其没有相对封闭的行政管理系统负责管理，也没有专业的业务管理部门以及相对固定且稳定的学习资源。因为后者主要寄希望于青少年儿童，具有较强的未来性。乡村社区教育组织主要指向乡村当前，具有较强的现实性与灵活性。尽管其存在诸多不确定性，但乡村社区教育组织仍存在着相对稳定的内部职权结构。内部职权结构关系表现为专业人员与学员共同完成学习任务的过程中呈现的各种关系，其重要性高于外部职权结构。结合前期的研究，乡村社区教育组织的内部职权结构呈现为图5所示。

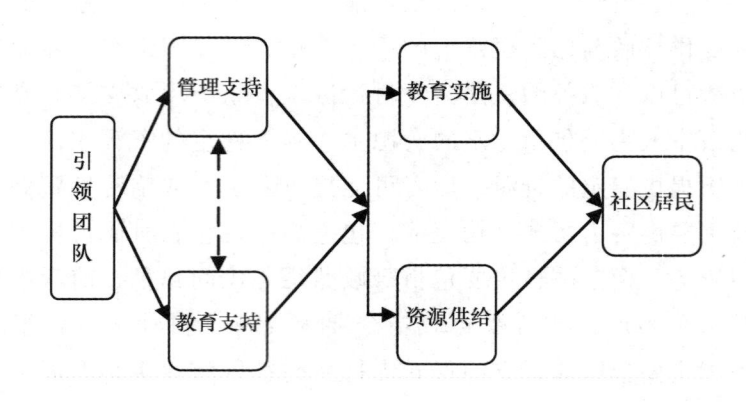

图5 内部职权结构

乡村社区教育组织的外部职权结构属于乡村社区教育组织的外部支持结构，主要讨论乡村社区教育组织与社会系统的关系。乡村社区教育组织的内部职权结构属于乡村社区教育组织专业性结构。前者重视保障，后者重视技术运作。内部职权结构属于乡村社区教育组织治理的核心结构，直接关系到组织本身能否良性运行，间接层面上关系到外部职权结构是否能真正落实。组织的内部职权结构主要包括引领团队、管理支持与教育支持、教育实施与资源供给、社区居民四个主要环节。引领团队是具体乡村社区教育组织核心治理团队，主要包括以校长所主导的校委（董）会成员。目前主要由村支委兼任或专业人员与村支委共同协作引领两种类型。经济条件较好的社区通常是专业成员与村支委协同，经济条件较为落后的地区主要由村支委兼任。管理支持主要指负责组织、协调、规划与实施教育与学习活动的团队，乡村地区通常由村支委或志愿者组成，其除自主探究教育教学管理以外，还需对源自外部职能结构中的相关支持进行本地性转化。教育支持主要指承担教育教学实施任务的教师团队与提供学习资源的个体或机构，同样他们需要把源自外部职能体系中的相关支持本地化。尽管在理论上可分开讨论，但现实中管理支持团队与教师团队是互通的，甚至存在身兼两类工作的情况。教育实施主要包括教育活动与学习活动两种类型，教育活动主要由教师、学员与教育中介共同构成。学习活动主要指教师指导下的学员自学或学员依托乡村社区教育组织的资源开展自学活动。内部职权结构体系的落脚点是社区居民，他们既是乡村社区教育组织的主体也是乡村社区教育组织的"产品"。

（二）专业结构

就习惯性表述而言，提及专业结构通常会联想到普通高等院校与中等专业学校，原因在于我们通常讨论的专业都与学科、学历与学位相关。我国与社区教育相关的专业结构通常存在于以学历为主导的乡村社区教育组织结构中，如成人高等、中等教育结构与城市社区教育机构，国外如美国的社区学院。此类机构都包括专业结构。本研究中的专业结构并非指学历结构与学位结构，而是基于乡村社区教育组织治理的专业技术结构，即从专业的视角看乡村社区教育组织如何运行，在此运行过程中专业技术如何发挥作用以及各构成要素间存在何种专业关系。具体而言，本研究所讨论的专业结构主要包括乡村社区教育组织治理的职能专业结构与教学专业结构。前者主要探讨组织的职能结构在专业性视角上如何体现，而后者主要探讨乡村社区教育组织在学习内容上如何呈现与布局。

1. 职能专业结构

尽管宽泛意义上的乡村社区教育组织在我国已有上千年的历史，但总体而言其专业性仍不够强，如民国时期的乡村社区教育组织看似声势浩大，实际上形式胜于内容。1949年以后，我国乡村陆续建立了大量的冬学、夜校、扫盲班、农民文化技术学校、人口学校等社区教育组织，有效地促进了乡村社区的发展。回顾其内容我们发现，除农民文化技术学校外，其他学校的专业性仍偏弱，此类组织在职能结构设计上的专业性不够是主要原因。基于这样的思考，结合现代乡村社区教育组织建设的实际，本书认为乡村社区教育组织治理的职能专业结构主要包括四个基本环节，每个环节都需要专业知识与技能的支撑。具体如图 6 所示。

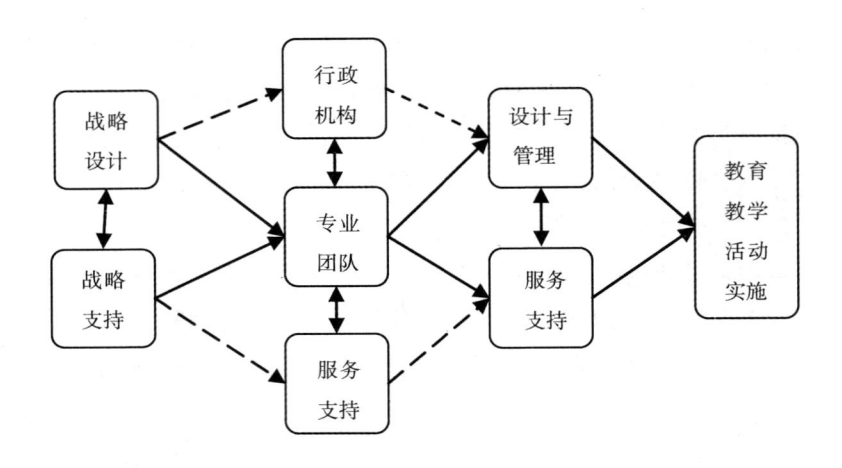

图 6　职能专业结构

图 6 中的虚线表示弱专业性，实线表示强专业性。战略设计服务于全国的社区教育，其职能机构主要为教育部与人力资源和社会保障部，它们作为行政机构其专业性相对较弱，因此需要战略支持团队提供专业支持。战略设计与战略支持价值的实现需要三类职能部门的支撑，即行政机构、专业团队与服务支持，三者中最为关键的是专业团队，其职能在于结合乡村发展的实际进行社区教育组织的规划与设计，行政机构与服务支持为专业团队的工作提供行政与其他支持，并且专业团队的智慧在另外两者的支持下直接推动乡村社区教育具体组织的设计与管理以及服务支持的专业性的提升，在此基础上才能保证乡村社区教育组织实施活动的专业性。

2. 教学专业结构

职能专业结构主要从组织运行视角讨论乡村社区教育组织治理的专业性问题，乡村社区教育组织的专业结构还需要通过教学专业结构来体现。教学专业结构主要包括管理专业、教师专业与教育内容专业三个基本要素，后两者尤为重要。管理专业性要求配备专业的社区教育管理人员，全面负责乡村社区教育组织的设计与运行工作。教师的专业性指需要配备专业教师，这样才能保证教育教学的效果。教育内容的专业性指乡村社区教育组织教育教学内容的设计要深入乡村实际展开调研工作，以发展和问题解决为导向，根据社会发展的需求对内容设计的模块以及内容本身进行实时更新。

这里需要强调的是教学的专业结构并非指学科意义上的专业结构，而是教学管理、教师知识与能力以及教学内容与具体乡村社区需求之间的契合程度。契合度越高，越能满足乡村社区发展的需求，相应的专业性越强。反之亦然。例如，日本战后的公民馆主要包括业余兴趣、知识修养、社会时政、身心健康、家庭教育、生活技巧与生产技术等方面的内容，结合日本当时的实际，事实上这几个模块的内容基本涵盖了日本乡村社区居民生产生活主要领域，并且具体教育教学的实施也基于乡村社区的真实需求，使得公民馆成为促进日本乡村社区发展的重要力量。我国乡村社区教育组织的建设主要是在国家的引领下进行，由于乡村社区教育基础的不牢固，可能乡村社区并不清楚自己需要什么。在此意义上，乡村社区教育组织教育教学的专业性需要通过两个方面来实现。一是以国家的政策为导向。乡村社区教育组织内容的设计可以以《教育部等九部门关于进一步推进社区教育发展的意见》为指南。二是乡村社区教育教学的设计要严格结合具体社区的实际。这样乡村社区教育组织的专业性才能彰显出来。

（三）制度结构

制度包括正式制度与非正式制度两种形式，人的生活总是与制度联系在一起。无论何种形式的组织，归根结底都可以被界定为"一个社会的博弈规则，或者更规范地说，它们是一些人为设计的，塑造人们互动关系的约束"[①]。从制度的服务对象而言，不同的领域需要不

---

① ［美］道格拉斯·C. 诺思：《制度、制度变迁与经济绩效》，杭行译，格致出版社2014年版，第3页。

同的制度作支撑,且可能需要多个制度作支撑,这就引申到我们要讨论的制度结构上。最早提出制度结构概念的是美国经济学家舒尔茨,他把制度分为降低交易费用的制度、规约风险的制度、流通制度与分配制度。舒尔茨的制度分类是从制度功能的视角而言的,他尚未讨论制度之间的联系。1993年,诺思(Douglass C. North)在诺贝尔奖获奖演说中弥补了舒尔茨关于制度界定的不足,他认为组织是由"正式强制(规则、法律、宪法),非正式强制(行为规范、社会惯例、施加于己的行为准则)以及它们的实施特征构成的"[①]。以诺思的界定为依据,乡村社区教育组织治理的制度结构主要包括正式的法律法规、政策文件、具体组织制度以及三者之间的关系网络,它们共同构成乡村社区教育组织的制度结构。

1. 国外的制度结构

法律法规是乡村社区教育组织实施的基本保障,也是其能持续实施并不断变革的基本依据,世界发达国家通常采用立法的形式保障社区教育的实施。如丹麦政府于1968年和1978年分别颁布了《闲暇时间教育法》和《成人社会教育法》,瑞典政府于20世纪60年代先后颁布《民众高校法》《学习小组法》和《市立成人教育法》,美国政府先后颁布《成人教育法》(1966)、《人类发展训练法》(1962)、《经济机会法》(1964)、《综合就业与训练法》(1973)、《终身学习法》(1976)与《2000目标:教育美国法》(1994),韩国政府先后颁布了《社会教育法》(1982)与《终身学习法》(1996)。日本作为二战后社区教育发展速度最快的国家之一,其立法比较完善,这里主要以日本的社区教育立法为例分析国外社区教育的立法情况。

二战后,日本为快速从战争的泥淖中挣脱出来,采取了系列的恢复经济社会发展的措施,社区教育作为促进经济社会振兴的主要路径之一,自然受到日本政府的重视。日本关于社区教育的法律法规主要

[①] 李冬梅:《现代化进程中农业园区制度结构研究——以浙江省农业园区为例》,农业出版社2006年版,第42页。

分为基础的法律法规与建基于基础法律法规之上的延伸法规两种类型。基础法律法规主要包括五部基本法律，即《社会教育法》（1949）、《图书馆法》（1950）、《博物馆法》（1951）、《终身学习振兴法》（1990）以及在《终身学习振兴法》基础上修订的《终身学习完善法》。[①] 五部基本法律中，《社会教育法》是最基本的法律，其他法律都以此为基础。二战后，日本社区教育组织最为成功的是公民馆，其他很多社区教育组织都以其为核心或为其提供服务。其成功的原因在于日本在建立《社会教育法》之初就对公民馆的设置进行了具体规定。认为其目的在于"为市镇村及其他一定区域内的居民，进行有关实际生活的教育，推进学术及文化方面的各种事业，努力提高居民的教养，增进其健康，纯净其情操，振兴文化生活，增强社会福利"[②]。并规定公民馆的功能主要包括社区教育、社交娱乐、自治振兴、产业振兴与青年培养。[③] 除颁布法律以外，为推动社区教育的实施，日本政府还颁布了系列的法规保障社区教育的正常运行，如1959年日本文部省公布《有关公民馆设置及运营基准》，20世纪60年代以后日本图书馆先后发布了《中小城市公共图书馆的运作》与《儿童权利条例》。

2. 制度结构的基本框架

基于对国外乡村社区教育组织制度的分析，结合我国乡村社区教育组织的实际情况，本书认为乡村社区教育组织的制度结构主要包括三个基本构成要素，即国家普适性的法律法规、基于法律法规的政策与规划以及组织具体的管理制度。法律法规是基础，其价值在于使政策的制定与推行具有法律依据，同时也保证社区教育实施本身具有持久性。政策与规划是在法律法规的框架内结合时代发展的实际情况所

[①] 参见吴遵民、黄健《国外终身教育立法启示——基于美、日、韩法规文本的分析》，《现代远程教育研究》2014年第1期。

[②] 胡晓松等：《当代社区教育的比较研究》，中央民族大学出版社2001年版，第50页。

[③] 刘佩芸、孟凡君：《日本社区教育活动特征及启示》，《河北师范大学学报（教育科学版）》2012年第4期。

作出的抉择，它具有较强的时效性与操作性。具体的管理制度主要指各地根据自身的实际情况对组织运行的规定，管理制度要以法律法规和政策的实施为依据。三个层面的管理制度共同构成乡村社区教育组织的制度结构（见图7）。

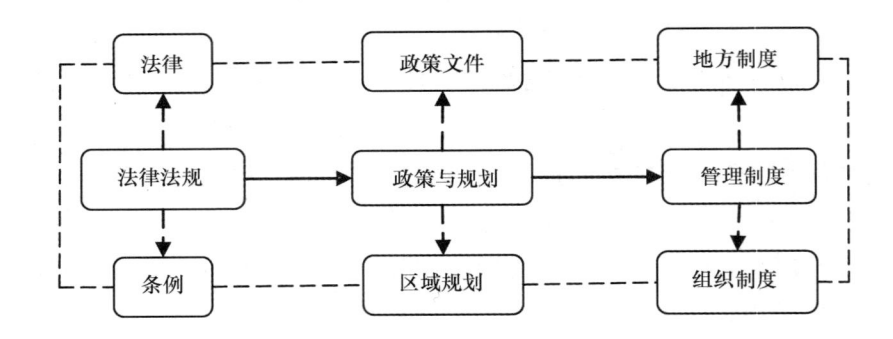

图7　乡村社区教育组织制度结构

乡村社区教育组织的制度结构主要包括三个层次，每个层次可以分为两个制度模块。该制度框架体系构建的基础是第三章所构建的乡村社区教育组织生态系统模型，但在实际设计过程中结合了制度制定机构的层次状况，因此它与乡村社区教育组织生态系统之间并非完全对应。接下来本书将结合我国乡村社区教育发展的实际状况对组织的制度结构进行阐释，以期能更加清晰地厘清组织制度设计的框架。基于对三个层次组织制度各自功能的分析，我们把三个层次分别称为基础层、中间层与操作层。

基础层主要指法律法规，如日本的《社会教育法》、美国的《成人教育法》、丹麦的《闲暇时间教育法》和《成人社会教育法》都属于基础性法律法规。尽管它们的基础都是各国的《宪法》与《教育法》，但置于社区教育领域中，它们都属于该领域的基本法，以此为基础所实施的社区教育行动都将受到其保护。因此，上述国家的社区教育普遍发展较好，成为发展中国家学习的典范。就我国实际情况而言，尽管在《中华人民共和国宪法》与《中华人民共和国教育法》等文件中都强调发展与社区教育密切关联的成人教育、社会教育。近年来国内相关学者也在加强这方面的研究，呼吁我国要颁布社区教育的相关法律，但相关的专项法律始终未颁布。尽管缺乏相关的法律支撑，但我国部分地方政府也在尝试颁布相关的但不具备法律效力的条例，寄希望它们能成为乡村社区教育组织建设的凭据。如《重庆市家庭教育促进条例（草案）》（2016）、《云南省终身教育促进条例（草案）》（2011）、《河北省终身教育促进条例》（2014）与《贵州省职业教育条例》（2015）等相关条例都为乡村社区教育组织建设提供了一定的依据，有助于弥补社区教育专项法律的缺失。依国际经验来看，我国乡村社区教育的发展仍需要颁布专项法律法规，以便于乡村社区教育组织建设有法可依。

中间层主要指政策文件层，它们与法律法规、条例的差异在于，政策与文件是在法律法规与条例的基础上结合时代特点与发展的实际需要制定的，其强制力量不足，但是更具操作性。其中规定了责任机构、资源配置、经费来源等实施措施。如我国的《国家经济和社会发展第十三个五年规划纲要》和《国家中长期教育改革和发展规划纲要（2010—2020年）》要求"建设和基本形成学习型社会"，教育部、民政部、科技部、财政部、人力资源和社会保障部、文化部、体育总局、共青团中央、中国科学技术协会等九部门联合印发了《教育部等九部门关于进一步推进社区教育发展的意见》。还有地方结合自身实际颁布的文件都属于政策文件层，如《福建省社区教育推进计划实施方案》（2011）、《杭州市社区教育五年行动计划（2010—2014年）》。就我国的实际情况而言，中间层面的政策文件因缺乏法律的有力支撑，在很多时候其执行也受到影响，同时地方经济条件的差异也会影响乡村社区教育相关政策文件的执行。

操作层主要指社区教育组织实施层面的各类制度框架，该类制度不再是政策上的呼吁，更多是具体怎么操作。中间层事实上更多停留在政策规划层面，以省（市）与市（州）为主，而操作层的政策主要指县级及以下的制度规范。之所以这样划分，原因在于笔者调查发现社区教育组织的建设通常是以县为单位，如果县级政府机关要求各乡村社区建立社区教育组织，则全县绝大部分乡村都有相应的机构；如果县级政府不推动乡村社区教育组织建设，则该县内很难见到乡村社区教育组织。在县级社区教育政策的推动下，乡镇主要负责社区教育组织建设的实施工作，因此它们也会发布相应的制度对乡（镇）社区教育进行全面的规划与管理。操作层面最基础的制度是社区教育组织自己建立的制度，如学员管理制度、教师管理制度、管理者职责等。调查发现，现有的很多社区学校教育制度真正符合实际要求的很少，更多是流于形式。当然这可能与当前乡村社区教育组织仍处于发展的初期有较大的关联。随着乡村社区教育组织建设的逐步成熟，操作层面制度可能会逐步变得更加实用。

第三节 乡村社区教育组织的治理模式

乡村社区教育组织治理模式主要讨论乡村社区教育组织怎么治理的问题。就广泛意义而言，乡村社区教育组织治理模式所讨论的相关内容涉及社区教育的全面治理，在此视角上展开探讨事实上囊括了本书的所有内容。为使治理模式的探究更加具有实操性，这里主要探讨具体的微观层面上的乡村社区教育组织治理模式。

治理模式目前尚未形成相对统一的界定，原因在于治理本身的含义所覆盖的范围之广，难以作出准确的界定。但是我们可以从治理模式产生与发展的视角对其进行探讨。治理模式最早起源于经济学领域，企业与公司是最早探讨治理模式的领域，研究者寄希望通过治理模式的探究提高企业或公司运行的效率。比如在职权关系上产生了垂直治理模式、扁平治理模式以及混合交叉治理模式等类型。随着研究范围的拓展，治理模式的概念被引入政治学领域，主要用于探究国家治理模式。随着研究的深入，治理模式的探究从国家层面逐渐延伸到乡村层面。经济学领域的相关治理模式与政治领域的相关治理模式在乡村得到了具体化，乡村治理模式主要包括政治、经济、文化与环境等领域的治理方式与方法以及在职权治理框架下的资源获取与分配等内容。如果按照领域划分，主要包括乡村政治治理、经济治理、文化治理与环境治理等内容。

我国乡村社区教育组织不能独立于乡村社区的治理模式，因此探讨其治理模式的基础是乡村治理模式。就目前学界的研究而言，关于我国乡村社区治理模式的研究主要产生两类观点。"一是肯定乡镇机构政权性质、支持村民自治的，可称作'理想村民自治'的各种乡村治理模式，期望乡村社会治理实现'理想'的飞跃；二是对我国村民自治的实践和理论进行批判，甚至对乡镇机构的政权性质加以否定，进而提出总体上可称作'去村民自治'。"[1] 然而，就当前的治理而言事实上社会发展更倾向于理想自治模式。理想的自治模式本质上与当前国家治理理念存着内涵上的一致性，同时也是民主型社会建设可依托的模式。乡村社区教育组织作为乡村社区的构成要素，其治理模式的探讨必然需以理想的治理模式为依托。这样它才能真正扎根于乡村、服务于乡村。基于这样的分析，本书认为乡村社区教育组织治理模式是对乡村社区教育组织中的权力关系及其运行机制的探讨，其目的在于形成良性的乡村社区教育组织治理机制。具体而言，乡村社区教育组织治理模式主要包括政社共治模式、社校共治模式与社区自治模式三种类型。

一 政社共治模式

理想的乡村社区教育组织治理模式固然有很多优势，但其从现实到理想仍须经历一定的过程，不仅需要上级权力机构的引领，同时也需要村民的积极支持，尤其需要村民本身的治理理念、知识、技术与文化水平的支撑，否则理想的治理模式可能形同虚设。魏娜曾从社会发展的视角提出了我国城市社区的治理模式主要包括政府主导的治理

---

[1] 梁靖松：《新农村建设中的乡村治理模式研究》，《改革与开放》2011年第9期。

模式、政府推动与社区自治结合型治理模式、社区主导与政府支持型治理模式。① 尽管其探讨的是城市社区的治理模式,事实上也代表中国基层社会治理发展的趋势,因此这里我们主要以其三种类型的分析构架为参照探讨乡村社区教育组织治理的模式,并且把这类模式简称为"政社共治模式",即政府与社区共同治理的模式。

(一) 政府主导+村民参与的治理模式

政府主导+村民参与的乡村社区教育组织治理模式属于行政主导型模式,行政力量大于村民的力量,作为村民的学员只能被动地参与学习。此种治理模式主要包括三个特点,即政府的主导性、村民(学员)的被动性与两者关系的服从性。这种模式属于自上而下的治理模式,与我国传统治理文化之间的关联较大,因此我们可视为这种模式是专制体制下的产物。它存在于一定的文化语境中,并且具有较强的文化惯性。这种模式是目前我国偏远乡村较为常见的社区教育组织治理模式,也是乡村社区教育发展初级阶段较为有效的模式。

政府主导指乡村社区教育组织治理过程中政府处于主导地位。政府不仅是社区教育组织建设的发起者与政策制定者,同时也承担资源供给者、制度设计者、活动实施的组织者以及学习内容的提供者等角色。就目前而言,乡村社区教育组织建设中的主导者主要为乡(镇)工作人员或驻村干部。他们负责制定学习计划与方案,聘请教师,提供学习资源,组织学员学习以及学习结束后的后续服务等工作。村民(学员)的被动指所有的村民(学员)在上级政府机构的安排下参与学习。他们甚至不清楚学习何种内容,学习以后有何实质性的用处,也不乐意参与学习。村民(学员)在参与学习这件事情上没有主动性,即使内心不愿意参与学习但也不得不参与学习。

本书发现这样的治理模式在乡村社区教育组织治理过程中较为常见,作为乡村社区教育组织治理主导者的政府机关在此过程中甚至也

---

① 魏娜:《我国城市社区治理模式:发展演变与制度创新》,《中国人民大学学报》2003年第1期。

无能为力。即使强制学习仍很难召集到学习者。调查发现，如果仅仅发放调查问卷，调查结果都很好，然而如果花半天时间调查某个乡村社区教育组织的运行状况，会发现大多数组织的运行都处于前述的困境阶段，主要表现为四种形式。一是以党员教育模糊代替社区教育组织的所有教育；二是以发"误工"①补助的形式吸引村民参与到学习活动中；三是以老年休闲娱乐（打麻将）模糊替代乡村社区教育组织的教育；四是以取消"低保"与"贫困补助"等方式"要挟"村民参与学习。由此可见，政府主导＋村民参与的治理模式在乡村社区的落实难度极大。基于这样的思考，有研究者认为社区教育组织在村民学习过程中对其积极性的调动不够，应该在政府的推动下调动村民学习的积极性，因此本书认为乡村社区教育组织自治模式有助于解决学员不愿意参与学习的问题。

（二）政府推动＋组织自治模式

政府推动＋组织自治模式从逻辑上对政府主导＋村民参与模式超越与升级。其假设前提为社区居民具有社区教育自治的能力，但其参与自治的自觉性与主动性不够，因此需要政府的推动。与政府主导＋村民参与的治理模式比较，它弱化了政府对社区教育组织运行的干预，强调要发挥村民（学员）更多的主动性。在此模式中，政府与社区居民处于平等的地位，他们各负其责，共同推动乡村社区教育组织治理效果的提升。

政府推动指政府机构（含义公务员与事业单位）负责政策的制定、资源的供给、师资配备等任务。它们在履行任务的过程中更多起着建议者与资源供给者或监督者的角色。当然它们也积极督促乡村社区教育组织本身结合自身的实际开展工作，对乡村社区教育组织治理过程中存在的不足及时指导。如果我们把政府主导＋村民参与的治理模式看作学步阶段儿童的监护人，那么政府推动＋组织自治模式中政

---

① 部分村民认为参与学习就会耽误其工作，因此需要社区教育的主办单位给予其误工补助，否则不会参与学习。

府的角色更像是基本能走路的孩子的监护者,既要让其独立行走但同时也防止其摔倒。该模式语境中组织自治的前提假设是乡村居民本身具有基本的自治能力,掌握基本的乡村社区教育自治知识,它们意识到自己需要学习,隐约知道学习什么,要怎么学习,但是具体怎么操作却处于似懂非懂状态。其学习主动性与自觉性比上一阶段要强,但是仍显不足,需要政府的推动。

该种模式的优点是在一定程度上给予了社区自主权,有助于社区结合自身的实际治理社区教育组织。如果学员本身具有学习欲望,乡村社区中有村民略微懂得乡村社区教育规律,这种模式较为实用。笔者于2016年2月在贵州省德江县的调查中发现JC村种植烤烟需要相关的技术支持,相关种植户都有学习烤烟种植技术的需求,种植户即通过乡村社区教育组织寻求政府的帮助,政府根据实际情况安排相应的教师对其进行相关培训。学员的学习积极性较高,并且学习效果也很好。

该模式的缺点是乡村社区真正具备相应的社区教育组织知识与实施能力的人很少,难以支持这种模式的落实。因此,政府推动+组织自治模式的落实需要充分发挥政府的启发、动员与提醒作用,这样乡村社区教育组织才能正常运行。

(三) 组织主导+政府支持的治理模式

乡村社区教育组织的"组织主导+政府支持"治理模式是乡村社区教育组织最为理想的运行模式,这种模式既符合治理内涵,也与我国乡村社区的自治属性有机契合。治理的内涵是充分调动治理主体的积极性与主动性,组织主导有助于充分调动组织成员自身的积极性与主动性。我国行政体系中的最低级别是乡(镇),乡村属于基层自治组织,在此意义上社区自治可以说是我国社会治理的基本要求。理想的自治状态是政府只在治理过程中起着资源配置与协调者的角色。这种模式延展到乡村社区教育组织中即我们所讨论的"组织主导+政府支持"的乡村社区教育组织治理模式。该模式的特征为:乡村社区教育组织的主体(管理者与学员)已具备相对专业的乡村社区教育组织设计、运行与监管的知识与能力,能结合乡村自身的实际开展基本的乡村社区教育活动。但其在实施过程中通常因缺乏政策支持与其他资源支持而导致活动难以开展,因此政府刚好弥补此缺陷,协助社区开展教育活动。简言之,社区教育组织是活动的主体,政府在实施过程中处于帮助与支持地位。

就目前而言,这种模式仍较少见,但现实中也存在这种模式。例如在四川省宜宾市 MW 乡的调查中发现的 X 村社区教育学校即是这样的案例。2016 年暑期笔者去该地调研碰巧遇到该村社区学校正在组织厨师培训,学员最小的 19 岁,最大的 71 岁,学员学习的积极性很高。通过访谈得知,该社区学校列举了建筑设计、园林园艺、家政培训与茶叶种植以及厨艺培训五类培训资源征求村民的意见,结果 58 人报名厨艺学习,位列最高。相关负责人随即组织学员、商讨时间与学习地点计划实施培训,但苦于请不到教师,最后乡政府代为聘请该乡在外面酒店工作的大厨来到社区学校担任培训教师。此模式即理想的社区主导+政府支持的治理模式。

从上述案例可知,这种模式的推行需要三个基本的保障。一是参训学员的积极性与兴趣。积极性高,兴趣浓则效果好,否则实施效果可能不理想。二是基层组织者具有基本的社区教育知识,这样才能遵循社区教育的基本规律组织教育活动,保障学员的学习需求得到满足。三是地方政府提供资源支持。调查发现,全国大部分乡村的自有资源难以助推乡村社区教育组织为全体村民服务,因此地方政府的资源仍是乡村社区教育组织建设的主要资源。尽管现实中也存在非营利性组织的参与,但针对庞大的中国乡村而言,它们只能起到积少成多之效。

二 社校共治模式

政府与社区共同治理的乡村社区教育组织治理模式是我国主要的教育治理模式,主要原因有三。一是我国乡村自有的经济条件难以支撑乡村社区教育组织的建设。乡村社区教育组织建设需要相对固定的设施设备、硬软件资源、师资以及教育办公经费,而能自给自足的乡村很少。二是乡村社区教育组织尽管在我国已存续上千年,但其在农村尚未成为乡村居民的刚需,因此需要行政力量的推动。三是行政力量的介入有助于提升乡村社区教育组织的正式性。乡村居民通常认为政府主导的即正式的,否则是非正式的。而另一方面,尽管政府在乡村社区教育组织的治理过程中有一定的效果,但就现实而言,行政力量的教育专业性不够,容易影响乡村社区教育组织效率的提升。在此意义上,专业院校积极介入乡村社区中,从而形成专业主导的社校共治模式。社校共治模式,顾名思义即社区教育组织与专业院校共同治理乡村社区教育组织模式。就目前而言,我国社校共治模式主要包括两类:社区教育指导中心与社区共治模式,高等院校与社区共治模式。当然,两种治理模式中都是依托其中的专业人员。

(一) 社区与教育指导机构共治模式

我国目前与乡村社区教育组织治理密切相关的组织是社区教育指导机构。社区教育指导机构被视为专业的社区教育研究与指导机构,全面负责区域范围内社区教育组织建设工作。该类中心的成立始于《教育部等九部门关于进一步推进社区教育发展的意见》(教职成〔2016〕4号)(以下简称《意见》)。《意见》要求"各省、市(地)可依托开放大学、广播电视大学、农业广播电视学校、职业院校以及社区科普学校等设立社区教育指导机构,统筹指导本区域社区教育工作的开展,研究制定社区教育办学机构的指导性要求"。《意见》出台后,各地方陆续开展了社区教育指导机构的设立工作,广播电视大学仍是此类机构的主要挂靠单位,并且形成了与广播电视大学同级同次的社区教育指导机构。省级广播电视大学(开放大学)挂靠省级社区教育指导机构,市(州)级广播电视大学(开放大学分校)挂靠市(州)级社区教育指导机构,县级广播电视大学(开放大学分校)挂靠县级社区教育指导机构。从理论上而言,社区教育指导机构具有较强的专业性,且能有效承担乡村社区教育组织建设指导的职能。

社区教育指导机构与社区共治模式属于业务或专业上的共治,其实施保障需要满足三个基本的条件。一是社区教育指导机构自身的专业性。机构不仅要了解国家社区教育发展的方向,对乡村政治、经济与文化等也要有基本了解,掌握专业的社区教育组织与实施能力,并且能在工作中不断探究。二是社区教育组织的基础资源保障。再好的厨师也需要食材的支撑,相应的社区教育指导机构开展工作需要有相对充裕的社区教育资源作保障。三是社区本身具有建设社区教育组织的需求或提升社区教育实效的需求,这样社区才能主动与指导机构配合以实现指导机构与社区的共治。笔者调查发现的四川省威远县的SF村社区学校即是社区教育指导机构与社区合作成功的典型案例,其成功的原因主要表现在四个方面。一是威远县广播电视大学校长王某掌握一定的社区教育专业知识,也有参与农村扫盲工作的经验,因此其领导的团队与SF村共同构建了社区学校。二是该村属于农业部重点扶持的现代农业示范基地,并且属于四川省重点扶持的新型农村社区,因此具有相对充裕的资源支持。三是乡村居民都具有学习的主动性与积极性。四是该社区学校的校长余某是全国劳动模范,因此,其具有主动积极地引领村民参与学习以建设乡村的情怀。基于上述四种原因,SF村社区学校成为乡村社区教育组织建设的示范点。

(二)社区与高等院校共治模式

高等院校主要肩负着人才培养、科学研究、社会服务、文化传承创新与国际交流的重要使命。20世纪及以前我国高等院校在社会服务能力方面明显不足,因此为增强高等院校促进地方经济社会发展的效果,《国家中长期教育改革和发展规划纲要(2010—2020)》强调"高校要牢固树立主动为社会服务的意识,全方位开展服务。推进产学研用结合,加快科技成果转化,规范校办产业发展。为社会成员提供继续教育服务。开展科学普及工作,提高公众科学素质和人文素质。积极推进文化传播,弘扬优秀传统文化,发展先进文化。积极参与决策咨询,主动开展前瞻性、对策性研究,充分发挥智囊团、思想库作用。鼓励师生开展志愿服务"。这是对新时期高等院校服务地方经济社会发展的最新规定。在相关政策的指导下，加上高等院校评估工作中对服务地方经济社会发展具有指标要求，各高校积极开展乡村社区的帮扶与支持工作。其中与乡村社区共治乡村社区教育组织是其工作的重要内容。通过相关政策的引领，高等院校与社区共治模式也在部分乡村逐步展开。

贵州省惠水县的 H 社区就有贵州的三所高校在此分别与社区共建了社区教育学校，也开展了相关的服务工作。调查发现，三所院校在同一地方建立三所不同的社区学校，三所高校的相关教师确实带领其学生在此从事过相关的教育建设与服务。但是这种分而治之的模式分散了社区教育的资源，不利于推动社区发展。在此意义上，高等院校与社区的共治模式在无社区教育学校的情况下，需建立稳定的社区教育学校作为衔接高校与社区居民的中间环节；在有社区教育学校的情况下，各类资源需通过社区教育学校进行有机整合、消化，以保障高等院校服务社区教育的价值得到实现。当然高等院校与社区共治还需要解决的问题是资源的来源，高等院校属于智力服务机构，但乡村需要的是智力与产业融合的服务，因此地方政府在此种治理模式中需承担资源供给者责任。否则共治的效果难以得到保证。

三　社区自治模式

自治是社会治理过程中理想的治理模式，但是自治本身具有有限理性，它必须在一定的文化背景下推行。从历史上看，我国的村寨本身属于自治组织，因此在我国乡村实行自治本身具有一定的文化基础。从法律上看，1987 年我国颁布了《中华人民共和国村民委员会组织法（试行）》，村民自治正式获得法律认可。从中华人民共和国成立到 20 世纪 90 年代，我国乡村事实上实行的是全面自治，包括教育自治、经济自治与文化自治。21 世纪以来，国家更加重视治理成效，试图找到更有效的乡村社区自治之路，但总体效果仍不尽如人意。相比较而言，发达地区的自治取得的成效优于欠发达地区与不发达地区。邓大才认为利益、群众自愿、地域相近、文化相连与规模适度是影响自治的主要因素。① 尽管这里讨论的是乡村社区自治，但乡村社区教育作为乡村社区的构成要素，乡村自治是其自治的基础和前提，乡村社区教育自治反之也有助于提升乡村自治的效果。

乡村社区教育组织自治模式指以法律为基础，在国家政策许可的范围内乡村居民与社区教育自治的责任者协同参与社区教育组织治理的模式。自治模式的优点在于乡村居民能结合自身的实际需求，社区现有的条件，居民自身的发展以及社区的发展建设相关的社区教育组织，并开展相应的社区教育活动。调查发现西部地区真正能实现社区教育组织自治的社区并不多见，更多属于乡村社区自己负责制，因居民很难自觉地参与到乡村社区教育自治活动中，从而使得自治失去了其应有之效果。

基于上述的分析，本书认为乡村社区教育组织要实现自治模式，需要满足四个基本条件。一是乡村居民具备教育改变乡村的意识。自治不是强制，而是参与者发自内心的渴求。当大部分村民都认同乡村社区教育能为其美好生活服务时，乡村社区教育的自治便有了基本的前提条件。二是社区或社会要提供乡村社区居民自治所需的各种资源。需求与资源的有效衔接能夯实自治的思想基础与经济基础。三是乡村社区居民具有良好的合作意识。自治本质上即共同治理，在众多治理主体参与治理的过程中难免有冲突，因此乡村社区教育组织自治还需协作意识。四是乡村社区教育组织自治的规模与地域范围不能过大，这样会增加治理成本而降低治理效果。从发展的视角而言，乡村社区教育组织自治模式是最为理想的模式，当然这在短期内仍难以实行，原因在于上述四个基本条件的达成仍需时日。但我们相信随着社会的发展，乡村社区教育组织的自治模式终究会在我国广大乡村地区生根发芽。

---

① 邓大才：《村民自治有效实现的条件研究——从村民自治的社会基础视角来考察》，《政治学研究》2014年第6期。

第五章　乡村社区教育组织的技术核心

明茨伯格的组织系统五要素中，最为基础的是运营核心，它"包括那些从事与产品生产和服务提供直接相关的基本工作的人员，也就是操作者"①。达夫特把其理解为技术核心，我们这里借用达夫特的技术核心的概念来描述乡村社区教育组织的运营核心。明茨伯格的技术核心主要指掌握生产技术的工作人员，但其研究对象为企业或工厂，工作人员的技术能决定产品的质量。乡村社区教育组织的主体是人，其目标是培养乡村发展所需要的人，人本身具有不确定性，因此这里对明茨伯格的运营核心与达夫特的技术核心概念进行内涵与外延上的拓展新研究。本书认为乡村社区教育组织的技术核心是乡村社区教育组织的目标要素、课程要素、教学要素、评价要素与人员要素，五个基本要素相互关联共同促进乡村社区教育组织教育效率的提升，它们也是乡村社区教育组织教育性的根本性标志。

第一节　乡村社区教育组织的目标

巴纳德（Chester Irving Barnard）认为组织不可能没有目标，没有目标的组织是不可能存续的。因此，乡村社区教育组织同理必须具备目标，否则乡村社区教育组织难以存续于乡村。目标既然如此重要，

---

①　[加]明茨伯格：《卓有成效的组织》，魏青江译，中国人民大学出版社2012年版，第17页。

那么到底乡村社区教育组织目标是什么,这是我们接下来探讨的问题。美国管理学者卡斯特(Fremont E. Kast)把组织目标界定为组织所奋力争取达到的未来状况。具体而言,组织目标的描述应包含"使命、目的、对象、指标、定额和时限"[①]。具体到乡村社区教育组织上,其目标可界定为:为发挥乡村社区教育组织对乡村社区自身发展的促进价值,乡村社区教育组织自身所要努力达成的未来状态与发展的结果。

一 目标的特征

不同的乡村社区在不同的历史阶段肩负着不同的历史使命,加上不同的乡村社区具有各自不同的村情,乡村社区教育组织作为服务乡村社区发展的教育组织,其目标自然会因乡村差异而异,随乡村发展而变,在此意义上具体的乡村社区教育组织的目标存在差异。但就理论上而言,乡村社区教育组织的目标仍存在着共性,具体表现为导向性、阶段性、独特性、预设与生成性。

(一)导向性

就组织成员及其利益相关者而言,组织目标即其对组织发展的期望。组织成员及其利益相关者为实现组织目标而努力奋斗。在此意义上,目标具有导向性特征。导向即引导方向,在乡村社区教育组织语境中主要指乡村社区教育组织成员及其利益相关者在目标的指引下开展各种活动,即各种活动的开展都围绕组织目标或者都以目标的实现为目的。因为目标的存在,组织才具有明确的发展方向,各利益相关者才会积极地朝着目标的方向奋斗。基于乡村社区教育组织目标设计的导向性,组织目标设计需要重视目标的激励功能与"唤醒"功能,即目标的表述要能从内心深处激发组织成员及其利益相关者参与组织建设的热情。

[①] 潘锦棠:《劳动与职业社会学》,红旗出版社1991年版,第272页。

（二）阶段性

乡村社区教育组织目标的阶段性特征主要表现为历史视域的阶段性与具体目标的分阶段实施。历史视域的阶段性主要指乡村社区教育组织的目标要严格遵循乡村社区或社会发展的历史规律，在不同的历史时期应根据社区与社会发展的需求进行自我调适。具体目标的阶段性主要指乡村社区教育组织具体目标的实现需分为几个阶段，每个阶段有自己的任务。它不仅有助于总目标的达成，同时使得组织的运行更加条理化。阶段性目标主要包括基于任务的阶段性目标与基于时间划分的阶段性目标。就任务的完成而言，可以分为初期目标、中期目标与成熟期目标；就时段划分而言，可分为月目标、季度目标、年度目标等。就理想状态而言，乡村社区教育组织阶段性目标的设计需要把组织的任务性目标与时间性目标结合有机结合起来。

（三）独特性

乡村社区教育组织是服务于乡村社区发展的教育组织，其尽管具有相对独立性，但其发展始终需要以乡村政治、经济与文化发展为依据。不同的乡村因自然环境、经济条件、交通条件与文化基础等使其都有自己的独特性，建基于之上并为之服务的乡村社区教育组织也有自身的独特性，与此对应的乡村社区教育组织目标设计也需要体现组织自身的独特性。这种独特性即要求乡村社区教育组织目标设计在追求共性的同时，需要结合个体乡村社区自身的特点开展工作，这样的组织才能真正为乡村社区发展服务。例如，A乡村可能环境卫生问题较为严重，B乡村可能村民科学的生产技能较为缺乏，前者的目标设计可能需以社区环境卫生问题的解决为导向，后者的目标设计可能需以提升村民科学的知识与技能为导向。

（四）预设与生成性

预设与生成可视为目标产生的两种路径，预设强调目标要提前设计，乡村社区教育组织的建设与教育教学活动的开展则围绕此目标进行。生成则认为乡村社区教育组织目标不能提前设计，而需关注在建设过程中或具体活动实施的过程中获得的意想不到的收获。事实上，单独的预设与生成都走向了目标讨论的两个极端。调查发现，现实中预设的乡村社区教育组织目标很多难以完全实现。主要原因是村民的文化水平、学习能力、学习时空与学习动力等差异较大，同时受到学习支持条件的影响，预设的目标通常难以完全实现。在此意义上，乡村社区教育组织需要重视生成性目标的发掘，即在围绕预设性目标开展活动的过程中，重视挖掘学员预设目标以外的收获。这种收获可能反过来成为乡村社区教育组织目标预设的依据。总体而言，乡村社区教育组织目标的设计须同时兼顾目标的预设性与生成性，这样组织的目标才更加有效，更能契合组织发展的实际。

二　目标的类型

现实中我们通常采用从形态到功能或结果的形式认识社会机构，这样的思路事实上包括了两部分的内容，即先看其外表，再看其内涵。外表的价值在于知晓是否有机构以及机构的大致功能是什么。内涵的价值在于看现有的支撑条件能否支持机构的有效运行。对乡村社区教育组织的认识事实上也应秉持先看外表再看内涵的思路。就对乡村社区教育组织的认识而言，判断标准首先是标志牌、建筑物、活动场地、教与学的场所。在此基础上再通过查阅资料与问询的方式了解社区教育机构的技术核心要素与运行情况。在此过程中，我们主要通过两类目标来认识乡村社区教育组织。前者为形态性目标，回答乡村社区教育组织是什么样子；后者为保障性目标与功能性目标。保障性目标回答的是组织运行需要哪些保障；功能性目标回答的是组织运行的结果到底如何。

（一）乡村社区教育组织的形态性目标

凡是组织都有自身的标志，是组织成员以及他者认识组织最为基础的要素。家庭作为基本的社会组织单位，它通常包括住所与家庭成员。企业作为经济类组织，它有自身的生产场所或办公场所、管理队伍和生产队伍。这些条件属于组织的形态，也是从形式上看其是否是某类组织的标志。就组织建设的视角而言，此类标志即组织的形态目标。其存在价值主要有三：一是有助于提升组织的正式性，二是有助于提高组织的社会认可度，三是有助于组织工作的开展。乡村社区教育组织同样具有形态目标，它是乡村社区教育组织建设最基本的条件。形态目标达成后，乡村社区教育组织才能获得运行的物质基础与基本的社会性基础。

结合乡村社区教育发展的实际，乡村社区教育组织的形态目标主要包括文化性目标与硬件配备目标两类。文化性目标是组织本身自带的文化特性，它是我们直觉预判组织类型的首因。例如乡村中当村支委办公楼映入眼帘时我们即能预判出它是村委会，当村小学映入眼帘时我们即能预判其是村小学。乡村社区教育组织的文化性目标即乡村社区教育组织需要达到见其外形即能预判其是乡村社区教育组织的效果。因此乡村社区教育组织需要具有明确的文化性目标。这种文化性目标主要包括名称牌、徽标、建筑风格、外墙训语与图案等内容。硬件目标指组织运行必备的硬件设施设备。乡村社区教育组织的硬件设施设备主要包括教育教学场所（含办公室、教室、图书阅览室、自修室、活动场所等）与教育教学设备（含办公设施设备、教学设施设备、图书设施设备以及基本的活动性设施设备等）。文化性目标是从外观上提升组织的社会认可度，起到凝聚作用，而硬件目标的实现主要在于保障乡村社区教育组织运行的物质条件。当文化性目标与硬件目标都达成后，乡村社区教育组织在形态层面才是真正意义上的乡村社区教育组织。

（二）乡村社区教育组织的保障性目标

形态目标指向的是组织基础设施建设，事实上只有基础设施的组织还不能正常运行，基础设施设备的功能发挥需要相应的资源投入。这样乡村社区教育组织才能正常运转。如果我们把乡村社区教育组织比喻为一辆挖掘机，形态性目标对应的是买了挖掘机，保障性目标对应的是需要驾驶员、油料与挖掘对象，挖掘后对象的变化即为功能性目标。基于这样的思考，乡村社区教育组织的保障性目标指为保障组织运行所需投入的人财物资源的量。

乡村社区教育组织的人力资源投入目标主要包括学员占村民总数的比例、数量与结构要求，专兼职教师队伍的比例、数量与结构要求，管理人员的数量与结构要求等。三类人力资源配置目标的设计要以社区居民的数量、年龄与职业结构为基础，学员的目标设置须尽可能把社区居民都纳入组织的学员队伍。以此为基础，结合乡村社区已有的实际再确定组织师资队伍与管理队伍目标。此外，乡村社区教育组织的人力资源投入还需确立专家队伍建设目标。原因在于组织的运行需要借助专家的智力支持，他们不仅对管理队伍的水平与教师队伍的水平提升进行帮扶，同时还能指导相关人员进行课程资源开发。财力资源目标是对乡村社区教育组织运行所需的经费支持的规定。如果缺乏经费的支持，乡村社区教育组织难以正常运行，因此必须设置乡村社区教育组织运行的经费投入目标。经费投入目标主要包括办公经费投入目标、劳动报酬预期目标、课程与教学资源的开发投入目标、差旅支出预设目标等。物的投入目标主要指乡村社区教育组织的运行需要设计预期的物资投入目标，这里的物的目标并非前期的形态性目标中的硬件目标，而是预期的教育教学过程中会用到常用教学用具、教学设施设备的类型与数量要求。

（三）乡村社区教育组织的功能性目标

功能性目标即乡村社区教育组织的产出目标，即依托乡村社区教育组织最终会在经济、政治、文化、环境、教育等方面产生何种程度的影响。功能性目标主要包括两种类型，即组织的育人目标与社区目标。育人目标指乡村社区教育组织会对学员产生何种影响的预期描述。社区目标指乡村社区教育组织通过对人的影响，最终可能会对社区产生何种影响。

就理论学员的年龄分布而言，乡村社区教育组织本身属于终身教育机构，可以涵盖所有的乡村居民。不同年龄段的学员的学习需求本身存在差异，因此组织目标的设计也存在着差异。在此意义上，育人目标的设计需要结合乡村社区的实际以及学员自身的特点进行设计。总体而言，育人目标可包括身体目标、心理目标、知识与技能目标、过程与方法目标以及情感、态度与价值观等目标。

社区性目标的实现需以育人目标的实现为基础，多数育人目标的设计需要在社区性目标的框架内进行。社区性目标设计需要以社区的全面治理为依据，这样社区性目标的实现才能真正促进乡村社区的发展。依照乡村振兴战略的要求，乡村社区的发展要以"产业兴旺、生态宜居、乡风文明、治理有效、生活富裕"为总体要求，相应的乡村社区需以此为指导设计社区发展的目标，然后在此基础上结合乡村社区实际设计乡村社区教育组织的社区性目标。

三　目标的制定

组织目标是乡村社区教育组织建设的起点也是终点，它直接关系组织的存续。因此，乡村社区教育组织建设需要制定明确的组织目标，这样组织才能在目标的引领下有序地运转。有研究认为，组织目标的制定主要包括明确制定组织目标的目的，分析组织环境，制定总体目标方案，选择并优化目标制定方案，明确组织目标责任，组织目标优化。[①] 尽管这里所讨论的组织目标制定观点主要讨论的对象是经济类组织，但也可以为乡村社区教育组织目标的制定提供参考框架。

（一）明确制定目标的目的

乡村社区教育组织作为教育类组织，组织设计同样需要明确制定目标的目的，即为什么制定目标。对此问题回答的清晰与否直接影响乡村社区教育组织目标制定的思路。组织目标制定首先需要明确制定目标可以解决组织运行中的哪些问题，只有这样才能为组织的后续设计奠定思想基础。例如是为提升组织运行的可操作性，激发居民参与学习的兴趣，还是为提升组织的社会认可度等都可以回答乡村社区教育组织目标制定的目的，具体的组织目标制定目的的确定需要结合实际情况展开。具体而言，乡村社区教育目标制定的目的主要包括三个方面。一是明确组织的发展方向，使组织成员明白需要建设什么样的

---

① 芮明杰：《管理学：现代的观点》，上海人民出版社2005年版，第94页。

组织类型。二是明确组织的功能，使组织成员知晓未来的组织需要完成哪些功能。三是为组织成员树立组织发展的愿景，让成员明确乡村社区教育组织的历史使命。

（二）分析组织环境

乡村社区教育组织属于开放的教育组织类型，甚至其比普通教育学校的开放性更强，因此它总是与环境产生密切的关系。环境是乡村社区教育组织建设的基础，乡村社区教育组织反之也需要为环境服务。这是乡村社区教育组织存续必须依存的关系。分析组织环境的主要目的是为组织目标的制定提供环境依据。具体而言，组织环境的分析主要包括外部环境分析与内部环境分析。外部环境分析主要包括社会大环境、政治环境、经济环境、文化环境与教育环境等，其目的是分析环境对乡村社区教育组织发展的要求以及乡村社区教育组织发展对它们的要求，在两者之间寻找契合点。内部环境分析主要分析乡村社区教育组织已有的硬件设施设备，经费支持，师资配备、学员构成与课程资源等以及社区本身的经济、文化与教育基础。内部环境分析目的是明确社区能为乡村社区教育组织发展提供的各种资源支持以及乡村社区教育组织本身的发展概况。

（三）制定总体目标方案

目标都有自身的制定视角与依据，在此意义上基于不同视角与依据可以制定不同类型的目标。为保证乡村社区教育组织目标制定的有效性，需要在环境分析的基础上制定几套目标制定方案。方案主要是从不同的视角讨论乡村社区教育组织目标制定的依据与方法以及预期的目标类型，它们是乡村社区教育组织目标制定的基本框架，可以是前面讨论的形态性目标、保障性目标与功能性目标，也可以是其他的目标类型，具体情况因组织自身的特点而异。

（四）选择并优化目标制定方案

不同的目标方案其侧重点存在差异，这就需要对已有方案进行科学论证，以选择最为有效的方案。方案的论证首先需要思考的是方案本身是否与乡村社区教育组织发展面临的真实问题以及社会大环境吻合，方案实施的各种条件是否具备，依据方案是否能制定出真正有效的乡村社区教育组织目标，方案会产生何种可能性风险。综合所有的评价结果，选择最优的目标制定方案。在此基础上，结合乡村社区教育组织的实际，对已选择的目标制定方案进行优化。

（五）形成目标并明确责任

依据已确定的目标制定方案开展目标制定工作，从而形成目标体系。在目标体系形成之后，需要结合实际对目标体系中的具体目标进行筛选，进行紧迫性与重要性排序，这样确定的组织目标才能更加有效。目标制定基本结束后，需要明确组织建设的目标责任。例如明确组织硬件目标建设的责任者，课程目标建设的责任者，师资队伍建设的责任者与智力支持获取的责任者等。

（六）不断优化组织目标

乡村社区教育组织是服务于乡村社区发展的组织，社区总是处于发展的过程中，因此其总会出现新的问题，提出新的要求。与此相对应的乡村社区教育组织目标也会作出相应的调整，这样组织才能真正服务乡村社区的发展。就具体的实施而言，乡村社区教育组织目标确定后，相关责任者仍须在工作中不断收集落实组织目标情况的各种材料，对材料进行综合分析，同时需要随时关注社会与社区环境的综合变化，以此为依据不断优化组织目标。这样的组织目标才能在乡村社区教育组织发展过程中切实发挥着组织发展的引领、凝聚与激励等价值。

第二节 乡村社区教育组织的课程

课程处于乡村社区教育组织的中心，没有课程的支撑，乡村社区教育组织目标成为空谈；没有课程的支撑，乡村社区教育组织的教学活动也无法开展；没有课程的支撑，学员也无法进行学习。鉴于课程在乡村社区教育组织中的重要性，接下来我们主要从课程的本质、开发思路与基于现实背景的课程框架构建三个视角讨论乡村社区教育组织的课程。

第五章 乡村社区教育组织的技术核心

一 课程的本质

乡村社区教育组织课程的探究首先必须讨论课程是什么。例如，施良方归纳出六种课程类型，即"①课程即教学科目；②课程即有计划的教学活动；③课程即预期的学习结果；④课程即学习经验；⑤课程即社会文化的再生产；⑥课程即社会改造"①。张华把课程概括为三类，即"①课程作为学科；②课程作为目标或计划；②课程作为学习者的经验或体验"②。黄健把成人教育课程界定为课程即学习科目、课程即学习项目、课程是预期的学习结果与课程是学习经验。③ 上述的观点在界定视角上存在差异，总体上可分为三类：一是过程性界定，如课程即教学活动、计划、学习结果与学习经验。二是内容性界定，如课程即教学科目与学科。三是功能性界定，如课程即社会文化再生产、社会改造。过程性界定重视学习的过程，容易与后续讨论的教学内容重复。内容性界定是基于学科而言的，乡村社区教育的内容难以从学科视角做出划分，因此不适宜从学科的视角进行界定，因此本书中关于课程的界定倾向于从功能的视角展开。

美国成人教育学者诺尔斯（Malcolm. S. Knowles）认为，成人"学习导向由以学科（sublet）为中心变成以问题（problem）为中心"④。乡村社区教育组织的主要对象是成人，因此以问题为中心开发乡村社区教育组织课程符合乡村成人的学习特点。在此视角上，乡村社区教育组织课程指在社区教育语境中，有助于推动乡村现实问题解决与预防未来问题发生的系列理念、知识、技术与方法的集合。这里之所以把界定放入社区教育的语境中进行讨论，主要原因在于社区中有些问题是不能通过教育解决的，因此它们不属于社区教育课程讨论的范畴。

---

① 施良方：《课程理论——课程的基础、原理与问题》，教育科学出版社1996年版，第3—6页。
② 张华：《课程与教学论》，上海教育出版社2000年版，第67—68页。
③ 黄健：《成人教育课程开发的理论与技术》，上海教育出版社2002年版，第17页。
④ 同上书，第53页。

二 课程的开发

普通教育课程已有相对完善的体系，包括国家课程、地方课程与校本课程。其中国家课程占绝对主导地位，地方课程与校本课程不仅占比小而且实际地位也偏低，甚至可以说即使没有地方课程与校本课程，基础教育的发展也不会受太大影响。如果与普通教育课程做比较，社区教育组织的课程类似于基础教育领域的校本课程，但其实践性与实用性远远强于基础教育领域的校本课程。鉴于其较强的实践性与实用性，乡村社区教育组织课程不能采用普通基础教育的课程征订模式，而是需要结合社区实际情况开发符合实际需求的课程。因每个社区的实际情况与面临的问题存在差异，乡村社区教育组织课程不能照搬其他社区的课程，而是需要结合乡村社区的实际开发"社区化"课程。具体而言，乡村社区教育组织课程的开发与设计主要遵循如下思路，即明确课程开发的原则，确定课程目标，选择并组织课程内容，实施条件的预估。

（一）课程开发的原则

乡村社区教育组织课程开发的原则是课程开发必须参照的依据，课程开发必须在规定的原则内进行，否则课程可能会因与原则相悖而受到影响。乡村社区教育组织课程开发主要包括经济性原则、政治性原则、文化性原则与科学性原则。

联合国教科文组织20世纪70年代的报告《学会生存》中指出，"经济发展的要求和新的就业机会的出现强烈地激起了教育上的扩张"[①]。在此意义上，乡村社区教育组织建设政策的提出同样也可理解为为应对经济发展与新的就业机会而生。就现实的乡村社区发展而言，大部分乡村同样面临的首要问题是经济问题，尤其是贫困乡村。因此，乡村社区教育组织课程的开发要以促进乡村经济问题的解决为目的，在不违背乡村经济发展规律的框架下进行。

---

① 联合国教科文组织：《学会生存》，职工教育出版社1989年版，第59页。

良好的政治生态意味着国家的稳定，国家稳定是经济、文化、教育与科技发展的前提和基础。课程作为社区居民思想和行为的重要影响因素，它可以通过选择知识与传输价值观念的方式促进国家稳定，当然也可以破坏国家的稳定。因此，乡村社区教育组织课程需要遵循政治性原则，课程直接或间接为国家政治服务。

文化不仅源于生产生活环境也源于祖辈的生产生活经验，因此不同的乡村社区文化存在着差异。文化总是以潜移默化的方式"笼罩"着社区并保护着社区。如果乡村社区教育组织课程内容与社区文化产生冲突，通常课程的实施效果可能会降低，甚至会受到社区文化的抵制与排斥。在此意义上，乡村社区教育组织课程的开发需要尊重乡村社区文化，同时采取相应的策略使文化成为课程开发的基础与实施的动力来源。

乡村社区教育组织与传统的零散的社区教育的根本差别在于前者更加有效，或者说依托乡村社区教育组织实施的社区教育更加科学。乡村社区教育组织课程作为组织的核心要素，同样其必须具备科学性。在此意义上，乡村社区教育组织课程开发须遵循科学性原则。具体而言，乡村社区教育组织课程开发的科学性原则主要包括三个方面的内容。一是课程内容与课程组织方式必须科学；二是课程开发过程中需要融入先进的科学技术，如互联网、信息技术等都可根据实际需要融入课程开发过程中；三是课程内容必须具有科学性。

（二）确定课程目标

"课程目标制约着课程的设置，规定着课程内容的选择和组织，以及学生学习活动的方式。课程目标既是课程实施的基本依据和课程评价的主要准则，也是教育目的、培养目标的具体体现。"[①] 因此，设置课程目标尤为重要。乡村社区教育组织课程目标的确定主要讨论两个基本环节，即目标来源与目标确定过程。

[①] 钟启泉：《课程论》，教育科学出版社2007年版，第111页。

1. 确定目标来源

目标来源讨论的是乡村社区教育组织目标确定的基本依据，即在坚持课程目标制定原则的前提下，乡村社区教育组织目标确定的基本依据是什么。结合乡村社区教育组织的实际情况，其课程目标的制定主要基于三个方面的依据。一是组织功能性目标。乡村社区教育组织目标主要包括形态性、保障性与功能性三类目标。形态性目标与保障性目标属于基础建设的内容，功能性目标属于课程与教学相关的内容，功能性目标实现的核心资源即乡村社区教育之所以为教育组织的核心标志。在此意义上，乡村社区教育组织的功能性目标是乡村社区教育组织课程目标制定的依据。如乡村社区教育组织的功能性目标是提升乡村社区居民的职业技能，则课程目标需要围绕职业技能的提升来确定。二是学员。学员是乡村社区教育组织的核心，因此课程目标的确定同样需要以学员为依据。乡村社区教育组织的学员以成人为主，成人的学习需求与学习特点都是课程目标确立的依据。如学员普遍的文化水平偏低，相应的乡村社区教育组织课程目标确定需要符合学员学习水平偏低的特点。三是社区。组织功能性目标的确定主要以社区为依据，课程目标确定则把功能性目标作为依据。为了增强乡村社区教育组织课程目标与社区的紧密程度，课程目标的确定仍需以乡村社区的实际为依据。

2. 确定目标的过程

目标确定过程即以目标的三大来源为依据，结合乡村社区教育组织的实际情况制定目标的过程。目标的确定主要包括两个主要环节。

一是调研真实需求。乡村社区教育组织功能的有限性与乡村居民需求的多样性之间存在矛盾；国家政策层面的供给与居民真实需求之间也可能存在矛盾。因此，课程目标的确定首先是开展调研，找出居民的真实需求，并且析出能通过乡村社区教育助其满足的需求。调研可以通过问卷、访谈、观察、案例分析等形式展开。在调研的基础上把结果与国家政策、社区教育组织的本质功能进行对比，以此确定居民在社区教育范畴内的真实需求。

二是需求的筛选。乡村社区居民以成人为主，成人的需求本身呈多样化趋势。然而在社区教育资源本身非常稀缺的情况下，社区教育组织不可能满足所有人的需求，而只能是尽可能满足所有人的需求。如有可能某些需求只是少数几个人的需求，但社区教育组织可能会因资源短缺以及有限资源更多倾向于多数人的原因，导致他们的需求可能难以实现。在此意义上，需要进行需求的筛选。具体而言，需求的筛选可以选用需求的轻重缓急、组织的目标、满足的可行性与同类学员的数量四个筛子。通过四个筛子的筛选，确定真正符合乡村社区实际特点的基础性需求。

三是目标的转化。以筛选的基础性需求为依据，实现从需求向组织目标的转化，即用目标的语言描述筛选的需求，以此形成具体的课程目标。课程目标的描述需要明确、具体与具有较强的可操作性。这样课程内容的选择与组织才更容易实施。例如某社区学校烤烟种植技术课程的目标是这样设置的：1.掌握烤烟种植、烘烤与运输等知识与技术；2.掌握烤烟种植过程中的环境保护技术与安全常识；3.树立学员通过烤烟致富的信心。这样的目标表述较为具体，课程内容的选择与组织才更加具有针对性。

（三）选择与组织课程内容

课程目标是课程内容选择与组织的依据，因此乡村社区教育组织课程内容的选择与组织需要严格以目标为基础。为实现课程目标，组织可以采用购买（募捐）、开发、购买与开发相结合三种形式推动乡村社区教育组织课程的建设。

购买（募捐）指按照课程目标的要求，社区教育组织向相关课程机构购买或要求对方募捐相关的课程内容。这种课程通常以文本、视频、图片与音像等形式呈现。其优点在于经过专家的编制与审核，内容的系统性较强。缺点是不一定符合学员的学习特点。如调查发现，很多乡村社区学校都有来自上级机构赠送的纸质教材、光盘与视频等，但对于文化水平偏低的乡村社区而言，这些课程只有少数具有较强钻研精神的村民才能学懂。针对这种情况，乡村社区教育组织可能需要结合实际情况开发"社区化"的课程。

尽管当前少数乡村社区教育组织具备课程开发的经济与智力条件，但在理想层面上乡村社区教育组织最有效的课程是组织自己开发的课程。自主开发课程的优势在于课程内容紧密结合乡村居民的实际需求，真正能做到学以致用。缺点在于课程开发需要足够的经济与智力资源，而这两类资源正是当前乡村社区教育组织的短板。如果课程开发主体不具备足够的人财物资源以及专业的技术支撑，开发出来的课程可能难以真正满足居民学习的需求或者助推社区真实问题的解决。

调查发现，乡村社区教育组织课程事实上主要存在着两个问题，即购买的课程不适用，同时课程开发能力不足。在此意义上，最为理想的方式是采用购买课程与自主开发课程相结合的方式来满足课程目标的需求。购买与自主开发相结合主要包括两种结合方式。一是购买课程与自主开发课程在类别上的互补。如果购买的课程可以直接使用则直接使用，如果有能力开发自己的课程则自主开发课程。二是购买课程与自主开发在手段上的互补。针对某门具体的课程，如购买的课程难以满足学员的需求，同时组织本身无自主开发课程的能力。在此情况下，需要采用购买与开发相结合的方式。这种方式指首先购买最为接近居民学习特点的课程，在此基础上，针对不适应学员学习特点的内容进行课程"社区化"的转化，这样既可降低课程开发的成本，又能得到符合乡村居民学习需求的课程。

（四）实施条件预估

乡村社区教育组织课程内容的编排尽管是以问题解决与认知逻辑为依据，但为使课程更加有效且符合乡村社区居民的学习特点，课程内容组织的同时须预估乡村社区的课程实施条件。调查过程中常遇到如下情况。

基于社区学校电子化政策的推动，很多乡村都配备了远程学习教室，当然因部分偏远乡村互联网本身未覆盖，因此教室的功能只能播放视频。为满足村民理论上的学习需求，很多乡村都配备有农业种植技术光盘与养殖技术光盘。如水稻种植光盘、玉米种植以及养猪、鸡鸭养殖等光盘。但实际运用效果都不容乐观。原因在于大部分农村青壮年劳动力外出务工，留守乡村的以50岁以上的老人为主。他们现有的学习能力难以领会光盘上所讲的知识，加上其本身固有的相关文化经验对新知识与技术存在抵触，从而导致效果不尽如人意。

鉴于这样的实况，乡村社区教育组织课程的编制与开发需要对课程的实施条件进行预估，以衡量预期的或已开发的课程是否适合乡村社区居民的学习特点。具体而言，乡村社区教育课程实施条件的预估主要包括两个环节与两方面内容。

两个环节指乡村社区教育组织课程开发前的预估与基本结束后的预估。开发前的预估主要在开发前进行，即结合课程目标的实际与乡村社区教育组织现有或可能获得的条件对课程实施进行预估。主要目的在于根据现有的课程实施条件购买或开发课程。开发结束后的预估主要是以基本完成的课程为依据，结合乡村社区教育组织实际讨论乡村社区教育组织是否具备相关课程实施的真实能力，然后根据实际情况对课程进行调适。

两方面的内容指乡村社区教育组织实施条件的预估主要预估两个方面的内容。一是预估乡村社区居民（可能的学员）现有的文化水平与学习能力是否能理解并领会课程内容。主要目的在于根据预估的实际情况对课程内容的语言表达、逻辑结构、预期的实施形式进行调适。二是预估乡村社区教育组织是否具备课程实施的支撑条件。主要包括信息技术条件、实施场所、时间、经济与人力成本是否能有效地支撑乡村社区教育组织课程的实施。最后根据实际情况调和两者之间的矛盾，以尽可能保证课程实施的效果。

课程实施条件预估的完成并不能完全保证课程实施效率，因需要对课程进行试用并不断完善，也保证课程可以被借鉴到其他同类乡村继续使用，这样可以节约课程购买与开发的成本。例如A乡村重点开发的是乡村法治课程，B乡村重点开发的是养殖技术课程，C乡村重点开发的是种植技术课程，如果B乡村需要法治课程与种植技术课程，则借鉴 A 与 B 的课程进行适当调适即可以使用。当然这里的前提是 A、B、C 三个乡村社区教育组织所服务的乡村类型高度相似。

三 课程框架

课程在乡村社区教育组织中的核心地位不言而喻。我们可以这样理解，即使组织目标不明确，组织的保障性目标难以有效达成，但只要有课程，乡村社区教育组织即可运转，只是运转的效果可能欠佳。反之组织则不能运转。上节我们讨论了乡村社区教育组织课程的本质与设计，从学理上厘清了乡村社区教育组织课程开发的基本思路，为使课程的相关研究更加具体，我们接着讨论乡村社区教育组织课程框架的设计。为避免课程框架设计过于空泛，这里主要结合当前乡村社区教育组织发展的实际进行。

课程设计主要源于社区教育组织功能性目标的设计，功能性目标的设计源于社区的现实问题与未来发展。同理，课程框架的设计也源于社区的现实问题与未来的可能方向。如党的十九大提出我国乡村振兴的要求为建设"产业兴旺、生态宜居、乡风文明、治理有效、生活富裕"的乡村，乡村的真实问题都可以归入此框架体系中。如贫穷问题可归入产业与生活富裕中，环保问题可归入生态宜居中，民俗民风、道德问题可归为乡风文明中。为使乡村社区教育组织运行更加有条理，作为核心之核心的课程需分模块展开，这不仅可以使得理论上清晰，也有助于管理者、教师与学员在实践中能更加清晰地清楚各模块的目标导向，从而提升组织建设的针对性。此外，就乡村社区教育组织目标的设计而言，组织目标也分为形态性、保障性与功能性目标，作为课程主要对应者的功能性目标还可以分为社区性目标与育人目标。总而言之，目标在不同的层面上都可以以模块的形式呈现。因此，乡村社区教育组织的课程设计同样采用模块化的设计思路。本书认为乡村社区教育组织的课程模块设计主要包括基于乡村实际问题的课程模块设计与基于政策要求的课程模块设计两类。

(一) 基于乡村实际问题的课程模块

不同的乡村面临不同的问题，因此模块的内容也存在差异，比如留守型乡村与非留守型乡村，移民型乡村与原住型乡村，经济发达型乡村与经济后进型乡村，野性型乡村与文明型乡村。无论何种类型的乡村，都可以按照真实问题构建课程的模块。每个模块都包括了课程目标、课程内容与实施的预估条件，并且它们必须与乡村社区教育组织的目标存在衔接关系。我们这里只从相对宏观的视角讨论课程模块，不讨论具体的课程目标与实施条件（见图8）。

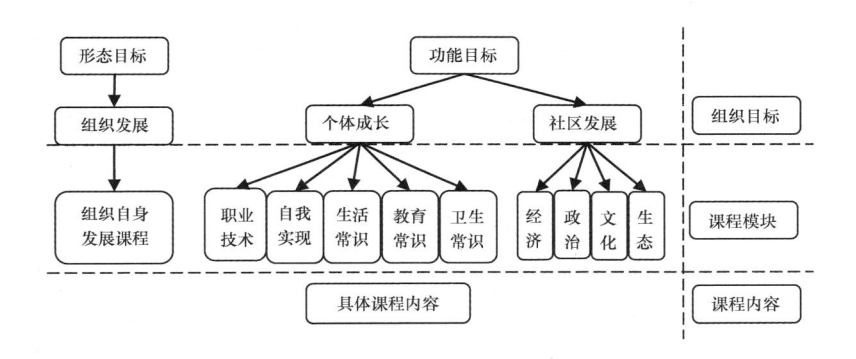

图8 基于乡村实际问题的课程模块

基于乡村社区真实问题的课程模块的构建大致分为三个层次。第一层次为社区教育组织的三类目标，即个体成长（育人目标）、社区发展（社区性目标）与组织形态目标。因保障性目标难以通过乡村社区教育组织课程的形式予以实现，在此不把保障性目标列入其中加以讨论。第二层次是课程模块层，个体成长目标对应的课程主要包括职业技术、自我实现、生活常识、教育常识与卫生常识；支撑社区发展目标的课程模块主要包括经济模块、政治模块、文化模块与生态模块；支撑组织发展目标的课程即组织构建的课程。第三层次为具体的课程内容。具体课程内容是对课程模块的具体化，例如职业技术模块可以包括建筑与施工、电梯安装、电动缝纫、装饰与设计等。具体课程内容须根据社区与学员的实际情况设计，在具体内容的设计过程中可能存在模块内容的交叉，如有此情况则可以以其中的某个模块为主。例如组织自身发展课程与自我实现课程都可以融于其他模块的内容中。调查中发现，尽管基于乡村社区教育课程组织的模块设计在现实中难以做到很全面，但是目前很多乡村都从实际问题出发设计类似的课程。如贵阳市贵安新区的 L 村即从村民自我发展的视角调查村民的真实需求，然后组织相关人员开发了系列的课程。尽管课程的质量不够科学，但基本能满足学员学习的需求。

（二）基于政策要求的课程模块

基于政策要求的课程模块指乡村社区教育组织的课程设计以乡村政策为导向，按照政策要求设置课程模块。尽管此种类型的课程模块看似没有基于乡村社区实际问题的模块更加符合乡村社区发展的实际，但事实上乡村社区的现实问题都可以归入其中，在特定的历史时期可能其在形式上比基于乡村实际问题的课程模块设计更加合理。21世纪以来我国关于乡村社区发展的政策主要包括新农村政策与乡村振兴政策，相应的两类政策都分别提出了"二十字"方针。前者为"生产发展、生活宽裕、乡风文明、村容整洁、管理民主"，后者为"产业兴旺、生态宜居、乡风文明、治理有效、生活富裕"。以此为基础，结合乡村社区教育组织自身的实际可以设计基于政策要求的课程模块。这里我们主要借鉴调查发现的四川省威远县 SF 村社区学校的课程模块对此加以说明。2017 年调查发现，SF 村社区学校结合自身的实际，设计了如下的课程模块，且有效地满足了乡村社区发展的多样化需求（见图9）。

SF 村社区学校的课程模块设计主要分为四个层次。四个层次从上至下形成了包含关系，不仅是课程模块的呈现，更是呈现了课程设计的思路。第一层次为乡村振兴的二十字方针，"产业兴旺、生态宜居、乡风文明、治理有效、生活富裕"。第二层次为在此基础上延伸出来的"先进乡村、文明乡村、美丽乡村、富裕乡村与和谐乡村"。第三层次为与第二层次对应的"思想教育、法治教育、文化教育、职业教育与道德教育"。第四层次为具体课程内容模块，具体内容模块设计相对较为简单，但是基本符合 SF 村乡村社区自身发展的需求。

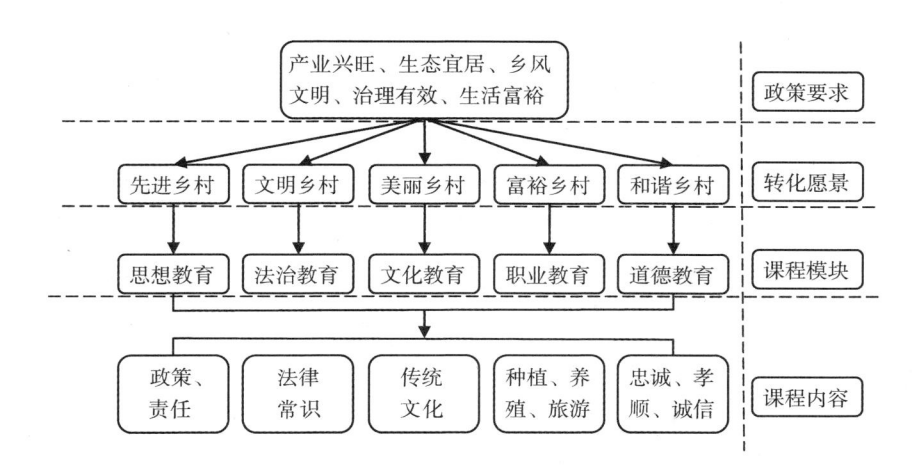

图 9　基于政策要求的课程模块

第三节　乡村社区教育组织的教学

课程与教学的关系可分为大课程与小教学，大教学与小课程，课程与教学处于平等地位三种类型。大课程小教学通常把教学作为课程实施的环节，大教学小课程则把课程作为教学内容，课程与教学处于同等地位指课程与教学在逻辑上属于内容与手段的关系，即课程属于内容，而教学属于内容实施的手段。本书主要持第三种观点。正是基于这样的思路，本章中先讨论课程再讨论教学，并且把课程与教学分为两节来讨论。按照普通教学论的逻辑结构，教学通常包括教学目标、教学内容、教学实施与评价以及教学保障条件等环节。然而，由于我们把课程与教学分开来讨论，因此这里我们主要从推动课程实施的视角讨论课程与教学的衔接、教学组织形式、教学方法、教学平台与教学载体。

一　课程与教学的衔接

乡村社区教育组织的教学是以课程为依据的行动，因此课程是教学实施的基本依据。课程是从组织学习内容体系的视角对学习内容进行的总体概览，而教学是从过程的视角对课程内容的分步实施。因此有必要讨论课程如何与教学之间实现衔接，这样更有助于在学理上与实践上厘清课程与教学之间的关系。具体而言，课程与教学的衔接主要包括课程目标向教学目标的转化与课程内容向教学内容的转化两个基本环节。

一是课程目标向教学目标的转化。课程目标主要包括课程门类目标与单元目标两种类型，而教学目标通常以活动的节点为单位。前者的表述通常是"了解……，掌握……"，后者的表述通常是"学会……，能做……"。我们可以这样理解，课程目标重在知识与技能的掌握，而教学目标重在知识与技能的运用。乡村社区教育组织课程目标向教学目标的转化须"先分解后转化"。先分解指根据教学实施的时间节点或内容节点把课程目标分解为诸多子目标；后转化指根据教学实施的需要把分解后的子目标用教学目标的表达方式表达出来，并且明确不同教学阶段结束后学员所获得的具体收获。

二是课程内容向教学内容的转化。在教学目标实现转化后，课程内容须按照课程子目标与具体教学目标的要求实现转化。这里的转化主要包括有意忽略式转化、同等转化与扩展式转化三类。有意忽略式转化指根据学员的实际情况以及学员运用知识的实际领域把学员难以理解的内容或对其不实用的内容在教学过程中进行有意忽略。同等转化指教师把与教学目标对应的课程内容完全移植过来。扩展式转化指教师根据学员的实际情况以及社区已有的条件对课程内容进行加工、延展，拓展内容的深度与广度。

二　教学组织形式

教学组织形式即教师与学生基于学习目的的实现而共同完成教学

活动的方式。就宏观意义上而言，主要包括集体教学、个别教学、集体与个别教学相结合三种组织形式。尽管这样的分类很明确也容易理解，但对于乡村社区教育教学实施的实际指导价值不够。究其原因，该种分类模式本身是基于传统的课堂教学而言的。传统课堂教学的主体是未成年人，课堂相对封闭；乡村社区教育组织的主体主要是成人，课堂更为开放。在此意义上，乡村社区教育组织教学形式的讨论需要突破传统课堂的藩篱，结合乡村社区教育组织的实际情况展开讨论。

关于以成人为主要对象的教学组织形式，有学者进行过相关的探讨。例如，张维认为主要包括讲习班（学习班、进修班、短训班等）、现场教学、案例教学与小先生制。[①] 秦向阳认为主要包括课堂教学、专题讲座、现场教学、函授教学、电话教学与自学辅导。[②] 结合已有的研究成果与乡村社区教育的实际，我们认为乡村社区教育组织视野下的教学组织形式主要包括集体教学与个别指导；理论讲解与实际操作；现场教学与远程教学；服务咨询与自导学习；成果分享与合作探究。

（一）集体教学与个别指导

乡村社区教育组织在教学实施过程中既需要集中开展教学活动，同时也需根据具体情况予以个别指导。集体教学主要用于政策解读、理论讲解与休闲娱乐，此类实践操作要求偏低，但要求多数人参与教学活动。个别指导主要针对个别的确存在学习困难的学员进行个别指导。个别教学分为两种形式。一是某些教学活动本身只能以个别教学的形式进行；二是个别教学作为集体教学的有益补充，即在集体教学过程中某些学员本身存在学习困难，因此需要对其进行个别指导。

（二）理论讲解与实际操作

尽管乡村社区教育组织不以学历教育为导向，但其中仍存在着理

[①] 张维：《世界成人教育概论》，北京出版社1990年版，第330—331页。
[②] 秦向阳：《成人教育学》，江苏教育出版社1989年版，第142—144页。

论教学的内容。如厨师资格证培训、驾驶证培训与种养殖培训等都分为理论与实践两个部分。理论部分重点采用讲授法，同时辅之以练习的方式。针对实践部分的内容则需要采用实际操作的方式实施。因为乡村社区教育组织活动的地点主要在乡村，这就要求理论讲解结束后的实践操作环节尽可能在乡村真实的环境中进行，当然在条件不允许的情况下也可以在模拟环境中完成实践操作练习。

（三）现场教学与远程教学

现场教学指在真实的场景中进行教学活动，为论述方便我们这里把教师与学员面对面实施教学活动的形式也融于其中。在乡村社区教育组织的语境中，现场教学主要指教师与学生都在场的教学活动。远程教学主要指教师与学员处于不同环境，但借助现代通信技术所实施的教学活动形式。远程教学目前在乡村地区主要是通过远程学习室、QQ与微信交流的形式进行。它受制于学员原有的文化与技术水平，因此它更适合于青年人偏多且教育文化基础较为扎实的乡村。而在偏远的、贫困乡村更适合采用现场教学组织形式。

（四）服务咨询与自导学习

服务咨询指教师采用电话、QQ与微信以及定时、定点为学习者提供学习咨询服务，这种组织形式的优点在于教学效果好，缺点是时间成本和经济成本较多。如调查发现重庆市所辖区域的部分乡村社区教育组织采用这种形式的居多，原因是社区学校不仅提供知识与技术的咨询，同时还兼职销售相关的物资，以弥补社区学校经费不足的实况。自导学习指学员在教师的指导下自学，其要求学员本身具有较强的自学能力与自学的动力，教师的职责是在学员遇到困难时为其提供指导。这种组织形式目前在产业发展较好的乡村较多，但总体而言面不够广。

（五）成果分享与合作探究

成果分享指学员把自己在实践探索中所习得的成果分享给其他学员的组织形式，类似于经验交流会。该组织形式在乡村有广阔的前景，原因在于乡村居民通常从事同类工作与过着类似的生活，且有着共同的文化基础。学员的成功经验主要源自生产生活实践，对其他学员具有很强的借鉴价值。合作探究指学员与教师或学员之间共同合作发现问题、分析问题并解决问题的组织形式。合作的前提是合作者具有共同的目标追求，共同的问题领域。这种形式与经验交流相融合有助于推动乡村社区教育组织专业师资缺乏问题的解决，也能充分发挥学员的积极性与主动性。

三 教学方法

教学方法是乡村社区教育教学实施过程中实现知识与技能的传输、共享与创造的方法。它依托于教学组织形式，但是比教学组织形式更为具体。教学组织形式属于教学管理的范畴，教学方法属于教学实施的范畴。教学组织依托教学方法产生实际的效果，教学方法依托教学组织才能发挥作用。结合我国乡村社区教育教学的实际，研究认为乡村社区教育教学方法主要包括讲授法、讨论法、示范法、实际锻炼法、自主学习法。

（一）讲授法

讲授法也称讲述法，"是由教师根据学生的学习特性、教学目标、学习内容及学习环境，决定讲述的内容及呈现方式的传统式教学法"[①]。讲授法是以教师为中心的方法。优点是可以提升教学的数量效率，即一位教师可以面对若干学员。缺点是不利于对学员进行个别指导，因此讲授法通常需要辅之以其他教学方法才能有效完成教学任务。它可以用于政策宣讲、理论讲述、生产与生活常识传授等。其讲授的规模依据学员的数量、学习场所以及讲授设施设备确定。讲述法的使用需要注意三个方面的问题。一是所选择的内容是否适合采用讲授法；二是讲授者需认真备课，尤其需要以学员的学习能力为依据；三是讲授者要采用学习者易于理解的语言讲授。

---

① 台湾成人教育学会、中正大学成人及继续教育研究所：《有效的成人教学》，师大书苑有限公司1995年版，第72页。

(二) 讨论法

讨论法被认为是社区教育领域最有效的方法,中外历史上著名的社区教育活动中都采用过此法。如瑞典的读书会、英国的劳工教育协会与加拿大的农村读书会等都采用讨论法实施教育活动。讨论通常以小组的形式开展,小组成员围绕共同的主题或问题畅所欲言,各抒己见,讨论需要有人记录,最后形成讨论进展报告。乡村社区教育教学的主体尽管可能文化水平偏低、文字能力不够强,但通常基于自身所面临的问题发表言论已没太大的难度,而且作为成人也希望自己的声音能被他者听见,因此讨论法也是乡村社区教育组织教学活动中的重要方法。乡村社区教育组织教学活动中讨论法的使用需要重视四个基本环节。一是主题明确,组织者需随时提醒讨论者不能偏离主题;二是讨论要提前计划,分步进行;三是讨论过程中需要专人负责记录,结束后形成报告;四是讨论结果的通报。此外,组织者不仅要注意讨论法的预设性,同时也要重视讨论过程中的生成性。

(三) 示范法

示范法是以"经过仔细准备,以显示做法或使用程序的演示,配合适宜的口语与视觉解释、说明和问答,将某一技术活操作程序做正确地描述……以有效展示的方法"[①]。示范法通常包括两个基本的要素,即程序与技术上的示范,语言的示范。示范法的根本目的是通过语言描述与过程演示的形式使所授内容更为直观。语言描述的目的在于清楚讲述程序或技术的原理与理念,而演示的目的在于掌握动作、技术与程序上的规范。乡村社区教育组织在现实的教学活动中涉及技术内容的时候采用示范法居多。如种植与养殖技术、驾驶技术以及护工培训等都宜采用示范法。采用示范法包括三个基本要求:一是提前精心准备,对操作过程了如指掌;二是辅助性语言要精练得体,紧密结合演示过程实施;三是教师示范结束后需要随机抽取学员示范,教

---

① 台湾成人教育学会、中正大学成人及继续教育研究所:《有效的成人教学》,师大书苑有限公司1995年版,第125—126页。

师与学员共同分析学员的示范过程。

(四) 实际锻炼法

实践锻炼法指学员在真实场景中不断练习，以提升自己技能的方法。这种方法在乡村社区教育组织中较为常见，比如健身技巧、生产加工都需要加强实际锻炼。调查发现，某社区学校教学员编织吊坠挂绳，当基本技术掌握后，编织的熟练程度完全依靠后续的不断练习来提高。实际锻炼法的实施要求有三：一是需要有真实的锻炼场景，比如道德行为上实践锻炼、技术上的实践锻炼都需要在真实场景中通过实践不断提升；二是需要阶段性的总结，根据实践锻炼的计划，在此过程中需要集中汇报锻炼的收获与存在的困惑，为后续锻炼奠定基础；三是锻炼结束后需要对整个锻炼法使用的全过程进行总结与凝练。

(五) 自主学习法

在教师资源短缺的乡村，自主学习法是最为重要的学习方法。它主要包括自我导向式学习与独立式自学。自导式学习也称之为契约式学习，它被称为是"一种汇集一切的方法"[1]。其前提假设为："成人教育者的部分职责就是使得学习者有能力去计划、实施和评估自己的学习，无论这些学习者是在独立学习还是处在正规的学习项目中。"[2]因此自我导向式学习需要教师的辅助，且要制定相对科学的学习计划。独立自主式学习是成人学习者根据自身的学习需求，主动寻求学习资源以开展学习活动的方法。独立自主学习方法在乡村社区中较为常见，尽管村民可能意识不到自己已在学习，但学习的确在他们的生产生活中经常发生。如有村民购买豆浆机不会使用，他们就会主动去寻求帮助，其在他者帮助下习得技术的过程中，学习就已经发生。针对独立自主学习法，乡村社区教育组织更多是为其提供学习资源和咨

---

[1] [美] 马尔科姆等：《成人学习者》，龚自力等译，北京师范大学出版社2016年版，第113页。

[2] [美] 雪伦·B. 梅里安、[美] 罗斯玛丽·S. 凯弗瑞拉：《成人学习的综合研究与实践指导》，黄健、张永、魏光丽译，中国人民大学出版社2010年版，第267页。

询服务。自我导向式学习尽管科学合理，但就目前而言在乡村社区仍不实用。随着乡村人口素养的全面提升，在将来自我导向式学习可能会成为乡村社区居民主要的学习方法。

四 教学平台与载体

（一）构建虚实融通的教学平台

乡村人口构成有其自身的特殊性，乡村社区教育的设计须结合人口的构成特点。从是否常住的视角而言，乡村人口主要包括常住人口与流动人口，常住人口以留守老人、妇女与儿童为主，流动人口主要是乡村的青壮年劳动力。就乡村振兴的目标实现而言，青壮年是乡村振兴的主体，在基于乡村振兴的社区教育实践中他们也应该是主体。然而现实中他们中的大多数却游离在乡村与城市之间，难以真正参与到乡村建设中，但是未来他们有可能回归乡村。鉴于这样的人口构成特殊现状，乡村社区教育需要设计虚实融通的社区教育平台。

实体平台的设计主要包括乡村社区教育设施设备的修建和完善，如乡村社区学校、图书室、乡村博物馆与休闲娱乐设施设备等都属于实体平台的基础要素，同时需配备相关的课程与师资等资源。简言之，乡村社区教育教学的实体平台主要指在乡村修建相对固定教育教学场所、配备基本教育教学设施的社区学校或社区学习中心。实体平台有助于增强乡村社区教育学校自身的存在感与社会对乡村社区教育教学的认可度，本身也是乡村社区的教育文化标志。

随着通信技术的发展以及乡村居民外出人员的增多，为使学习更加便利与乡村社区外出居民也能享受到社区教育组织带来的益处，因此还需要建立虚拟学习平台。虚拟学习平台是"利用现代信息技术和云计算技术将社区内各类优质的数字化学习资源进行整合和共享，建立完善、可靠的学习资源共享机制"[①]。虚拟学习平台的设计包括学

[①] 韦书令：《社区教育数字化学习平台建设和资源共享研究》，《成人教育》2017年第5期。

习系统、管理系统与交流系统。社区居民不仅可以通过平台学习与交流互动，同时管理者也可以及时了解民众的学习情况。虚拟学习平台的功能主要包括两个方面，一是针对常住居民而言，它可以作为实体学习平台的有益补充，提升学习的便捷性与高效性。二是针对流动人口而言，他们可以通过社区学习平台学习相关的知识和技术，并参与到社区振兴的过程中，为社区建设出谋划策。甚至通过学习平台的引领，他们可能会回到乡村并积极参与到乡村建设的过程中，成为乡村建设的引领者。调查发现，实体平台的构建已具备一定的成效，然而系统的虚拟平台建设仍处于探索中，部分乡村偶尔有相关的微信群、QQ群，但其通常属于部分志同道合的人自发构建的"非正式交流群"。这说明构建虚拟学习平台已具备一定的可行性。

（二）创设实践性教学载体

乡村社区学校与普通学校都属于促动社区发展的主要教育类型。后者有其自身相对封闭的体系，其主要职能在于为社区现代化发展培养人才打基础，因此其与乡村社区生产生活的联系尤为紧密。乡村社区教育是开放的教育形式，其对象是成年人，主要职能是服务于乡村社区的全面发展，其中也包括未成年人校外教育。其开放性与成人性决定在实施过程中不能套用普通学校教育的模式，而须以成人生产生活为基础与导向构建社区教育体系。相对普通学校学生，及时性、现实性与有效性是成人学习的主要特点，因此以知识积累为导向的普通学校教育模式难以满足成人学习的要求。加上成人学习通常是指向生产生活实践的学习，因此乡村社区教育教学的实施需要尽可能避免理论说教，而是结合乡村社区实际创建教育教学载体，让学习者能在自己熟悉的生产生活过程中学习，且能即学即用。

乡村社区教育载体指乡村社区教育实施过程中所依托的实践活动，主要包括生产生活活动、休闲娱乐活动、卫生与健康、法制与安全、民俗节庆等活动。它们本身属于居民参与乡村社区治理的路径，在某种意义上其过程即解决社区实际问题的过程。适当的乡村社区教育载体能激发居民参与乡村社区教育的兴趣，有助于推动乡村社区实际问题的解决。例如，针对乡村社区的环保问题，教育者可组织学员到环境污染现场，采用现场说理与实践操作相结合的方式，这样既可以避免"纸上谈兵"的枯燥，同时有助于促进增强学习的效果。因此乡村社区教育组织教育教学活动的实施需要重视活动载体的创设，这样有助于增强组织教育教学活动的实效。

第四节　乡村社区教育组织的人员

传统的组织理论对组织的讨论经常忽略人的要素，其原因是其所讨论的组织主要是生产型组织。与之不同的是乡村社区教育组织是以人力资源的再生产为目的的教育型组织，人是组织的核心，因此本书需要对组织中人的要素进行专门的讨论。就社会交往的视角而言，乡村社区教育教学活动即组织中管理人员、教师与学员之间的交往活动，交往的目的是人的成长，乡村社区相关现实问题的解决以及维持组织自身的存续。在此意义上，人员的讨论主要包括人员构成的讨论与人员相互关系的讨论。乡村社区教育组织人员主要包括潜在人员与显在人员两种类型。潜在人员指乡村社区教育组织运行的资源供给者，资源供给者可能是个体也可能是团体。他们通常不会出现在乡村社区教育组织实际运行过程中，而是以资源供给的形式承担着背后支持者的角色。显在人员指乡村社区教育组织运行常见的人员，主要包括学员、管理者与教师。接下来主要从资源供给者、学员、管理者与教师四个维度讨论乡村社区教育组织人员的构成。

一　资源供给者

资源供给者属于乡村社区教育组织运行的辅助者。在理论视角上他可以存在也可以不存在。当乡村社区自有资源难以支撑组织的运转，资源供给者的价值即可体现出来。当乡村社区自有资源完全能满足组织运行的需求，此时则不需要资源供给，相应的资源供给者也就不会出现在乡村社区教育组织中。资源供给者参与乡村社区教育组织主要有隐性与显性两种形式。隐性资源供给者主要指其不直接参与到乡村社区教育组织实际运行过程中，而只是在背后提供财物资源的支持者。显性资源供给者主要指直接参与乡村社区教育组织资源支持的供给者。

在乡村社区教育组织生态系统模型中，源自外界的支持主要包括智力支持、资源支持、服务支持、引领与发展四个方面的支持。在广义上，它们都属于资源，即智力资源、财物资源与政策资源。智力资源供给者主要包括相关领域的机构、专家与教师。例如参与乡村社区教育组织建设的农业科学研究院、高等院校以及农牧业机构等，此类机构主要为乡村社区教育组织的运行提供专家咨询与教师授课等方面的支持。资源支持在这里主要指财物方面的支持，如国家财政、社会公益性组织以及乡村产业投资组织机构都可以为乡村社区教育组织提供财物支持。政策资源主要指乡村社区教育组织发展的相关行政管理机构，其为乡村社区教育组织发展提供政策引导与支持，其包括两点：一是从政策视角为组织发展提供资源保障，二是通过政策的发布引起社会对乡村社区教育组织的重视。

二 村民学员

陶行知先生曾提出乡村成人学习的三个基本要素，即热心的教授、好学而有大学学力的失学青年、要有大学之道。[①] 学员是乡村成人学校的主体，离开学员乡村社区学校将不复存在。在现代语境中乡村社区教育组织的学员主要包括成年人与未成年人两种类型，前者是乡村社区教育的主体，后者主要依托乡村社区成人教育组织接受校外教育。

城镇化是我国社会发展的趋势，事实上即使国家不推行城镇化政策，人口总是不断向城镇迁移。在此政策的推动下，乡村社区主要包

---

① 陶行知：《谈社会大学》，载胡晓风《生活教育文选》，四川教育出版社1988年版，第569—570页。

括三种类型，即留守型社区、全员型社区与移民型社区。留守型社区的主要人口为留守老人、妇女与儿童，老人居多。全员型社区通常经济较为发达，属于城镇化程度高的乡村。移民型社区主要属于经济开发区，通常位于离城市不远处，如果周边就业机会多，移民型社区即为全员型乡村，如果就业机会少则成为留守型乡村社区。尽管社区类型不同可能导致人口结构存在差异，但乡村社区教育组织应根据社区实际把社区居民都作为乡村社区教育组织的主体。只是在侧重点上有所不同，比如，留守型社区的主要教育对象是留守老人与妇女，但同时通过虚拟学习平台的构建把社区的外出务工人员纳入其中。全员型社区因经济条件较好，学习资源相对丰富且人均文化基础偏好，可能社区教育更多是提供资源服务，同时关注更多的精神层面的教育内容。总体而言，乡村社区教育的主体应该包括乡村社区所有的居民。

三　教师队伍

教师是农村社区成人教育组织活动开展的核心要素，属于农村社区成人教育组织中的专业技术人员。其主要职能是以乡村社区教育组织目标为核心，根据学员原有的基础、学习特点以及可利用的教育教学资源，选择或开发合适的课程，并以此课程为基础，在合适的时间与地点开展教育教学活动。教师工作与管理者工作不同的是，管理者着重于资源的整合，教师着重于启发学员的思想，传播知识和技能，以实现组织的教育性目标。就教师队伍自身的构建而言，乡村社区教育组织的教师主要包括兼职与专职两种类型。兼职教师指不以某个乡村社区教育组织的工作为专门任务的教师。专职教师指以某个组织工作为专门任务并以此获取其主要收入来源的教师。就乡村社区教育组织现有的条件而言，配备专职教师的条件尚不够成熟，因此应主要以兼职教师为主。乡村社区教育组织之所以难以配备专职教师，一方面，乡村社区教育的主体是村民，村民的需求呈多样化的趋势，并且部分需求属于短暂需求，因此专职教师很难配备；另一方面乡村社区教育组织很少有持续的专项经费支持，现有的乡村自身难以支付专职教师的劳动报酬。调查中我们发现只有部分乡村社区教育组织的上级组织——乡（镇）社区学校配备一名校长兼专职教师，事实上他们还兼任其他的工作。如重庆市巴南区某镇级社区学校校长兼关心下一代工作委员会的工作。

鉴于乡村社区教育组织难以配备专职教师的实况，乡村社区教育组织可以先配备兼职教师。兼职教师的来源主要包括四个渠道。一是政府与事业机构相关职能部门的专业人员。例如，公安机关工作人员为安全教育教师，法院工作人员为法治教师，农业局相关人员为种植技术教师，畜牧兽医局人员为养殖技术教师。二是企业专业技术人员。例如，移动、联通与电信等行业通信技术人员为现代信息技术教师，大型饭店的专业人员（厨师、服务人员）为餐饮服务教师，旅游公司工作人员为乡村旅游服务教师，电梯安装公司专业人员即为电梯安装技术教师。三是相关教育机构人员。例如，家庭教育指导委员会专家为家庭教育教师，留守儿童教育研究专家为留守儿童教育教师。四是学员中的优秀者。如成功的养殖专业户可为养殖教师，成功的种植专业户可为种植教师，熟练的建筑施工人员即可为建筑教师。总体而言，在乡村社区教育组织教师资源短缺的情况下，教师队伍的构建需推行专兼职教师相结合与各行各业优秀人才参与的建设策略。

四 管理队伍

管理是技术也是艺术，管理的成效与管理者自身的素养关系较大。在乡村社区教育组织的学员、教师与管理者三类人员中，最为稳定的是管理者，他们是乡村社区教育组织的旗帜与标志，如同乡村社区教育组织的"建筑"。教师以兼职为主，不是所有的村民每次都参与学习，但管理者必须常在。乡村社区教育组织管理者指负责乡村社区教育组织建设与规划、教育教学活动组织与实施、材料汇报与总结的人员。就当前乡村社区教育组织而言，除少数乡村外，大多数乡村根本不存在乡村社区教育的专职管理者，而是以兼职管理者为主。这本身与乡村社区教育组织在我国管理系统中的重要性未得到相应认可有关。

就乡村社区教育组织的生态系统而言，我国的乡村社区教育组织管理者主要包括三类，即处于国家与省（市）级的政策类管理者，处于县级、乡镇级与村级的管理者与社区教育组织自有管理者。此外还有作为管理技术支持的专家，他们虽不直接参与管理，但其以研究者的身份对乡村社区教育组织的管理提供智力帮助。就具体乡村社区教育组织的运行而言，社区及以上的管理者、管理的智力帮助者都属于社区教育具体组织的管理支持者。本书中乡村社区教育组织管理者主要指具体组织层面的管理者。

乡村社区教育组织管理者需具备三个方面的素养，即管理理论与常识、社区教育教学理论与常识、乡村社区教育的情怀。管理理论与常识指乡村社区教育组织的管理者要具有基本的管理学理论知识，掌握基本的管理技巧。社区教育教学理论与常识指乡村社区教育组织管理者需掌握基本的社区教育教学理论知识，这是其成为教育管理者的关键。乡村社区教育情怀指要具有坚信乡村社区教育组织能为乡村全面发展带来福利的信心，具有为乡村社区教育发展而无私奉献的精神。按照上述的乡村社区教育组织管理者的基本素养要求，调查发现，现实中难以找到与此相匹配的管理人员。因此在乡村社区教育管理人员队伍建设中需降低标准，首先保证有管理者，其次再通过培训与指导的形式提升其管理素养。具体工作可由四个方面展开。一是尽可能配备专职管理人员，专职管理人员应成为乡村社区教育组织管理的主体。二是在无专职管理人员的情况下可以由村支委人员兼任，这是当前比较普遍的方式。三是从乡村居民中选拔具有管理潜力、基本的管理素养与乡村情怀的村民作为管理者。四是对当下的管理者或已有的管理者进行培训，提升其管理素养。

第六章　乡村社区教育组织的文化

乡村社区教育组织文化是乡村社区教育组织的"软"技术，是把乡村社区教育组织各要素有机联系起来的"非理性"要素。对乡村社区教育组织的探究离不开乡村社区教育组织文化，尤其是在社区教育氛围尚未形成时组织文化尤为重要。我们可以这样理解乡村社区教育组织文化，乡村社区教育组织的治理与技术核心从治理逻辑与技术的视角构建乡村社区教育组织，而文化则从艺术的视角用无形的方式把乡村社区教育组织各要素有机地联结为整体，并且为乡村社区教育组织发展提供隐性动力。

第一节　乡村社区教育组织文化的含义

文化是我们探讨乡村社区教育组织文化的基本前提。日常生活中提起文化似乎谁都能聊几句，但当要求给文化下定义可能会不知所措，这是因为文化本身难以定义。例如，郑金洲认为文化定义多达310种[①]，因文化难以准确界定，所以学界才有"企图或者声称给文化概念确定范围是徒然的"[②]的判断。本书把文化置于乡村社区教育组织的语境中进行操作性界定，以便能明确文化在乡村社区教育组织运行中的角色定位及其所具有的功能。

---

① 郑金洲：《教育文化学》，人民教育出版社2000年版，第2页。
② ［法］埃尔：《文化概念》，康新文等译，上海人民出版社1988年版，第8页。

一　组织与文化的关系溯源

组织探究源于管理学领域，最初是为提升企业与工厂的运行效率而进行探究，组织与文化关系的研究也源于管理学领域。早期的管理学者对工厂与企业的研究主要是从管理的权力关系与生产的技术逻辑两个视角出发探讨组织运行的效率。如，泰勒的科学管理理论从技术逻辑的视角认为通过技术的专业化可以提升劳动效率，法约尔从职能分工的视角提出了其管理理论。当然这些管理理论都在某种程度上提升了生产效率，但对于效率至上的企业与工厂而言，似乎仍不满足，因此研究者逐步拓展了探究的范围。20世纪30年代，美国西部电器公司研究发现通过一些管理方式诱发的亲密关系、能力和成就有助于提升工作效率。20世纪40年代，库尔特·勒温与他的团队开始利用类似于现代意义上的文化手段干预组织，得出文化有助于提升生产效率的结论。尽管企业已注意到文化的重要性，但因其处于无形状态而难以对其进行准确的界定。但在此过程中仍不缺乏界定组织文化的尝试，例如切斯特·巴纳德的、菲利普·塞尔兹尼克与伯纳德·克拉克分别把组织文化界定为"社会虚构""共同机构"与"组织传说"[1]。

随着组织研究不断深入，组织文化的价值越发受到重视。在组织文化研究的历史进程中具有划时代意义的研究成果为20世纪80年代初威廉·大内（William G. Ouchi）的《Z理论》与一份名为《追求卓越》的研究报告。《Z理论》认为，信任、微妙性与密切关系[2]是影响组织运行效率的非理性因素。《追求卓越》认为组织成功的因素是"社团中价值观和文化的力量而不是过程和控制系统，把社团成员团结在一起，激励人们完成共同的使命，激发参与者的创造力和能量"[3]。1982年德伦西·狄尔与肯尼迪·阿伦在《社团文化：社团生

---

[1] ［美］欧文斯：《教育组织行为学》，窦卫霖等译，华东师范大学出版社2001年版。
[2] ［美］威廉·大内：《Z理论》，朱雁斌译，机械工业出版社2013年版，第3—7页。
[3] ［美］欧文斯：《教育组织行为学》，窦卫霖等译，华东师范大学出版社2001年版，第192页。

活的习俗与礼仪》中对组织文化进行了更加具体化的界定，他认为组织文化是"与组织成员相互作用的共享价值和信仰系统、组织结构、产生行为规范的控制系统"①。学校作为文化传承与创新机构，也受到了组织文化研究的影响。例如欧文斯从文化构成的视角描述了学校文化的重叠象征要素。② 他认为，学校文化系统是由价值观和信仰、传统和仪式、历史、故事和神话、男英雄和女英雄、行为规范六个相互关联的要素重叠而成。欧文斯的文化要素为乡村社区教育组织文化的界定提供了更为直观的参照。其启示是抽象的学校文化可以以载体的形式在学校中呈现，同时也为社区教育组织文化研究的界定及其实施提供了参照。

二 乡村社区教育组织文化的含义

就组织文化的发展历程而言，其研究的主要逻辑顺序为研究文化、研究组织文化，再到研究学校文化。在此意义上，本书对乡村社区教育组织文化含义的探究同样从文化本身的界定开始。以文化的形态为划分依据，文化主要分为动态文化与静态文化两种类型。作为动词的"文化"，具有代表性的界定有：皮尔森（C. A. V. Peursen）认为"文化"与其说是名词，不如说是动词，是人类发展阶段的历史过程。③ 卡西尔（E. Cassirer）也认为："作为一个整体的人类文化，可以被称之为人不断自我解放的历程。"④ 中国历史上文化的动词主要界定为"教化"，如"凡武之兴，谓不服也，文化不改，然后加诛"（刘向《说苑》）中的文化即为"教化"之义。作为名词的文化主要是从文化构成要素的视角作出的界定。例如，英国人类学家E. B. 泰勒认为文化是"一个复杂的整体，它包括知识、信仰、艺术、

---

① [美] 欧文斯：《教育组织行为学》，窦卫霖等译，华东师范大学出版社 2001 年版，第 193 页。
② 同上书，第 198 页。
③ [荷] C. A. 冯·皮尔森：《文化战略——对我们的思维和生活方式今天正在发生的变化所持的一种观点》，刘利圭等译，中国社会科学出版社 1992 年版，第 155 页。
④ [德] 卡西尔：《人论》，甘阳译，上海译文出版社 1985 年版，第 288 页。

道德、法律、风俗以及作为社会成员的人所具有的其他一切能力和习惯"①。人类学家 B. K. 马林诺夫斯基在泰勒文化界定的基础上认为"文化是指那一群传统的器物，货品，技术，思想，习惯及价值而言的，这概念包容着及调节着一切社会科学"②。总而言之，我们可以这样理解动态文化与静态文化，当文化不被人接触和使用时，文化则呈现为静态，当文化发挥作用时文化处于动态。

当文化与组织结合起来之后，关于文化的讨论获得新的视角，总体而言已有研究主要从文化传承、文化行为与模式或方式三个维度讨论组织文化。管理学家 R. L. 达夫特从文化传承的角度，认为组织文化是"一个组织所有成员所共享的并且作为标准传承给新成员的一系列价值观、信念、看法和思维方式的总和"③。谢瑞顿等学者从行为的角度把组织文化定义为组织成员在组织中办事的方式，具体包括成员所共有的观念、价值取向、行为，组织的制度和程序等。④ D. 舍恩以模式为基点，认为组织文化是"组织在学习解决外部调适与内部整合问题时，所创造发现或发展出来的一套基本假设模式"⑤。英国人类学家 R. 弗思在其《社会组织要素》中从社会组织稳定视角把文化界定为生活方式。上述界定都把文化作为一种抽象的实体，而非具象物质实体。

文化的抽象性增加了我们理解文化的难度。为了使文化探究能落到实处，有必要从要素分类的视角对文化进行界定，如国内有学者把组织文化的要素分为四种类型。一是观念形态，主要指组织成员所具有的基本价值取向；二是符号，主要是指那些被组织内部成员所共同

---

① [英] 泰勒：《原始文化》，蔡江浓编译，浙江人民出版社 1988 年版，第 1 页。
② [英] 马林诺夫斯基：《文化论》，费孝通等译，中国民间文艺出版社 1987 年版，第 2 页。
③ [美] 达夫特：《组织理论与设计》，王凤彬等译，清华大学出版社 2011 年版，第 395 页。
④ 转引自 [美] 杰克琳·谢瑞顿、[美] 詹姆斯·L. 斯特恩《企业文化》，赖月珍译，上海人民出版社 1998 年版，第 39 页。
⑤ [美] 迪尔、[美] 彼德森：《校长在塑造学校文化中的角色》，王亦兵译，中国青年出版社 2006 年版，第 13 页。

接受的、代表某种意义的特殊标志；三是规范，规范分为正式规范与非正式规范，正式规范指以具体条文形式出现的规范，而非正式规范指组织内不成文的，但又被组织成员所接受的隐性规定；四是结构，指组织内部各要素之间的主要构成关系。① 组织观念形态、符号、规范以及结构都属于文化，是难以用直观形式呈现的抽象形态。尽管这种分类使得组织文化的讨论更加具有直观性，但总体而言其抽象性仍较强，可操作性仍不够。因此需要找到更加具体的文化分析路径。

综合前面的论述，事实上我们在这里得出的结论是乡村社区教育组织文化探究的目的是使组织文化能真正为乡村社区教育组织服务，然而因文化的抽象性使得文化在理论探讨上较为容易但在实践操作中存在困难。针对如此的现实困境，本书在这里借鉴史蒂文·L.麦克沙恩与格里诺在《组织行为学》中从文化载体的视角解读组织文化的思路，她们认为文化功能的发挥得益于其依附的载体，其载体主要包括物理结构、语言、仪式、典礼以及故事和传说等。② 基于上述的讨论，我们认为乡村社区教育组织文化可界定为：组织内成员所共享的教育假设、价值取向和信仰，以及落实假设、价值取向和信仰的制度、物质与行为等支撑要素共同构成的系统。它以乡村社区教育组织的理念、物质、语言、仪典与行为等形式表现出来。

第二节 乡村社区教育组织文化的要素

乡村社区教育组织文化的讨论需要明确两个最基本的问题，即文化本身由哪些要素构成与文化各要素之间如何发生关系，这就构成了乡村社区教育组织的文化体系。文化体系的构建不仅讨论的是文化构成要素之间的关系，更为重要的是在乡村社区教育组织设计过程中如何落实相应的文化，以此为基础构建基于组织实体的无形的思想与理

---

① 阎光才：《识读大学：组织文化的视角》，教育科学出版社2002年版，第13—14页。
② ［加］史蒂文·L.麦克沙恩、［美］玛丽·安·冯·格里诺：《组织行为学》，井润田、王冰洁、赵卫东译，机械工业出版社2007年版，第328—329页。

念体系，为乡村社区教育组织的有效运行提供理念、思路框架与动力支持。

就文化载体的视角而言，乡村社区教育组织的文化载体主要包括理念、物质、制度、语言与行为等载体。理念文化是组织成员所共享的教育假设、价值与信仰，它们是乡村社区教育组织文化中精神层面的构成要素。理念文化需要依托教育实践活动才能落到实处，具体教育实践活动的实施需要物质、人力、财力与制度等资源的支持，最终通过人的行为实现。因此，本书从乡村社区教育组织文化功能发挥的视角出发，综合无形文化与有形载体讨论乡村社区教育组织的文化运行体系（见图10）。乡村社区教育组织文化主要包括文化源头、文化载体与文化结果三个层面的内容。文化源头是乡村社区教育组织的理念文化，是组织文化建设的逻辑起点。文化载体是理念文化在现实中的表现形式，主要包括物质文化、制度文化、语言文化与行为文化四个方面的载体。文化结果是文化载体发挥作用在社区教育组织上所产生的结果。文化结果反之有助于提升与改进乡村社区教育组织的理念

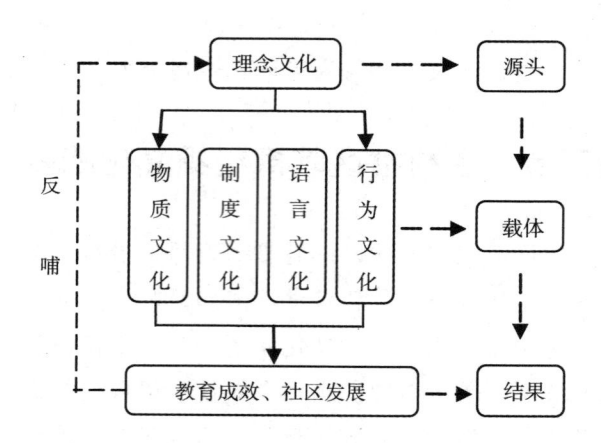

图10　乡村社区教育组织文化运行体系

文化与载体文化。因此乡村社区教育组织文化运行体系可描述为：从理念文化出发到载体文化，再到文化结果，从文化结果再回到理念文化与载体文化，形成了循环的文化运行体系。

一 理念文化

理念文化本身是不可见的文化，它内蕴于人的思想与行为中以及在此基础上延伸出来的物质、制度与语言中，是群体共享型文化。就乡村社区教育组织而言，理念文化具有方向指引、思想凝聚与动力支持三个方面的功能。方向指引功能指理念文化为组织发展提供了正确的方向。思想凝聚功能指理念文化能把乡村社区教育成员凝聚起来，共同为乡村社区教育组织的发展贡献自身的力量。动力支持指理念文化本身蕴含着对尚未实现的美好理想的追求，它能为乡村社区教育组织的发展提供动力支持。

具体而言乡村社区教育组织的理念文化主要包括四种类型，即组织的价值观念、发展愿景、建设思路与学习意识等内容。价值观念是乡村社区教育组织成员对组织自身存在价值的肯定、否定或无所谓的态度。肯定则会支持其发展，否定则不会支持其发展，无所谓则对组织发展漠不关心。发展愿景是社会与组织成员对乡村社区教育组织发展的期望，是对组织未来发展美好蓝图的描述。组织发展需要引领居民坚信乡村社区教育组织发展的美好愿景，并为之积极奋斗。建设思路也属于组织理念文化层面的内容，是如何建立乡村社区教育组织的思考，它能从文化的视角对组织价值观念与组织愿景提供有力的支持。学习意识讨论的是乡村社区教育组织成员是否具有学习的动机和愿望，能否积极主动地参与到教育教学活动中的自觉以及在学习活动中体现出来自律。积极的学习意识对于组织管理者、教师与学员都十分重要。大部分管理者与教师本身缺乏专业的乡村社区教育组织常识，因此他们需要努力、自觉的学习才能应对乡村社区教育组织发展的需求。学员是乡村社区教育组织的主体，其学习主观能动性的发挥是组织运行的有效保障。然而现实中愿意主动参与学习的人毕竟是少数，在此意义上需要从学习意识的视角培育学习型文化，让身处其中的居民都能把学习当成习惯。

二 物质文化

马林诺夫斯基认为，"社会学中争执最烈的两个概念之一，亦就是唯物史观，这种偏见，带着哲学的外表，想把人类进步的全部原动力，全部意义及全部价值，都归之于物质文化"①。由此可见，物质文化对于人类社会发展的价值。人生活在物质世界中，离开物质的人是不存在的。物质在为人类提供基础性保障的同时，其本身也留下人的印迹。因此，物质文化可理解为人在物质上留下的印迹及其承载的思想。物质文化的产生遵循这样的规律，即在物质与人的互动中，不断产生、形成新的物质文化或者不断完善先期的物质文化，这就是物质文化形成、创生与发展的过程。乡村社区教育组织物质文化是以组织自身存在所必须的物质要素为基础所构成的文化，它不仅包括独立的物质实体也包括物质实体的组合关系或方式，它是乡村社区教育组织理念文化的物态表现形式。除乡村社区教育组织的理念文化在物质上留下的印迹外，物质本身还保留着自身的功能特性。在此意义上，乡村社区教育组织的物质文化指乡村社区教育组织的理念文化与物质自身功能有机结合而形成的文化类型。因此在组织建设过程中既需要尽可能落实理念文化，同时也需要充分发挥物质原有文化对组织发展的推动作用。

物质文化的本质特点是物质是文化的载体，因此从乡村社区教育组织物质载体的视角而言，乡村社区教育组织的物质文化主要包括组织的外观、教育教学实施场所、基础设施设备以及教育教学过程中所依托的教育素材等。例如组织的外观设计需要看起来像教育类机构（学校），教育教学场所的布局需要与社区教育活动的实施吻合，基

---

① ［英］马林诺夫斯基：《文化论》，费孝通等译，中国民间文艺出版社1987年版，第4页。

础设施设备的配置须以教育教学活动的实施为导向，同时需要根据具体的教育教学活动配备相应的素材。只有这样，乡村社区教育组织的物质与文化才能有机结合，物质文化才能真正为乡村社区发展服务。

三 制度文化

制度本身是系列的规范，只要有人活动的地方总存在着规范。现实中的规范包括明文规定的规范与约定俗成的规范两种形式。明文规定的规范包括法律法规、条例与制度。约定俗成的规范主要包括宗教习惯、民风民俗与道德习俗等。事实上无论是明文规定的规范还是约定俗成的规范它们都属于制度文化的范畴。正如梁漱溟先生所言，"所谓法律、政治、道德、宗教……这些造成秩序、维持秩序的一切东西，便是文化一大重要部分"。乡村社区教育组织作为以人为核心要素的教育教学机构，其运行同样离不开组织制度的保障。从文化的视角而言，制度是文化的载体，是乡村社区教育组织理念文化的制度化表现形式。通过制度文化的引领与规约，乡村社区教育组织才能在预期的范围内有效发展。制度文化主要通过有形与无形两种形式得以表现。有形的制度文化主要包括以文件形式呈现的相关国家层面与地方层面的制度以及具体的乡村社区教育组织管理制度。无形的制度文化是乡村社区教育组织学员在学习过程中形成的自觉维护组织有效运行的一种习惯。就两者的关系而言，通常无形的制度文化要以有形的制度文化为基础，前者是有形制度文化的升华与延展。

首先，就有形的制度文化而言，因其以制度为载体，所以根据制度的层次可以分为国家层面、地方层面与组织层面三类的文化。国家层面的制度文化主要以国家层面的相关制度与政策为载体，它规定乡村社区教育组织的性质、宗旨与发展的基本方略。《教育部等九部门关于进一步推进社区教育发展的意见》（教职成〔2016〕4号）与《国家中长期教育改革和发展规划纲要（2010—2020年）》属于国家层面的制度。地方层面的制度文化是以地方所出台的相关乡村社区教育发展的政策与法规为依托的文化。如在国家政策的引领下地方所颁布的乡村社区教育发展的区域政策，部分地方条例。组织层面的制度指乡村社区教育组织运行所需的操作层面的制度，包括组织的经费管理制度、学习制度、考评制度等内容。国家层面的制度蕴含的文化更多属于方向性与愿景性文化。地方层面的文化更多是对国家层面的制度文化的进一步落实。组织层面的制度文化是结合乡村自身的实际与国家层面、地方层面的制度而创生的文化。三种制度文化共同作用形成有形的乡村社区教育组织制度文化体系。其次，无形的制度文化是源自学员内心的自觉，是组织制度文化的最高境界，它以无形力量的形式影响着乡村社区的每个人。在具体的环境中，它可以理解为学习风气与学习氛围，也可以理解为学习的自觉。

四 语言文化

马林诺夫斯认为"语言是文化整体中的一部分，但是它并不是一个工具的体系，而是一套发音的风俗及精神文化的一部分"[①]。语言是文化传承的工具与载体，文化因语言才能有效传承，语言因文化才能充盈与发展。因此语言与文化的关系可谓我中有你，你中有我。基于本书主要以载体为依据对文化进行分述的思路，以语言为载体的文化称之为语言文化。语言学家索绪尔把语言分为"能指"与"所指"两个构成要素，"能指"指语言之形，"所指"指语言之义。无论是形还是义都可归属为文化的范畴。在乡村社区教育组织文化视角下，我们所讨论的是语言之义所承载的文化。语言文化与物质文化、制度文化的差异在于语言文化传承可以不限时与不限地，只要有人的地方语言文化即可对人产生影响。语言文化的影响可能胜过物质文化与制度文化的影响，甚至语言文化中所传承的非主流思想很容易抵消乡村社区教育组织的理念文化、制度文化与物质文化的正能量。在此意义上，重视乡村社区教育组织的语言文化建设对于乡村社区教育组织文

---

① ［英］马林诺夫斯基：《文化论》，费孝通等译，中国民间文艺出版社1987年版，第7页。

化建设尤为必要。

　　语言文化是乡村社区教育组织理念文化的载体化形式，在乡村社区教育组织中主要以三种形式来表现。一是具有代表性的社区教育人物典型，为社区相关教育做出贡献的典型人物、优秀学员以及社区教育发展过程中的典型案例等。甚至社区历史上具有教育典型意义的非社区教育人物或案例都可归为语言文化的范畴。它们通常以文字描述、故事与歌谣的形式存续于乡村社区。它们在乡村社区的影响可能是根深蒂固的，并且在传承过程中本身有助于提升文化认同感。二是社区教育教学过程中管理者、教师与学员之间交流与沟通的语言本身所承载的文化。就沟通的表达形式而言，民主与平等的语言沟通是理想的语言表达方式，它代表着共同商榷与探讨的文化类型，也易于调动组织成员参与组织运行与发展的积极性。命令与胁迫性的语言沟通是须规避的，因为这不仅不利于发扬教育教学民主，它本身也是对社区居民的不尊重。三是重视地方性语言在乡村社区教育组织建设中的重要性。越偏远的乡村居民的原生态语言保存得越完好，现代的语言文化可能难以适应其学习的要求，甚至还有村民听不懂普通话或专业性语言。因此，乡村社区教育组织语言文化建设需要尊重地方性知识与文化，这样语言文化才能真正为乡村社区教育组织活动的实施服务。

五　行为文化

　　乡村社区教育组织的行为主体是人，包括管理者、教师、学员以及智力支持者。行为文化指上述四类主体的行为中所蕴含的文化思想与理念。行为文化可视为是理念文化、制度文化与语言文化在组织成员行为上的体现。管理者行为文化主要指管理者行为体现出来的文化，包括其沟通与表达、时间与空间管理、资源的获取与分配、工作态度与作风等行为中所蕴含的文化。它是行为文化中的根源性文化，其直接影响到教师、学员与治理支持者的行为。教师行为文化指教师在社区教育活动中其行为上所附带的文化，与学习效果的关联度较大。主要表现为教师的语言、仪态、教学方式以及与学员的交往方式等是否得体，并且能有效地支撑乡村社区教育组织的发展。学员文化是乡村社区教育组织行为文化中最为重要的文化类型。心理上主要表现为学员是否乐意参与学习，外在表现为学员对学习的态度，对学习的投入程度以及自我的学习时间管理与学习效果的运用情况等。智力支持者文化指乡村社区教育组织在其智力支持者行为中所体现出来的文化，它具体体现为智力支持者帮扶的态度与责任心，所具备的乡村教育专业知识与技能以及其在支持过程中是否潜心钻研等。总而言之，即乡村社区教育组织的智力支持者是从专业的视角，发自内心地为组织提供实质性的智力支持，而非只停留在形式层面。

第三节 乡村社区教育组织文化的培育

文化属于乡村社区教育组织的软实力，与表层的物质、制度建设不同的是它不可能一蹴而就，而是需要经历时间上的不断洗礼与凝练，在历史的变迁中不断调整与适应，这样才能逐步形成有效的乡村社区教育组织文化。就现有的乡村社区教育组织而言，大部分乡村社区教育组织尚未形成良好的文化氛围，原因在于乡村历史上主要重视的是青少年教育，尚未形成成人学习的文化惯性。因此在部分文化底蕴较深的乡村，尽管其基础教育的文化氛围良好，但成人学习的文化氛围很差。文化是推动乡村社区教育组织建设的核心要素，即使组织的目标、课程与教学设计再好，只要组织文化建设存在问题，乡村社区教育组织的运行效果将会受到影响。因此，乡村社区教育组织的文化培育对于组织发展而言十分重要，它不仅是组织发展的重要动力来源，也能把管理者、教师、学员与智力支持者有机联结起来，推动组织向良性的方向发展。

一 文化培育的基础

乡村社区教育组织文化的培育需要寻找某种依据，否则文化培育找不到适当的根基以及培育的方向，也就难以培育形成有效的乡村社区教育组织文化。结合乡村社区教育组织文化建设的实际，本书认为乡村社区教育组织文化培育的基础主要包括理论基础与实践基础两个方面的内容。

（一）理论基础

乡村社区教育组织文化培育的理论基础主要包括文化功能主义学说与文化生态学的相关理论。前者从文化功能的视角讨论文化的存续，回答的是为什么需要重视文化。后者是从文化生态系统的视角讨论文化的存续，讨论的是文化如何与乡村社区教育组织的相关要素共存与共生。

1. 文化功能主义学说

文化功能主义从本质上而言是一种研究方法，而非完善的理论体系。因此，它堪称是20世纪社会科学领域最为盛行的研究方法之一。文化功能主义的倡导者马林诺夫斯基认为"文化是包括一套工具及一套风俗——人体的或心灵的习惯，它们都是直接的或间接的满足人类的需要。一切文化要素，若我们的看法是对的，一定都是在活动着，发生作用，而且是有效的"[①]。马林诺夫斯基的界定明确了文化存在的原因即是其本身有效或有价值，不存在无价值的文化。在功能主义的视角上，文化功能的消失意味着文化的失效，同时意味着文化的被遗弃。因此在文化保护与传承过程中需要秉持这样的观点，即当文化具有固有的功能时需要充分发挥文化的功能，当文化在失去某种功能而即将消失但社会认为其还有用的情况下，即可赋予或开发新的文化功能，以此保持文化的发展。这也是当下少数民族传统文化传承与保护研究与实践所持的观点。

传统文化的消失与开发都与文化的功能存在密不可分的关系。文化的自然消亡本质上是其功能的消亡，文化的发展事实上是其

---

① [英]马林诺夫斯基：《文化论》，费孝通等译，中国民间文艺出版社1987年版，第14页。

功能的延续或新功能的开发。改革开放以来,传统文化的自然消亡或变迁都足以证明文化消亡或变异与其功能消亡或变异之间的关系。例如,傩戏在传统土家族社会存在的原因是其具备驱灾辟邪的功能,随着土家族社区破除封建迷信的思想深入人心,以及科学常识的普及使得"驱灾辟邪"的神秘性不复存在,并且科学已验证其本身不具有这样的功能,因此傩戏逐渐消亡。近年来,在国家传统文化遗产保护政策的推动下,傩戏逐渐恢复,傩戏传承人在沉寂多年后重新开始培养徒弟。原因在于傩戏在新的时代被赋予了新的功能。一方面,傩戏班获得财政给予的经费补贴,傩戏班主可以申请非遗传承人,申报成功可获得相对稳定的经费支持。另一方面,村民请傩戏班的目的也从先前的给家庭驱灾辟邪改为办酒"收礼金"。正是在服务方(傩戏班)与被服务方(村民)获得经济利益的推动下,傩戏获得了新生。除此之外,傩戏本身的娱乐功能也是促使其新生的原因,但相对其经济功能,娱乐功能可以忽略。文化功能主义学说给予乡村社区教育组织文化的启迪是文化建设要秉持实用的原则,把文化功能的发挥与乡村社区教育组织紧密结合起来,与村民生产生活的实际紧密结合起来,让乡村社区教育组织文化能给村民带来实质性的效果。只有这样,乡村社区教育组织文化建设才能真正在乡村社区落地、生根、发芽,为组织发展提供足够的动力支持。

2. 文化生态学理论

生态人类学又称为文化生态学,其开创者是美国新进化论学派学者斯图尔德(Julian H. Steward)。斯图尔德的理论称为文化生态适应理论,他以进化论思想为基础,认为生产技术是文化发展的关键要素,它产生于人类在进化过程中对不同生态环境的适应。人与自然生态环境适应的过程中,人类习得或创造了新的生产生活方式与方法,形成了新的生存与发展思维、理念与方式等,这些都属于文化的范畴。当文化形成后,"人类通过文化来认识资源环境,又通过文化来获取各种自然资源并改造所处的生态环境"①。文化正是在这样循环往复的过程中不断发展,成为推动人类社会进步的重要力量。文化生态学理论事实上主要包括三种主要观点:一是文化源于人类对环境的适应,因此文化与环境密不可分;二是人的发展依托文化,因此人离不开文化;三是人类的活动总是与周遭环境(含自然环境与社会环境)存在密不可分的关系。

乡村社区教育组织属于社会教育性组织,它同样与周遭的自然环境和社会环境存在密切的关系。因此,在思考乡村社区教育组织文化建设的过程中需要秉持文化生态学的相关观点,把组织置于社区环境、社会环境甚至是全球环境中,从其与周遭环境相互依赖与互动的视角思考乡村社区教育组织文化的建设。同时,还需从组织内部的文化要素出发探讨乡村社区教育组织内部要素之间以及其与组织之间在文化上的关系。这样才能从本质上厘清乡村社区教育组织文化发展的脉络,为文化培育实践活动的开展提供理论上的参照。

(二)实践基础

文化源于人类与物质生态环境的互动并扎根于人类生产生活实践中,文化之所以产生并发展,功能是其最为主要的因素。在生态学意义上,乡村社区教育组织本身属于乡村生态系统的构成要素,它因乡村社区的发展而产生,本身处于乡村社区文化的包围中。因此,乡村社区教育组织文化建设需以乡村为基础,并致力于乡村发展。从文化形成与发展的时间维度而言,文化可分为传统文化与现代文化,两种文化都在实践上对乡村社区教育组织产生重要的影响,因此本书主要从乡村传统文化与乡村现代文化出发讨论乡村社区教育组织文化培育的实践基础。

1. 乡村传统文化基础

乡村社区传统文化是乡村居民在历代的生产生活实践中凝练出来

---

① 马伟华:《生态移民与文化调适:西北回族地区吊庄移民的社会文化适应研究》,民族出版社2011年版,第242页。

的关于乡村社区发展的精神、物质、制度与语言等文化的综合体。乡村传统文化之所以能在乡村存续并成为传统文化，其主要原因在于文化的实用性与文化的认同感。文化之所以被创造，原因在于在特定的历史时期特定的乡村居民生产生活所需。在文化被创造且成为一种习惯的时候，相关的民众对此产生认同感。甚至在文化的生产实用性失去后可能民众仍会认可它。这是乡村传统文化影响乡村的主要方式。乡村社区教育组织作为植根于乡村社区并为乡村社区发展做出贡献的组织机构，其难以或不可能逃避乡村社区传统文化的影响。乡村社区教育组织是关于人的组织，成人是乡村社区教育组织的主体，他们几乎都成长于乡村传统文化中，因此乡村社区教育组织文化的培育需以传统文化为基础，把传统文化与社区教育组织文化有机衔接起来。这也有助于乡村民众更好地实现角色的转换。基于上述的讨论，乡村社区教育组织文化培育要深入探讨乡村社区的传统文化，汲取传统文化之精华，同时实现传统文化在现代社区发展过程中的功能性转化。

乡村社区教育组织文化培育过程中对传统文化的处理主要包括三种方式。一是乡村社区教育组织文化的培育不能与乡村社区的传统文化相冲突。二是乡村社区中具有永恒价值的内容并且与乡村社区教育组织相关的文化内容可以融于乡村社区教育组织文化培育中。三是乡村传统文化中在自在状态下被逐渐淘汰的内容可以通过功能转化的形式，使其成为对乡村社区教育组织有用的文化。

2. 乡村现代文化基础

社会在向前发展的同时，新的文化也在不断产生，因此就时间序列而言文化主要包括传统文化与现代文化两种类型。传统文化是过去积累的文化，现代文化是在现代社会发展过程中由现代人所创造的文化。传统文化予人以厚重之感，现代文化予人以时代感。因此，乡村社区教育组织的文化在确定以乡村社区传统文化为基础的同时，还须积极寻求现代文化的支撑与引领。现代文化作为乡村社区教育组织文化培育基础的思考主要基于三个方面的原因。一是乡村社区是向前发展的社区，现代文化是社会发展进程中最为先进的文化，它本身是引领乡村社区向前发展的文化类型。二是现代文化是人类社会发展过程中最为先进的文化，它已形成"时尚"的文化氛围。乡村社区教育组织置身于现代文化的氛围中，其必须融入现代文化环境才能获得更好的发展机遇。三是现代文化是以信息技术为核心的文化，信息技术正在影响人类生产生活的方方面面。乡村社区教育组织作为服务乡村社区居民生产生活的组织，信息技术文化必然会成为乡村社区教育组织文化建设的基础。

现代文化在乡村社区教育组织文化培育中的基础主要通过两种方式来实现。一是乡村社区教育组织理念文化的凝练与设计要基于当下与未来文化的基础，形成具有现实性与前瞻性的理念文化。二是乡村社区教育组织文化建设需要在现代社会中寻求文化建设的支撑点，把现代化的技术手段、教育教学研究成果有机地融入乡村社区教育组织建设中。

二 文化载体的创设

文化本身具有抽象性，只有依附于相关载体才能真正发挥作用。在此意义上乡村社区教育组织文化培育需要从载体的建设出发，扎根乡村社区的实际，创设适合具体乡村社区教育组织的文化载体，这样文化才能真正发挥效用。本书把文化分为理念文化、物质文化、制度文化、环境文化、语言文化与行为文化。在载体创设过程中，因理念文化必须依托其他载体才能显现，行为文化只有在其他文化的熏陶下才能形成，物质文化载体融于环境文化中加以讨论。因此，文化载体的创设主要从环境文化载体、制度文化载体与语言文化载体三个维度展开讨论。

（一）创设环境文化载体

环境文化载体是组织文化中的表层文化，理念层面的文化可通过环境载体得以体现。这里所言的环境载体主要指物质环境，它包括乡村社区教育组织外部物质环境与内部物质环境。乡村社区教育组织环境载体创设的过程即乡村社区教育组织文化物化的过程、物化的结果即乡村社区教育组织文化载体的形成。乡村社区教育组织文化环境载体的创建首先需要确定乡村社区教育组织的理念文化并对其进行详细的分类与研究；其次乡村社区教育组织文化环境载体的创建需把精神文化中适合以环境为载体呈现出来的文化剥离出来；三是在物质设施上赋予文化的要素，让文化内涵在物质环境要素上得以体现。

乡村社区教育组织的物质文化载体包括进入组织场所肉眼可见的一切物质设施设备。外部物质文化环境是影响相关人员最为直接有效的物质环境。即当进入组织固定区域时，给人的第一印象为乡村社区教育组织看起来是教育机构而非其他机构。这就需要组织设计与实施者在外部物质环境上下功夫，包括房屋外墙的装饰、学校名称与校标的悬挂，活动场地与外部教学场地的布置与设计等。调查发现，当前乡村社区教育组织主要以附属性组织的形式存在，在校园外部文化环境的设计上仍显得不够专业，教育文化气息仍旧十分稀缺。例如笔者调查发现，贵州省F县所有的乡村社区教育组织（农民文化技术学校）都挂靠在村支委，村支委的会议室即教室，唯一具有社区教育组织性质的标志是与村支委的标志牌并挂的××××农民文化技术学校。内部物质文化环境指乡村社区教育组织场所内部的物质设施设备，包括内墙的美化，教学、休闲娱乐、体育健身等各功能区域的布局，教室桌椅、教学器材、课桌椅的摆放等。就目前的实际情况而言，已有的乡村社区教育组织物质文化环境的设计也不够完善，更多是对村支委设施设备以及场所的借用，很少有乡村社区教育组织创设具有自身特点的内部物质文化环境。

具体到乡村社区教育组织物质文化环境创设的层面，其创设首先要立足于乡村社区实际，与乡村社区的整体文化实现有机的交融。物质文化的创设在与乡村社区生态文化环境交融的同时也要适当超越乡村社区文化，使其具有"鹤立鸡群"之感。乡村社区教育组织作为乡村文化建设的引领者，本身应走在乡村建设的前面。乡村社区教育组织的环境文化创设基于乡村但又高于乡村，也容易引起乡村社区居民对其的注意，在乡村社区教育初建阶段能给乡村社区教育组织建设带来"广告"效应。

（二）创设制度文化载体

制度是乡村社区教育组织文化的主要载体之一，其功能是维护乡村社区教育组织的正常运行。乡村社区教育组织制度属于组织理念文化的外显形式，处于物质文化与精神文化的中间地带。缺失制度的乡村社区教育组织事实上即缺少约束的规则，因此乡村社区教育组织有必要把文化融入制度的创建过程中，形成制度文化载体。乡村社区教育组织制度主要包括三种类型，即国家层面的制度、地方层面的制度与具体的组织运行制度。乡村社区教育组织制度文化载体的创建要通过三个层面的制度来体现。国家层面的制度主要包括普适的乡村社区教育组织相关的法律法规与具有规约作用的政策文件。专门的法律法规在我国仍处于空白状态，因此具有制度作用的政策文件属于国家层面的组织文化载体。地方层面的制度主要指地方政府与相关管理机构结合地方实际需要制定的制度与颁布的文件，如地方的政策以及终身教育条例等都属于地方层面的制度。两类制度所承载的更多是具有普适性的乡村社区教育组织文化，尚未具体到组织运行的层面，并且此两类制度并不在具体乡村社区教育组织的权限范围内。因此，乡村社区教育组织文化载体的创建更多是在国家与地方两个层面制度下的具体乡村社区教育组织运行制度的创建，它受到前两类制度、组织自身理念文化以及组织其他构成要素的影响。

乡村社区教育组织制度文化载体的创建需要从三个维度展开。一是乡村社区教育组织制度的创建要吸收国家与地方相关制度的文化内涵，把它们的文化转化为符合乡村社区教育组织实际的文化。例如，《教育部等九部门关于进一步推进社区教育发展的意见》（教职成〔2016〕4号）规定"充分发挥社区教育在弘扬社会主义核心价值观、推动社会治理体系建设、传承中华优秀传统文化、形成科学文明生活消费方式、服务人的全面发展等方面的作用"。乡村社区教育组织的制度文化建设需要把此类理念融于制度建设中。二是乡村社区教育组织制度文化要吸收地方文化的内涵。乡村居民在适应地方生态环境的过程中形成文化习惯，这些习惯与居民的生产生活紧密联系。因此，乡村社区教育组织制度在设计过程中要遵循上述的文化习惯。例如制度的制定要依据居民的生产与生活习俗、仪典习俗、节庆习俗等。如果组织制度不以此文化习惯为依据，且与之冲突，制度规约下的乡村社区教育活动则难以正常开展，制度也就失去了其为组织运行服务的本质功能。三是乡村社区教育组织制度的制定要以组织的理念文化为导向，在理念文化的引导下把国家与地方层面的制度文化以及地方的习俗性文化融于具体组织制度的制定中。这样乡村社区教育组织的制度才能与组织的其他要素融为一体，共同促进乡村社区教育组织活动的开展。

（三）创设语言文化载体

结构语言学家索绪尔认为语言都具有意指作用，它分为能指与所指两种形式。"能指"是"用以表示具体事物或抽象概念的语言符号"。"所指"是"语言符号所表示的具体事物或抽象概念"，即"意指作用所要表达的意义"①。索绪尔"能指"与"所指"表达了两个基本观点，语言不仅是感官上的符号，同时还具有思想上的意义。语言承载着语言创造者与使用者的文化。从交往的视角而言乡村社区教育组织本身属于基于学习的交往活动，语言是学习最为重要的手段，因此乡村社区教育组织需要重视语言文化载体的建设。文化与语言在学理上可以分开讨论，但在现实中难以区别开来。因此这里主要从乡村社区教育语言分类的视角讨论语言文化载体建设。乡村社区教育组织语言可分为两类，即教育教学材料类语言与学习的辅助性语言。前者指相对专业的理念、知识与技能，重在内容的学习。后者指乡村社区教育组织所承载的故事与案例，侧重于学习愿景的塑造与精神的引领。它们两者都属于组织文化载体建设的类型。

1. 基于教育教学材料的语言文化载体建设

乡村社区教育组织是基于人所建立的以理念、知识与技能学习为

---

① 《哲学大辞典》，上海辞书出版社2001年版，第1057页。

主要目的的教育组织。理念、知识与技能本身属于文化的载体，学习理念、知识与技能的过程也是文化学习的过程。在此意义上，乡村社区教育组织需要重视基于教育教学内容的语言文化载体的建设。一是教育教学材料的选用需要体现理念文化的要求。如理念文化强调学习的实用性，那么教育教学材料的选择也需要彰显实用性文化。调查发现西部乡村社区教育组织的教育教学材料几乎都包括农业种植技术与养殖技术的光盘与读本。光盘与学习读本都是以语言的形式呈现的，它们属于彰显了实用文化的语言文化载体。二是教育教学材料的开发需体现理念文化的要求。不同的乡村社区教育组织所处社区的环境与居民的学习特点都存在差异，因此为提升教育教学效率需开发教育教学材料。教育教学材料是以语言的形式呈现的，因此它是语言文化载体。材料内容的选择与编排方式都需蕴含乡村社区教育组织的理念文化。三是教育者的语言表达需要与乡村社区教育组织整体的文化环境相融。教育者的语言是把理念、知识与技能等学习素材与学员联系起来的纽带，良好的语言表达有助于提升学员的学习效果。因此教育者在语言表达的组织上要结合具体组织的文化基础与环境进行组织，让语言成为学员听得懂同时其所承载的理念、知识与技能能内化为居民所有。

2. 基于愿景塑造与思想引领的语言文化载体建设

愿景塑造与思想引领是组织文化建设中较为稳定的文化力量，它是乡村社区教育组织的精神凝练与升华，其力量比基于教育教学材料的文化所提供的力量更加持久与稳定，也有助于教育教学材料所承载的文化功能的发挥。具体而言，主要包括口传教育类故事与社区教育的典型案例。

首先，挖掘与整理社区中口传教育故事。每个乡村社区都有自身的历史，历史上总有些值得流传，甚至被后人所传颂的文化人物，他们中通常不乏重视教育者。因此，乡村社区教育组织需要重视对其故事进行挖掘。故事的内容本身属于教育文化，因此借助故事的流传有助于营造乡村社区教育组织的文化氛围。故事本身也属于乡村精神文化的象征，村民认同它们甚至以它们的存在为豪。这样的故事村民也乐于接受。口传故事的挖掘主要包括三个基本的环节。一是关注故事是否具有教育性，这是故事挖掘的基本前提和基础。二是对故事的教育性进行适当的艺术加工，此环节需要"迎合"村民的文化接受"口味"。三是重视系列性故事的挖掘，这有助于提升故事的文化传播效果。

其次，搜集与整理乡村社区教育典型案例。乡村社区教育现实的典型案例对乡村社区文化的建设而言尤为重要。一是典型案例源自乡村居民生产生活实际，更易于被村民所仿效。二是现实中的典型案例本身直观性较强，村民易于理解与接受。甚至可以这样理解，现实中成功的典型案例能让乡村居民预见自己未来成功的状态。现实中这样的案例较多，如笔者调查发现，在贵州省德江县的JC村，最初罗姓村民获得驾驶证后并买车跑运输，以此改变了生活。随后该村十余位村民主动去学习驾驶技术，获证后都买车跑运输。这样的案例告诉我们，典型的案例能影响村民的学习动机，有助于调动村民学习的积极性。然而，也可能村民对典型案例的主角太熟悉，而产生抵触情绪，因此在案例运用过程中需要引导村民正视案例主角的优点而非挖掘他人的弱点或缺点。

三 文化培育方法

乡村社区教育组织的主体是成人，成人不太愿意学习不能直接产生经济效益的文化，因此文化的培育尽可能避免说理教导的形式，而是依附到其他文化载体上才能逐步成为能真正为民众所吸纳的社区教育组织文化。基于这样的判断，本书认为乡村社区教育组织文化的培育主要包括四种方法。

（一）环境熏陶法

苏霍姆林斯基认为好的教育需要让环境"会说话"[1]，说明良好

---

[1] ［苏］瓦·阿·苏霍姆林斯基：《劳动教育思想与〈帕夫雷什中学〉选读》，中国环境科学出版社2006年版，第33页。

的环境对学习具有积极的促进作用。在文化的视角上,"会说话"的环境指已经被文化浸润且打上文化理念印迹的环境,在此环境中开展教育教学活动给人以舒适之感,这样的文化环境有助于推动学员积极地、全身心地投入到教育教学活动中。这样的活动反之推动良好文化氛围的形成。具体而言,乡村社区教育组织文化培育过程中文化熏陶法的使用可以从三个维度展开思考。

第一,乡村社区教育组织文化环境的创建。这是文化熏陶法最为重要的环节,即把相关的文化理念、思想与内容有机地融入乡村社区教育组织环境中,甚至可以适当扩展到组织外。一是学习外在环境的布置、学校的标识、学校环境中设施设备的规划与布局都要与乡村社区教育组织密切关联起来。二是学习场所内部环境的设计,主要包括廊道文化、教室文化、自学场地等方面的布置,它也需体现以人为本的理念,且为乡村社区教育组织效率的提升服务。三是基地(现场)教育教学环境的设计。现场教学环境的设计要保持原环境的真实性,不能提供经美化和加工后的环境。真实的环境保留了乡村最真实的文化,在此环境中教育教学才能更为有效地为村民的生产生活服务。

第二,乡村社区教育组织环境文化的赋意。物质本身不具有文化含义,当人赋予其含义后才真正成为物质文化。因此,在文化环境的创设过程中需要对相关事物进行赋意。赋意以后接下来需要结合实际把所赋的"意"用语言形式表达出来,让社区学员、管理者、教师与学员以及其他相关人员把相关的"意"内化为己有。

第三,乡村社区教育组织文化环境的享用。环境的创造并非为了创造而创造,更为重要的是要让环境能为组织成员享用,这是环境创设的根本目的。文化环境的享用需要相关人员"读懂"文化,让文化以潜移默化的方式浸润个体的心灵。

(二)制度引导法

制度引导法指通过制度的运用把制度所负载的文化转化为组织成员所有的方法。制度本身属于规范,其价值是规范组织成员的思想与行为,让其具有按照要求积极参与乡村社区教育组织的自觉性。然而，乡村社区教育组织学员主要以成人为主，成人的主要责任不是学习，因此制度的价值重在引导而非规范。如果严格按照制度规范组织成员的行为，可能直接参与组织活动的人会变得很少。

制度引导法主要包括三个基本的环节。一是学员与组织者共同参与组织制度的制定与实施。学员是乡村社区教育组织的主体，他们也是组织制度的主要制约对象。由于学员几乎都需承担社会责任与参加生产劳动，势必会影响其参与学习。因此，学员参与制度的制定有利于制定出更符合学员自身工作与生活特点的制度。二是构建完善的、基于乡村社区教育组织自身特点的制度体系。完善的制度不仅可以保障居民参与学习，最为重要的是能保障学习的效果。在此过程中学员逐步形成遵守文化制度的习惯。因此，乡村社区教育组织制度的构建需要从全局的视角展开思考，使各类制度相互协调构成整体。三是乡村社区教育组织制度的解读。乡村社区教育组织制度制定结束后，需要结合实际制度进行解读，让相关人员明确自身的职责。四是乡村社区教育组织制度的监督。制度作为文字形态的内容，只有其文化内核为人所掌握才能真正有用。因此，乡村社区教育组织需要构建学员、教师与组织者之间相互监督的机制，这样制度中的文化要素才能发挥效用，并且在此过程中逐步引导相关人员从他律向自律转变。

（三）**教育渗透法**

教育的功能之一即文化传承与创造，乡村社区教育组织作为教育性组织，其本身具有文化传承与创造的功能。在此意义上，教育渗透法是乡村社区教育组织文化培育的主要方法。教育渗透法指在教育教学活动中渗透文化教育，通过这种方式转变学员文化理念，提升文化认同感。就乡村社区教育组织教育教学活动的组织形式而言，主要包括集体教育活动、个别指导与个体自学三种形式，在不同的组织形式中教育渗透法的使用也存在差异。

一是集体教育活动中的文化培育。集体教育活动是文化培育的主要活动，其优势在于受众多、效率高，并且学员在一起容易形成遵循文化规范的从众心理。集体教育活动中的文化培育可以通过讲授、参观与活动三种形式实现。讲授指可以把文化思想通过讲授的形式传输给学员，同时要求学员以相应的文化规范规约自身的思想和行为。参观指可以通过组织学员集体参观典型的社区教育案例，以此引领学员的思想与行为。活动本身所蕴含的文化要素较多，比如当下的社区文娱活动与体育活动，它们本身属于文化活动。因此，组织文化的培育可以多组织相关的社区教育类活动，推动组织成员在轻松愉悦的氛围中内化文化理念。二是个别指导活动中的文化培育。乡村社区教育是服务于居民生产生活实际的教育，每个村民遇到的现实问题可能存在差异，因此个别指导必不可少。在个别指导过程中，教师需要培育引领学员通过自主探究解决现实问题的意识以及克服困难的精神。三是个体自学过程中的文化培育。乡村社区教育组织除开展教育教学活动外，还需为学员提供学习场所与材料等方面的服务。这需要组织在学习服务供给的过程中，坚持以人为本，服务至上的理念，把文化理念以其他载体的形式呈现于学习场所，让个体在学习过程体验学习的成就感与快乐。以此引领学员在闲暇之余都能主动到学习场所学习。

（四）问题解决引导法

文化更多代表的是理念与精神，在现实中要落到实处，形成自觉学习的文化习惯仍存在较大的困难。因此，在文化自觉尚未形成前需要通过实际问题的解决引导学员内化并吸收文化。如果乡村社区教育组织文化建设启动之初就以"虚"的文化理念为入手，可能文化建设则难以达到预期的实效。问题解决引导法之所以提出是基于这样的原因：乡村社区居民当下重要的难题是经济收益、健康与子女教育等问题，对其他精神层面的关注不够高。文化本身不能直接解决现实问题，只能在问题解决过程中起着助推作用。在此意义上，文化的培育要以居民面临的现实问题的解决入手，逐步引导其养成文化的自觉。

具体而言，问题解决引导法主要包括三个基本环节。一是重视乡村社区现实问题的挖掘，按照轻重缓急对所发现的问题进行排序，并析出与社区教育关联度较大的问题。二是根据筛选的问题，从社区教育的视角制定切实可行的问题解决方案，并引导相关学员共同实施此方案。这里需要强调的是问题解决方案的制定与实施必须要有学员的参与，充分发挥学员在问题解决过程中的主体作用。这有助于培养学员的问题解决能力。三是问题解决后需要参与学员谈谈自己的体验与感想，总结收获与不足。这不仅有助于提升学员分析问题与解决问题的能力，同时对引导其他学员积极主动地参与问题解决也有帮助。

总而言之，关于文化培育的讨论我们重点讨论了四种问题解决方法，在实际运用过程中，培育的方法要与载体建设有机结合起来，重视学员对文化的体验，这样文化才能真正内化为学员所有。乡村社区教育组织文化建设是个系统工程，每种单独的方法能起到的作用毕竟是有限的，因此需要结合组织的实际情况把多种方法综合起来使用，这样才能达到更好的效果。

第七章 乡村社区教育组织的冲突与管理

罗素认为,"我们的时代是个组织化的时代,时代的冲突是组织和组织间的冲突,不是各个人之间的冲突"①。人总是处于不同的组织中,冲突总是发生在我们的身边与我们自己的身上,它无处不在,人无法逃避也不能逃避冲突。"冲突是调节生活各个方面的一种重要的力量。"② 在积极意义上,冲突是人类群体和个体幸福生活的推动力;在消极意义上,冲突是破坏正常社会秩序的重要力量来源。

在传统的研究以及日常生活中,冲突是贬义词,预示着不祥与不好,意味着流血、牺牲,打架斗殴,聚众闹事,群体性事件。因此,它是管理者最不愿意听见的词语。事实上,这是对冲突内涵的窄化。在社会科学相关研究中,冲突本身属于中性词汇。犹如我们说的"吃饭",吃饭是中性词,但吃多了就出问题,吃少了也会出问题。因此对冲突的理解需要秉持着适度观,即适当的冲突是良性的冲突,过度的冲突则会成为破坏性冲突。乡村社区教育组织作为教育类组织,因其自身的开放性、地方性与社区导向性等特征,相对普通学校教育而言,其冲突较为常见。其中既包括积极的冲突,也包括消极的冲突。因此研究冲突有助于我们更加清晰地认识到乡村社区教育组织发生冲

---

① [美]罗素:《西方哲学简史(下卷)》,马元德译,商务印书馆1976年版,第188—189页。

② [英]戴维·布坎南、[美]安德杰·赫钦斯盖:《组织行为学》,闫长坡、何琳、闫甜等译,经济管理出版社2005年版,第794页。

突的主要领域以及发生的原因，以为乡村社区教育组织预防或处理冲突问题，建设优质的乡村社区教育组织提供更为有效的参照。

第一节 乡村社区教育组织冲突的含义

结构功能主义认为，组织是由各要素相互作用而构成，组织的整体功能大于其要素的功能，因此其对组织的研究更多是从积极的、正向的视角而言的。组织冲突理论从组织内部冲突的视角认为组织的演变并非仅仅是各功能要素的有机结合，而是认为组织发展的过程即组织冲突不断解决的过程。冲突理论并非指单个的理论，而是系列理论的集合。具有代表性的理论包括米尔斯的权力精英理论与无人身操作理论，科塞（Lewis A. Coser）的冲突功能理论，柯林斯（Randall Collins）的冲突与互动仪式理论，达伦道夫的权威关系理论等。尽管不同的冲突理论具有自己的观点，但它们也共享几个假设。一是冲突的根子深藏于每一个社会结构中；二是社会及其构成要素皆处于变化中，社会问题的解决需重视变化的影响因素；三是冲突属于社会结构固有的，但并非都能显现出来；四是冲突不可能从根本上消除；它只能暂时被压制、控制或被引导；五是冲突总是与强制联系在一起，可以说强制本身是在生产冲突；六是对社会的不适应，社会系统的失调、变化产生的消极影响以及社会结构因内部冲突导致的变化等系列问题唯有用冲突理论来处理。[①]

一 冲突理论的演变

问题是人类行动的逻辑起点，人类社会的发展过程可视为人类在生产生活过程中不断发现问题并解决问题的过程。问题本身与冲突之间存在密不可分的关系，问题可理解为冲突的结果。因此人类在关于冲突的研究中首先是从最明显的问题出发讨论问题产生背后的冲突，

---

① 于海：《西方社会思想史》，复旦大学出版社2010年版，第295—296页。

然后逐步深入探究冲突产生背后的深层次原因,从而更加理性地看待冲突。基于这样的思维逻辑,西方冲突理论主要经历了三个发展阶段,即传统的冲突观、人际关系冲突观与以问题解决办法为中心的冲突观。

(一) 传统的冲突观

传统冲突观产生于20世纪三四十年代,马克思、齐美尔与韦伯等人的学说是理解传统冲突观的基础,它将冲突视为健康社会的"病态",试图消除冲突。传统冲突观属于消极的冲突观,他们认为冲突的结果是有害的、破坏性的,冲突的程度与组织绩效之间表现为反比关系,即冲突的程度越高,则组织的绩效越低(见图11)。因此组织在运行过程中要尽可能避免冲突的发生。

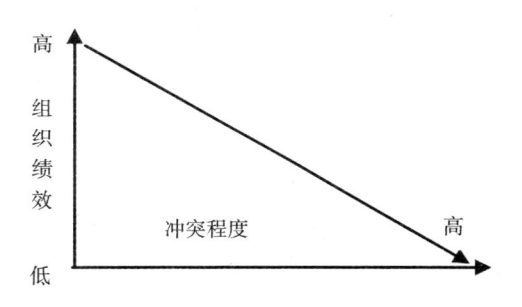

图11 冲突与绩效的关系

西方学者认为,传统的冲突观主要源于霍桑实验与工人工会的成立。霍桑实验的前提假设认为冲突是有害的,因此试图通过实验探究消除冲突,调动工人的积极性。传统冲突理论认为工人工会的成立事实上破坏了组织传统的平衡,增加了组织内部的冲突,这对于组织而言是有害的。

(二) 人际关系冲突观

人际关系冲突观是在对传统组织冲突观进行批判的基础上提出来的,其主要代表人物是科瑟尔(Lewis A. Coser)。他在《社会冲突的功能》（1956）中提出冲突主要包括正功能与负功能两种，而传统的组织冲突观只关注到组织冲突的负功能。"社会冲突远非单纯'分裂'的'消极因素'，它可以实现群体中及其他人际关系中许多确定的功能：例如，它会有助于保持团体的界限，防止成员退出团体。"①事实上除负功能以外，组织冲突在一定条件下有助于减少组织内部的对立，防止组织僵化，增强组织的社会适应性等功能。人际关系冲突观认为组织的冲突是与生俱来的，根本无法消除。秉持者假设在组织冲突的良性功能与恶性功能之间存在临界点，高水平的冲突是有害的，低水平的冲突是有益的。正如罗宾斯所言，"低水平的冲突有助于一个群体保持着旺盛的生命力、善于自我批评和不断推成出新"②。因此，在适当的情况下，组织内部需要鼓励冲突。

（三）以问题解决为中心的冲突观

尽管人际关系冲突观承认冲突的积极性，拓展了冲突研究的视野。然而，有研究发现即使认同冲突的积极性，可能冲突并未产生破坏性的后果，但只要冲突发生后，组织冲突各方及其延伸体之间的信任、凝聚力与合作程度都会相应地降低，因此不能鼓励冲突的发生。即使不鼓励发生冲突，但作为事实，冲突总是存在于社会中，也就是说我们无法逃避冲突。在此意义上，冲突的处理需要转变观念，即从问题解决的视角出发。既不回避冲突，也不鼓励冲突，而是从冲突建设性解决办法的视角讨论冲突。如罗宾斯所言，我们"可以通过聚焦于为解决冲突做准备、开发解决战略和促成开放式讨论而使冲突的负面效应最小化"③。事实上，以问题解决为中心的冲突观秉持这样的观点，冲突有破坏性也有积极性。就组织整体绩效的视角而言，冲突可能带来组织整体绩效的提升，同时也会造成组织能量的消耗。因此，不能鼓励冲突也不能不认可冲突，而是从冲突发生的源头上提前

---

① 于海：《西方社会思想史》，复旦大学出版社2010年版，第299页。
② ［美］罗宾斯：《组织行为学》，孙健敏等译，中国人民大学出版社2012年版，第387页。
③ 同上书，第388页。

预防、控制与调整,以此减少冲突带来的负面影响。

二 冲突的含义

乡村社区教育组织跨越社会学与教育学两个领域。在社会学意义上,乡村社区教育组织本身具有开放性,且服务对象主要为成人,可视为是乡村居民生产生活的一种形式。冲突的探究发端于社会学领域,因此从冲突的视角探究具有社会性特征的乡村社区教育组织本身具有可行性。在教育学意义上,乡村社区教育组织本身属于教育组织,具有教育性。冲突理论在教育领域的运用的相关研究已证实乡村社区教育组织冲突探究的可行性。例如冲突的相关理论已运用到学校文化冲突、师生关系冲突、教育观念的冲突等领域。基于社会学与教育学视角上的分析,本书认为探究乡村社区教育组织冲突是可行的,也是有必要的。

乡村社区教育组织冲突是什么,是探究乡村社区教育组织必须厘清的首要问题。基于前面关于冲突的讨论,本书认为乡村社区教育组织冲突的界定需要明确五个问题。一是乡村社区教育组织肯定存在冲突,既包括外部冲突也包括内部冲突。二是乡村社区教育组织冲突不是破坏性的冲突,而是属于轻微的程度偏低的冲突。三是乡村社区教育组织冲突必然会导致问题的产生,因此关于组织冲突的探究重点是从组织问题解决的视角出发,把问题作为冲突的可能结果进行探讨。四是冲突探究是以问题解决为导向,即希望通过冲突的解决提升乡村社区教育组织的运行效率。五是冲突本身可视为矛盾状态。在此意义上,乡村社区教育组织冲突指组织建立与发展过程中因组织需求、服务与被服务方、社区发展的需求之间存在的不协调或矛盾现象。它可能是显性的,也可能是隐性的。冲突的解决主要是通过外力的干预使得冲突的矛盾双方相互适应与协调,以提升乡村社区教育组织的运行效率。

第二节 乡村社区教育组织冲突的类型

分析冲突的原因与还原冲突产生的历程是冲突解决之必需环节，因此很多冲突研究者都对冲突原因进行过探讨。法兰克·范克莱从社会治理的视角认为冲突产生的原因包括"治理不力（如前所述）、贫困、缺乏法制、正义缺失、弱势群体被边缘化、不平等、腐败以及缺乏基本的人权保障"①。齐美尔从个体思想的视角认为，组织冲突产生的原因主要包括"憎恨、妒忌、需求和欲望"②。组织学者也对冲突进行了相关探讨。例如，达夫特从组织群体冲突的视角认为，组织冲突的原因主要包括"目标的不相容、组织的分化、任务的相依以及资源的稀缺。组织关系中的这些特征当然是由环境、规模、技术、战略和目标等权变因素以及组织结构共同决定的"③。罗宾斯等人认为，冲突产生的原因主要包括沟通不畅，组织的规模、员工任务的专业化程度、管理权责的清晰度、薪酬体系、群体之间的依赖程度与个人的性格、情绪与价值观等。④ 乡村社区教育组织属于非完全意义上的利益性组织，因此组织内部因利益关系而发生冲突的可能性较小。结合乡村社区教育组织的实际，本书认为其冲突主要包括目标认知层面的冲突，资源供需冲突，学习观的冲突，组织活动设计的冲突与人际冲突五种类型。

一 基于目标设计的冲突

学习愿景或目标是学习的主要动力来源，因此对学习愿景与目标

---

① ［荷］法兰克·范克莱、［荷］安娜·玛丽亚·艾斯特维丝：《社会影响评价新趋势》，谢燕、杨云枫译，中国环境出版社2015年版，第238页。
② 转引自于海《西方社会思想史》，复旦大学出版社2010年版，第293页。
③ ［美］达夫特：《组织理论与设计》，王凤彬等译，清华大学出版社2011年版，第525页。
④ ［美］罗宾斯：《组织行为学》，孙健敏等译，中国人民大学出版社2012年版，第390页。

的规划与设计尤为重要。我国具有重视教育愿景与目标的传统，如"书中自有黄金屋，书中自有颜如玉"是古人对学习愿景最为直白的表达。彼得·圣吉在学习型组织的讨论中也强调了学习愿景与目标的重要性。因此，目标与愿景的冲突是学习型组织研究中不可回避的冲突类型。具体到乡村社区教育组织目标设计中，其冲突主要包括组织结构目标的冲突、硬件设施目标的冲突与教育主题类型目标的冲突。上述三类冲突主要通过国家、地方与具体组织在目标预设上的不一致呈现出来。

（一）结构目标的冲突

乡村社区教育组织是国家、地方与具体组织三者之间共同形成的结构网络，完善的相互协调的结构本身是乡村社区教育组织建设的目标。结构目标的冲突指在乡村社区教育组织目标建设的过程中，不同层面的主体因各自原因而导致的乡村社区教育组织结构框架预设之间存在的不协调现象。例如，国家提出要建立的乡村社区教育结构在地方层面被"缩水"，地方层面预设的结构在具体的乡村社区教育组织中难以落实。以我国乡村社区教育组织结构目标的现状为例，其冲突主要表现为国家制定的社区教学办学体系目标与地方实际的办学目标之间的冲突。2016年《教育部等九部门关于进一步推进社区教育发展的意见》明确规定"建立健全城乡一体的社区教育县（市、区）、乡镇（街道）、村（社区）三级办学网络。各省、市（地）可依托开放大学、广播电视大学、农业广播电视学校、职业院校以及社区科普学校等设立社区教育指导机构，统筹指导本区域社区教育工作的开展"。就现实而言，国家预设的社区教育结构体系在乡村并未有效地落实。一是部分地区完全未建三级社区教育办学网络。2018年，调查发现贵州省T市的十个县（区）竟然都没有建成国家提出的社区教育结构网络。二是三级结构体系变成两级结构体系，而把与村民最为贴近的村级社区教育组织忽略。如2018年笔者调查发现，贵州省的N县尽管成立了乡村社区教育组织县级领导小组与具体的组织建设实施办公室，但是乡村社区教育组织只延伸到乡镇（街道），村一级并未设置社区教育组织。三是三级办学网络不完善，2018年笔者调查发现四川省W县三级办学网络基本形成，但全县的323个村只有22个村建立了社区教育组织。

（二）教育主题目标的冲突

乡村社区教育组织教育主题目标的冲突指政策或理论上的乡村社区教育组织教育主题目标在现实中难以真正落实。一般而言，乡村社区教育组织的主题目标是从乡村全面治理与发展的视角而言，尽可能观照到乡村居民生产生活的方方面面。现实情况是很多基层的乡村社区教育组织在具体的实施过程中并未按照政策或理论上的乡村社区教育组织的教育主题目标设计具体的教育主题，在冲突的视角上，这可视为政策或理论上的教育主题目标与组织实际的教育主题目标之间在数量上存在的冲突。就当前乡村社区教育组织的教育主题而言，国家层面规定的主题包括"公民素养、诚信教育、人文艺术、科学技术、职业技能、早期教育、运动健身、养生保健、生活休闲"等。调查发现，多数乡村社区教育组织的教育主题主要放在职业技能学习与政策宣传上，而对其他主题很少关注，越是偏远的地方，这种情况越严重。

（三）设施设备目标的冲突

设施设备是教育教学活动有效开展的前提和基础，同时它也是教育组织正式化或正规化的主要标志。无论是实体的乡村社区教育组织还是虚拟的乡村社区教育组织都离不开设施设备，完善的设施设备是组织运行的基本保障。乡村社区教育组织可分为实体组织与虚拟组织两种类型。实体组织的设施设备主要包括教育教学场所及其配套设施，教育教学实践基地与教学用具等。虚拟的乡村社区教育组织主要包括互联网、移动终端设备与在线学习平台等。乡村社区教育组织设施设备目标主要指组织具备教育教学必需的设施设备的数量与种类，基于设施设备的冲突指乡村社区教育组织理论或政策上的设施设备目标与真实的乡村基层社区教育组织设施设备之间存在的不一致现象。具体而言，基于设施设备的目标冲突主要表现在两个方面。一是国家或学理层面的乡村社区教育组织设施设备目标在现实中不能完全落实,如在建设过程因资源有限而不能完全按照要求配备设施设备即为此类型。二是国家或学理层面的乡村社区教育组织建设的设施设备目标在现实中完全不能落实。如部分地方因财力与物力短缺或地方政府认识不够的原因,导致乡村社区教育组织仅仅只有挂牌而没有设施设备的现象即为此种类型。

二 基于资源供需的冲突

资源是乡村社区教育组织的生命线,离开资源讨论乡村社区教育组织形同空谈。乡村社区通常经济条件相对较差,很难有足够资源满足乡村社区教育组织建设的需求,这种现象在贫困乡村更为严重。与任何教育类型一样,乡村社区教育组织需要先期的资源供给,资源供给的满足程度直接决定乡村社区教育组织的实际效益。基于资源供需的冲突主要指乡村社区教育组织的资源需求与资源供给之间存在的矛盾,主要表现在经费资源供需冲突与学习资源供需冲突两个方面。

(一) 基于经费资源的供需冲突

经费是乡村社区教育组织建设所需的所有资源的基础,经费资源可以助推非经费资源的满足。当乡村社区教育组织发展所需的经费得不到满足时,冲突就会发生。就经费的来源而言,乡村社区教育组织经费的来源主要包括资助与自筹两种路径,两种路径在现实的乡村社区教育组织资源供给中相互补充与支持。本书主要从两种路径实施的视角分述乡村社区教育组织经费的供需冲突。

基于自筹资源的供需冲突是乡村社区自身难以筹集资源用于乡村社区教育组织建设而产生的冲突。此种冲突事实上是乡村社区教育组织与村民基于资源需求与供给的冲突。这种冲突产生的主要逻辑为:乡村社区教育组织发展需要资源,而村民无法提供能满足组织正常运行所需的资源,冲突便这样产生。例如,笔者2017年调查发现,2016年贵州省沿河土家族自治县的GH村部分村民自筹经费建立了具有社区教育性质的土家族民间音乐舞蹈传播室,但因缺乏稳定的经费来源只持续了两个月便停办。原因在于 GH 村本身属于国家重点帮扶的贫困村，组织建设的经费主要源于外出务工人员的筹集，而外出务工人员本身收入也不稳定且偏低，难以筹集更多的资源用于传播室的建设。在资源供需视角上，此案例可理解为村民的资源供给与社区教育组织的资源需求之间产生冲突导致民间音乐舞蹈传播室的消亡。

基于资助资源的供需冲突主要指社区外的相关机构无法稳定供给资源以满足乡村社区教育组织建设的需求而产生的冲突。这种冲突主要表现为：乡村社区教育组织发展需要经费的支持，而外界的经费支持难以满足其对经费的需求，从而产生的冲突属于基于资助资源供需的冲突。我国乡村社区教育组织本身属于民生类组织机构，在乡村经济本身发展滞后的情况下需要外界的国家财政支持主导的经费资源才能维持其运行，现实情况是乡村社区教育组织建设中获得的外界支持经费很少，导致其发展举步维艰。2015 年，笔者调查发现重庆市 B 区 E 镇，国家每年拨给每个乡（镇）的经费是 2 万元，每个村级成人学校分配下来就 2000—4000 元，这点微薄的经费很难惠及乡村社区教育组织。造成财政经费支持不稳定的原因主要在于国家的教育战略抉择。教育部作为乡村社区教育组织建设的主要倡导者，其本身无足够的财力支撑乡村社区教育组织的建设。

（二）基于学习资源的供需冲突

乡村社区居民的需求包括经济、政治、文化、健康、环境与教育等各方面需求，需求的多样性与复杂性导致乡村社区教育组织难以获得稳定的且与之对应的资源支持。资源不稳定与资源支持不对应都会造成资源的浪费。这里主要讨论资源支持与需求的不对应导致的资源浪费现象，分别表现为图书资源和电子学习资源与居民真实需求不对应导致的冲突。

图书资源难以满足居民学习的需求。图书资源只有满足居民的实际生产生活需求其价值才能发挥出来，否则图书配置形同虚设。现实中农家书屋属于乡村社区教育组织的构成要素，并且农家书屋在大部分乡村都已配备，因此这里主要以农家书屋的图书资源为例分析图书资源与居民的真实需求不对应的实况。按照原国家新闻出版总署的规定，农家书屋的实用图书藏量不少于 1500 册，品种不少于 1200 种，报刊不少于 20 种。农家书屋在建设过程中为达到验收标准，很多是一次性投放图书后再也没有更新图书，因此即使图书投放之初满足了居民的实际需求，但图书资源的老化事实上体现出图书资源随着社会的发展与居民的实际需求已不对应。如对贵州省黔西南布依族、苗族自治州的国家级贫困县——册亨县、晴隆县、兴仁县等调查发现，"有五个'农家书屋'的藏书自'农家书屋'建成以来，一直没有得到补充；各'农家书屋'的书'农'味不'浓'，供需脱钩"。导致部分农家书屋近 20 年以来"几乎没有读者（村民）去看过书、借过书，文献资源的利用率几乎为零"[1]。

  电子资源难以满足居民学习的需求。与纸质图书资源相比，电子资源的优势在于成本相对偏低，在互联网有保障的情况下其使用更加便利。电子资源满足乡村居民学习需求时学习效率则高，反之则偏低。乡村社区教育组织的电子资源主要包括光盘与视频两种形式，其与居民真实需求之间的冲突主要表现在两个方面。首先，电子资源载体与居民学习需求不对应。其主要表现为乡村社区教育组织已有的电子资源载体（光盘）难以满足互联网普及时代居民的学习需求。调查发现乡村社区教育组织的电子资源主要是光盘，光盘通常需要把居民集中起来才能学习。然而，当前的乡村基本已普及无线网络与智能手机，以光盘作为资源载体的优势事实上已被网络视频超越，因此以光盘为载体的学习资源已不再是乡村社区教育组织最优的资源。其次，电子资源的内容与居民的真实需求不对应。其主要指光盘所承载的内容已难以满足乡村社区居民学习的需求。一是就光盘内容的类别而言，乡村社区教育组织的光盘以党员教育居多，针对居民生产生活常识的内容偏少。在仅有的关涉乡村居民生产生活的光盘中，主要集

---

[1] 姚朝进：《西部贫困地区"农家书屋"现状的调查与思考——以黔西南州为例》，《兴义民族师范学院学报》2018 年第 2 期。

中在农作物种植与家禽家畜养殖内容上，关于生活的内容很少。二是就光盘内容的时间性而言，其中多为组织成立之初获赠的光盘，与乡村振兴与精准扶贫背景下农村发展的新产业相结合的光盘很少。

三 基于学习观的冲突

基于学习观的冲突主要指学习相关者之间所持学习观点之间的冲突，主要表现在能否学习、是否有必要学习以及学习什么内容三个方面的冲突。

首先，就能否学习而言，其冲突主要表现为乡村社区教育组织与教师认为村民有学习的能力，但村民认为自己无学习能力而产生的观念上的冲突。乡村社区教育组织的管理者与教师属于组织人员，理论上他们所持的观点是村民能学习，否则乡村社区教育的实施根本没有必要。部分村民可能持有与组织人员相反的观点，认为学习是未成年人的事，自己年纪大已无学习能力，并且年纪越大的村民越持这样的观点。究其原因，源于村民两个方面的认识误区。一是村民在潜意识里把成人学习与青少年学习等同起来，认为学习就是读书与做题。二是村民自己学生时代在学习上的失败经验可能导致其认为自己无学习能力。

其次，就是否有必要学习而言，其冲突主要表现为乡村社区教育的管理者与教师认为村民有学习的必要，但村民则认为自己没有必要参加学习，导致部分村民不支持乡村社区教育组织的活动。具体表现在两个方面。一是部分村民认为学习不是自己的事，自己的任务是挣钱养家，没有闲暇时间与闲钱用于学习。二是缺乏自觉学习的动力，甚至认为"你"请我学习那么你得付我工钱，否则我不参与学习。2017年，笔者在贵州省沿河土家族自治县调查发现，SH村举办贫困居民农业技术培训班，主办方为地方政府，承办方为深圳某农业技术开发有限公司。村干部深入贫困户家中要求具有劳动能力的居民都参与培训但基本无人响应。原因在于贫困村民认为培训无助于其脱贫，而且担心培训后如果就算脱贫，那么自己贫困户的"优势"将荡然无存。事实上，这就是两者之间在学习观上的冲突。当然后来政府按每人每天50元的标准发放误工补贴，绝大部分贫困居民争先恐后地报名参与培训。2017年课题组在四川省双流县调查发现，学校为吸引学员参与农业产业化相关技术培训，甚至已把每天的"误工"补贴涨到100元。

最后，就学习内容而言，其冲突主要表现在两个方面。一是国家规定的社区教育内容与社区教育组织提供的实际内容在数量上的冲突。例如理想状态是乡村社区教育组织的教育内容应包括"公民素养、诚信教育、人文艺术、科学技术、职业技能、早期教育、运动健身、养生保健、生活休闲"等模块。现实情况是乡村成人学习的主题主要包括职业技能与公民素养，而对其他内容的关注很少。二是村民的真实需求与社区教育组织提供的内容存在冲突。即社区教育组织认为村民应学习某些内容，而村民则认为自己不需要学习该类内容，结果是村民都不愿意参与学习。现实中，乡村社区教育组织开展较多的活动是公民素养与诚信教育等易于采用课堂讲授与看视频的形式来实施的内容，事实上村民对此类学习内容的需求很少，因此村民都不愿意参与学习。其结果是部分乡村社区学校为完成任务而以党员教育替代针对全体村民的社区教育活动。

四 基于活动组织的冲突

乡村社区教育组织的服务对象为全体村民，成人村民多数需承担生产、工作与照顾家庭的任务。业余学习是其最能接受的学习方式，因业余学习不仅能保证其原有的生活节奏与水平不被破坏，同时还能通过学习解决生产生活中的现实问题，提升生产生活质量。随着经济社会的发展，村民从事的职业呈现多样化趋势，相对农业社会而言，村民的业余时间很难统一。乡村村民的居住较为分散，并且老人也较多。理论上社区教育要为全体村民服务，但现实问题是分散的居住地与众多的老人难以集中起来。上述的两种情况导致乡村社区教育活动在组织过程中产生三个方面的冲突。

一是基于学习时间安排的冲突。学习时间安排上的冲突指乡村社区教育活动的安排难以满足需要学习的所有村民而产生的冲突。对于更多村民而言，社区教育组织的学习活动只能是其生产生活的补充，而非"刚需"。其主要任务是生产生活与照顾家庭成员，如时间安排上破坏其原有的生产生活状态，他们可能不会参与到学习活动中。例如，2017年笔者在重庆市Y县某地调查发现，成人学校于2016年7月组织法制知识进村讲座，到场的人基本都是无劳动能力的人，因这期间村民都在忙着收玉米，根本没时间参与学习。

二是基于学习地点的冲突。基于学习地点的冲突主要指村民的居住地与学习地之间的距离偏远而产生的冲突。通常每村可能只建设一所社区学校，但村的覆盖面大从而使得部分学员的学习路程偏远，导致其不能按时参加学习活动。例如在以山区为主要特征的西部乡村，部分村的方圆直径达5千米，加上道路崎岖以及沟壑峡谷，一次学习可能来回步行的实际路程达10千米。尽管近年来国家在西部乡村推行了生态移民政策，但以上的情况仍旧存在。

三是基于经济付出的冲突。学习需要经济的支撑，当学习者无法或不愿意承担因学习产生的经济支出时，冲突便产生，同时村民可能不参与学习。尤其是当村民认为学习不是其必须的任务时，这种经济上的冲突更为明显。2017年，笔者调查发现四川省W县的TP村社区学校的每次活动都要发放20元的生活与交通补助，即使党员学习活动也不例外，如果学校不补助，党员与村民都不会来参加学习。

五 基于相互信任的冲突

美国心理学家莫顿·多伊奇（Deutsch）提出的现代管理理论认为信任有助于提高组织绩效，降低组织运行成本以及减少对未来的不确定性。[①] 尽管这是从企业的视角而言的，但其同样适用于分析乡村社区教育组织。在此意义上，乡村社区教育组织的人际冲突事实上即

---

① 鲁耀斌、周涛：《电子商务信任》，华中科技大学出版社2007年版，第4页。

信任冲突。简言之,基于信任冲突的核心思想是:如果组织成员之间、居民与组织之间相互信任,组织的运行效果可能好,反之则差。具体而言,乡村社区教育组织基于信任的冲突主要表现在四个方面。

一是学员对组织的不信任。很多贫困的乡村,因早年地方政府在收公粮与推行计划生育的过程中产生很多矛盾,导致政府的公信力下降。尽管近年来通过政府的努力已逐步赢回了信任,但部分曾经认为"受害"的村民仍心存芥蒂,对政府的很多工作抱有抵触情绪。乡村社区教育组织的主办者是政府,因此部分村民会把对政府的信任迁移到乡村社区教育组织上,甚至认为可能是"陷阱"而不参加乡村社区教育组织活动。这种情况在地方政府曾经工作方式粗暴的地方比较明显。

二是学员对组织者的不信任。乡村社区教育组织的管理者在现实中主要以村干部为主,理论上而言,村干部是乡村社区教育组织的引领者,应该是乡村的精英人物。现实中乡村真正的精英基本都外出谋业,即使留在乡村的个别精英可能也不愿参与乡村社区教育的组织与管理。因此,多数乡村社区教育组织的引领者为次级精英,甚至部分原属地方的"恶霸"。因前期的不良印象导致村民对其不信任,甚至怀疑其可能属于欺诈行为,结果是村民不愿意参与组织的活动。

三是学员之间的不信任。乡村社区教育组织隶属于乡村社区,因此社区居民之间通常包括邻里关系、同学关系,甚至亲属关系。在生产生活中可能存在各种矛盾与冲突,从而导致村民之间产生各种不信任,甚至是仇恨。其对社区教育组织活动的影响可能是当其中一方参与的时候另一方则不会参与。笔者在2018年的调查中发现,贵州省沿河县的SW村A组村民很多年以来在当地都是飞扬跋扈,欺压他者,其他组对其都是敬而远之,因此只要A组村民参与的教育活动,其他组的村民都不乐意参加。

四是教师与学员的不信任。教师与学员的冲突在乡村社区教育组织中相对较少,其主要表现为教师内心深处不信任学员,学员也认为教师的水平差,从而导致学习过程中教师敷衍了事,学员也消极应对的现象。乡村社区教育组织的学员主要是成人。其优势在于具有较为丰富的生产生活经验,清楚自己需要学习什么;其弱点是容易坚信并固守自己的前期经验,从而不愿改变自己。当教师组织的活动无法满足学员的需求,消极应对的现象则发生。反过来这也会影响教师的工作情绪与态度。

第三节　乡村社区教育组织冲突的管理

冲突可以分为不同的程度,适度的冲突能为组织提供发展与变革的动力,过度的冲突可能会破坏组织的结构,影响组织的发展。以冲突的程度为划分依据,乡村社区教育组织的冲突在适度与过度之间存在临界点。临界点以下的冲突是良性的,临界点以上的冲突则具有破坏性。破坏性冲突必然会影响组织的发展,这是组织冲突处理必须讨论的问题。良性冲突超出临界点就变为破坏性冲突,在此意义上,需要对乡村社区教育组织冲突进行适当的管理,预防破坏性冲突的发生或把其转化为良性冲突,同时提升良性冲突转化的效率。

一　冲突管理的理念

组织冲突管理的价值导向是乡村社区教育组织管理冲突问题的观念基础,即回答在乡村社区教育组织冲突管理的过程中,各方应具有什么样的价值导向,比如是逃避、消除、鼓励还是就具体冲突问题实现建设性转化。结合第三章关于乡村社区教育生态系统模型的讨论以及相关的组织冲突观,本书认为乡村社区教育组织冲突的管理需秉持生态系统平衡理论、冲突管理的建设性管理导向与螺旋递进观。

一是生态系统平衡理论。生态平衡本身属于生态学概念,1935年,英国植物学家谭斯利(A. G. Tansley)首次提出此概念,其主要观点为"在一定的时间内和相对稳定的条件下,生态系统各部分的结构与功能处于相互适应与协调的动态之中"①。生态平衡不是静态的平衡而是动态的平衡。它不仅包括乡村社区教育组织的资源供给与教育输出之间的平衡,也包括乡村社区教育组织的内部生态平衡。平衡分为发展式平衡与削足适履式的平衡。我们这里主要讨论发展式平衡。在生态学意义上,冲突可视为乡村社区教育组织的各构成要素间存在的不协调现象,从而导致组织的生态平衡遭到破坏。生态平衡的破坏不仅使得组织运行不畅,更为重要的是影响乡村社区教育组织的教育效果。因此,乡村社区教育组织冲突的处理需要秉持生态观,以实现组织运行的动态平衡。

二是冲突的建设性管理导向。在本章讨论冲突观的部分,我们主要呈现了三种冲突观,即传统冲突观,相互作用的冲突观与以问题解决为中心的冲突观。传统冲突观认为应该避免冲突发生,相互作用冲突观认为应该鼓励冲突,以问题解决为中心的冲突观认为"绝大多数组织中冲突很可能是不可避免的;而且,它更多地关注卓有成效的冲突解决办法"②。通过对上述三类观点的解读,我们认为冲突本身是无法消除的,因此需要辩证地、理性地看待组织的冲突。从建设的视角出发,把破坏性冲突转化为良性冲突,以此促进乡村社区教育组织的健康发展,而不能逃避、回避或单纯鼓励冲突。

三是冲突管理的螺旋递进观。乡村社区教育组织中的冲突总是无法回避,因此须客观面对,变消极为积极,以此推动乡村社区教育组织的良性发展。冲突管理过程是永久性的过程,社会系统不断向前发展,相应的冲突也会不断产生,在此意义上乡村社区教育组织冲突管理的过程即组织不断向前发展的过程。事实上,乡村社区教育组织中的某冲突总是在横向与纵向上与其他冲突之间产生各种联系。新的冲突可能包含旧冲突的遗留,旧冲突也可能孕育新冲突的发生。不同类型的冲突之间可能也存在相互包含甚至互为因果关系。这就要求在冲

---

① 吴鼎福、诸文蔚:《教育生态学》,江苏教育出版社1990年版,第177页。
② [美]罗宾斯:《组织行为学》,孙健敏等译,中国人民大学出版社2012年版,第388页。

突管理过程中秉持螺旋递进观,当下冲突的处理要有利于预防未来问题的发生,同时也要思考曾经冲突的根源以及某冲突与其他冲突之间的连带关系。这有助于组织冲突的全面处理。

二 冲突管理的类型

乡村社区教育组织本身处于社会生态系统中,在生态系统视角上其可分为外部循环系统与内部循环系统两种形式。外部循环系统中的冲突主要指乡村社区教育组织资源需求与资源供给之间的冲突,内部循环系统的冲突主要指组织内部各要素在组织建设与运行过程中产生的冲突。尽管两类冲突在现实中存在交叉现象,但为使论证更清晰,本书主要从外部冲突与内部冲突两个视角讨论冲突管理。

(一)组织外部冲突的管理

在生态系统视角上,乡村社区教育组织是社会生态系统的构成要素。社会生态系统对其提出相应的要求同时也给予其资源支持,组织则通过自己的运行"回报"社会生态系统。外部冲突则是在两个系统互动过程中产生的冲突,结合前文对冲突的分类,乡村社区教育组织与社会生态系统之间的冲突主要包括基于目标设计的冲突与基于资源的供需冲突两种类型。不同的冲突类型需要采用不同的管理方式以保证乡村社区教育组织与社会生态系统之间的平衡。

首先,乡村社区教育组织基于目标设计的冲突事实上即社会生态系统设计的预期目标与具体的组织目标之间存在的冲突。主要包括目标体系、教育主题数量与设施设备三个方面的冲突。管理的目的即在社会生态系统的预设目标与具体组织目标之间寻求动态的平衡。一是国家层面的目标、地方层面的目标与组织具体目标的制定需要结合实际。在三个层次的目标之间寻求共生点,或者说在国家目标与地方目标的共同指导下结合乡村社区及组织的实际情况设置合理的目标。二是在目标设计过程中不可能按照国家的宏观设计一蹴而就,而是结合乡村社区教育组织的实际有计划地分步设置目标,并且保证所设置的目标具有足够的条件保证其能实现,否则目标可能沦为空中楼阁。

其次，乡村社区教育组织基于资源供需的冲突主要是社会生态系统的资源供给与乡村社区教育组织资源需求之间存在的冲突。资源供给是组织目标得以实现的有效保障，但由于乡村社区遍布全国，可能社会生态系统对其资源的投入也是分步实施。尽管国家与地方财政难以提供足够的乡村社区教育资源，但具体实施过程中可优先提供与乡村社区居民生产生活实际密切相关的紧急的资源，接着供给不太紧急的资源。事实上，即使按照理想的资源设计配置给各乡村，可能也会造成资源的浪费。此外，在财政资源无法满足需求的地方，组织建设可充分调动社会与居民的积极性，采用多种形式筹集必需的资源。

（二）组织内部冲突管理

乡村社区教育组织内部冲突指发生在组织内部的冲突，主要包括基于学习观的冲突、基于学习活动安排的冲突与基于信任的冲突。三类冲突主要发生在组织的内部运行过程中，因此把其归为内部冲突。

基于学习观的冲突是内部冲突中对组织运行效率影响较大的冲突，其主要集中在对学习能力、学习必要性与学习内容三个方面的认识上。作为冲突的管理者，需要从思想上帮助村民认识到自己是能学习的，学习也是必要的以及学习内容的宏观设计框架本身也是科学的。一是需要让学员认识社区教育组织学习与普通学校学习在本质上的差别，前者是以生产生活实际问题解决为导向，后者是为个体的成长奠定基础。二是把学习观念的转变与实际问题有机联系起来，让问题解决的实效促成村民学习观念的转变。三是深入挖掘与村民实际生产生活情境类似的村民学习的真实案例，以案例引领村民学习观的改变。四是在基于学习内容认识的冲突管理上，把村民认为不重要的内容融于其认为重要的学习内容中，或者先学习其最为关心的学习内容，而后逐步过渡到其认为不太重要或不重要的内容上。

基于组织学习活动安排的冲突主要包括时间冲突、地点冲突、经费冲突与内容的冲突。基于时间与地点的冲突即要求在冲突管理过程中，要结合村民学习的实际需求安排合适的时间与地点，尽可能不影响居民正常的生产生活。在经费冲突的管理上，需要结合地方实际在保证学习效果的情况下尽可能减少居民的经费支出，甚至在必要时可以给予其适当的经费补助。在学习内容安排上遵循分轻重缓急的原则，从有助于解决村民最为紧迫的问题入手逐步过渡到不太紧迫的问题，以此引领村民参与到学习活动中。

基于信任的冲突主要指乡村社区教育组织学员之间、学员与组织者和管理者之间以及学员与教师之间三类冲突。基于信任的冲突主要包括前期迁移的冲突与新生冲突两种类型。前期迁移的冲突主要指在乡村社区教育组织尚未建立之前村民之间或村民与他者之间就存在着其他冲突，这种冲突被迁移到乡村社区教育组织中。此种冲突管理需要管理者做好冲突双方的思想工作，推动沟通与交流，以此提升相互之间的信任。新生冲突主要是冲突各方在学习活动中因未获得尊重或沟通不畅造成的冲突。它不仅影响冲突双方各自的情感与心绪，如果是管理者或教师的情感与心绪不好可能还会迁移到教育教学活动的组织与管理中，影响教育教学活动的实际效果。因此，冲突管理者要重视相互之间的学习与交流，培育组织成员学会管理自己的情绪，引导以开放包容的心态参与到学习活动中。

三　冲突管理的方法

冲突管理方法是乡村社区教育组织在冲突发生时根据实际情况，以组织的长远发展为目标，对冲突进行管理的方法。就现有的研究与实践而言，冲突管理方法更多是基于政治领域与经济领域的冲突管理方法。例如，马奇（J. G. March）认为组织处理冲突主要包括问题解决、说服、谈判与政治。① 理查德认为人际冲突的处理需要依靠对话。乡村社区教育组织的本质功能是育人，尽管它与政治、经济都有所关联，但其本质功能不同。因此，在冲突管理中不能完全套用政治领域与经济领域的冲突管理方法，而是需要结合乡村社区教育组织的实际

---

① ［美］马奇（J. G. March）、［美］西蒙（H. A. Simon）：《组织》，邵冲译，机械工业出版社2008年版，第116—117页。

情况，社会的治理理念，把冲突管理与治理的优点有机结合起来，这样冲突管理的方法才能更加有效。基于这样的思考，本书认为乡村社区教育组织冲突的管理方法主要包括如下三种。

（一）竞争与合作

竞争与合作是人类社会发展过程中永恒的主题，没有永远的竞争也没有永远的合作。竞争之后通常是合作，合作之后会产生新的竞争。在此意义上，可以说竞争与合作是推动人类社会发展必不可少的动力要素。乡村社区教育组织作为乡村社会发展的必需要素，其冲突的处理方式自然也包括竞争与合作。乡村社区教育组织冲突主要包括目标、资源、观念、活动组织与信任五个方面的冲突。追根溯源，五类冲突都可归为乡村社区教育组织的存在与其他组织之间在时空上的冲突或者说是时空上的不协调，合作则是冲突达到一定程度或经历一定时间后冲突各方相互之间的适应。在此意义上，竞争与合作可视为处理组织冲突的重要方法。

就乡村社区教育组织变迁的历史而言，可以说其繁荣与衰退的根源在于竞争力。在与经济的竞争中其屈从于经济，在与基础教育竞争中屈从于基础教育。因此在乡村社区教育组织运行过程中必须提倡合理的竞争，只有这样乡村社区教育组织才能在乡村社区立足并获得生存发展的空间，组织内部促进乡村社区教育组织向前发展的力量才能得以存续并激发出自己潜力与优势。例如，乡村社区教育组织需要资源，而资源本身不充裕，这就需要乡村社区教育组织积极参与竞争从社会系统中获取资源。又如，新旧学习观的冲突需要新的学习观积极发挥自己的优势，在与旧的学习观的冲突中胜过旧的学习观。只有这样，乡村社区教育组织的内在潜力才能激发出来。否则其在发展过程中势必因自身竞争力或者说生命力弱而遭遇淘汰。

长期的竞争可能会激化冲突各方的矛盾，把良性的竞争转化为恶性竞争，致使组织陷入危机中。在此意义上，乡村社区教育组织冲突的管理还需要合作。竞争是获取资源，这种资源可能是可见的也可能是存在于潜意识里无法描述的，合作的目的是资源共享，因此二者并不矛盾。在资源竞争过程中，当资源总量难以满足乡村社区教育组织发展的需求时，这就需要合作共享资源，否则竞争会产生恶性的结果。此外，乡村社区教育组织本身与乡村社区以及整个社会生态系统之间存在着千丝万缕的联系，它与其他社会子系统一样都是服务于人类发展的。因此，合作是乡村社区教育组织冲突处理永恒的方法。

具体而言，乡村社区教育组织冲突管理过程中竞争与合作的使用需要思考三个方面的问题。首先是在管理理念上要承认竞争与合作的存在的合理性质。即组织的管理者、组织成员与教师之间都需要承认组织冲突存在的合理性与合法性。把竞争与合作看作是理所当然的事情，这样竞争与合作才能有助于组织的发展。其次，组织管理者需要控制竞争与合作的领域与程度。即哪些冲突可以鼓励竞争，哪些冲突可以鼓励合作，同一类型的冲突在什么阶段应该鼓励竞争，在什么阶段应该鼓励合作，这都需要进行合理的调控。最后，竞争过程中重视方法的合理性，合作过程中也要控制合作的程度，并且把竞争与合作视为组织发展的永恒要素。

（二）妥协与自调

妥协与自调是冲突发生后，冲突相关者在冲突中因力量、忍受度与问题无法得到解决而采用的方法。妥协可视为是冲突双方或其中一方选择避让或放弃的态度，从而消解冲突的方法。自调即自我调适，指在冲突发生过程中冲突双方或某一方担心持续的冲突难以解决问题从而自我调整降低自己的要求以解决冲突的方法。妥协与自调在现实的冲突处理过程中难以剥离，妥协中有自调，自调中有妥协。妥协更多是态度，而自调更倾向于行动。

就现实而言，乡村社区教育组织建设过程中很多冲突是难以通过外界的管理而解决的，因此这就需要组织冲突的相关者作出自我妥协与调整，从而为组织发展提供积极的动力。这里主要从基于资源的冲突与基于学习观的冲突两个维度讨论乡村社区教育组织中冲突处理的妥协与自调。一是乡村社区教育组织建设中的资源短缺问题。乡村社区教育组织发展的前提和基础是资源的支持，包括人力、物力与财力资源的支持，而乡村社区自身很难提供充裕的资源以满足乡村社区教育组织发展的需求。在此情形下，乡村社区教育组织的责任主体需要寻求并筹集资源。资源的潜在供给方可能无法为所有的乡村提供足够的资源或者本身不太愿意提供资源，当此情况发生时冲突也就产生。乡村社区教育组织本身没有能力要求资源供给方强制提供资源，因此当资源供给主体或潜在的资源供给主体无法提供足够的资源时，乡村社区教育组织可以妥协并降低自身的资源要求，同时根据实际情况做出自我调适，努力解决自身面临的难题。二是乡村社区教育组织中学习观的冲突问题。学习观指乡村社区教育组织的利益相关者对村民是否需要学习与是否有能力学习的认识或所持的观点。作为社区教育的实施者，理论上他们通常认为成人是能学习的或是需要学习的，现实中最为严重的问题是多数村民通常认为自己不需要学习。这种冲突的直接结果是村民不愿意参与学习，从而致使乡村社区教育组织运行遭遇困难。教育效果本身需要以学员学习的积极性与主动性为保障，当村民抵触学习时，实施者只能采用教育的方法而不能采用行政手段强制其参与学习，否则只能增加村民对学习的抵制。当通过所有的手段都无法调动村民学习的主动性与积极性时，需要组织者与实施者对此做出妥协与调适策略，从最能调动村民学习积极性与主动性的内容入手，采用循序渐进的方式调动村民参与学习的积极性与主动性。

（三）包容与迁就

包容与迁就指当冲突发生后冲突双方需要秉持包容甚至是迁就的心态对待并处理冲突问题，从而使得冲突被化于无形之中。包容与迁就的前提是认同与理解，只有当认同与理解对方的处境或视角后，包容与迁就才能发生。乡村社区教育组织属于教育性组织机构，本身带有"拯救"功能，其前提假设是乡村社区离理想的社区之间仍存在差距，因此需要通过社区教育促进其发展，最终为乡村振兴服务。乡村振兴的前提假设为乡村的发展速度与我国整体发展水平之间仍存在差距，因此需要通过国家的政策调控来促进乡村振兴。在宏观与中观层面上，国家层面的需求、发达地区本身与乡村之间存在着经济、文化与教育等方面的差距，在冲突的视角上这种差距本身表现为冲突，原因在于国家与发达地区将承担着引领乡村发展的任务。在此意义上，冲突的解决需要国家或发达地区用开放与包容的心态积极地对待这种差距，同时作为后进的乡村，也需要以包容的心态理解国家与发达地区在此方面的立场。这样才能更好地合作以提升乡村自身的任务与发展水平。

在具体的乡村社区教育组织活动中，冲突主要表现为"我"要你学习，并且是认真学习，而"我"认为我不需要学习，也无法静心认真学习。这就需要组织者与学员之间采用开放与包容的心态积极地面对学习活动，以此提升学习的效果。首先，学习本身不是村民的主要任务，不是居民的刚性需求，它更多是起到锦上添花的效果。因此，活动组织者要明确组织村民学习的工作非常有难度，要非常有耐心地对待村民，通过说理疏导与以情感人的方式引导村民积极地参与到学习活动中。即使村民具有明显的"顶撞"行为，组织者也需要保持耐心，因为教育的根本目的在于感化而非驯化。其次，乡村社区成人居民作为成人，具有一定的自我认知能力，因此也需要考虑到组织者工作的难处，对不满意之处要与组织者沟通交流，采用正确的方式表达自己的学习诉求，只有这样冲突本身的积极性才能有效地发挥出来。

第八章　乡村社区教育组织的压力与变革

达尔文曾说过"最终存活下来的不是最强壮的物种，也不是最有智慧的物种，而是那些对环境变化做出最快反应的物种"[①]。物种在环境中总是面临环境变化的压力，物种为生存总会对环境做出反应，积极的、速度快的反应可能导致物种生存下来，消极的被动的反应可能使得物种逐渐被淘汰。同样的道理也适合于乡村社区教育组织的发展。我们从乡村社区教育组织变革的历程可知乡村社区教育组织总是面临外部环境的压力，所以才有在不同的历史阶段其职能、内容与组织形式等要素存在差异。这种差异性变化可视为组织自身为应对环境压力而做出的调适，这种调适行为即组织的变革行为。就组织压力与变革的关系而言，组织压力促进组织变革，组织变革同时给组织带来新的压力，组织正是在这种压力与变革的交替中得到更新与发展。

第一节　乡村社区教育组织的压力

乡村社区教育组织的压力是乡村社区教育组织变革的动力来源，关系到乡村社区教育组织的长效发展。因此我们在压力讨论部分必须厘清压力是什么？压力的来源以及压力会导致的后果。这样我们才能

[①] 转自[美]罗宾斯《组织行为学》，孙健敏等译，中国人民大学出版社2012年版，第502页。

更加有效地在此基础上讨论乡村社区教育组织的变革与发展。

一 压力的含义

乡村社区教育组织压力的核心词是压力，因此我们在讨论乡村社区教育组织压力含义的过程中首先需要清楚压力是什么，然后再讨论乡村社区教育组织压力是什么。这是本书讨论乡村社区教育组织压力与变革最为基础的工作。

（一）什么是压力

压力的概念最早可以追溯到 17 世纪的拉丁文含义，其被界定为"困苦、艰难、逆境或苦恼"①。随着社会的发展，压力的内涵被逐步扩大，十八、十九世纪，压力被拓展到心理学与物理学领域。在心理学视角上，压力被理解为过度紧张、压迫或强烈的作用。在物理学领域，压力被界定为物体对于外部压迫作用的抵抗力。随后社会科学家逐步把物理学领域的压力概念引入社会科学研究中。例如，1925 年美国学者坎农（Cannon）提出了社会科学意义上的压力，他认为"压力是个体对来自生活、工作和其他方面紧张性刺激的适应性反应"②。美国学者斯波克（Benjamin Spock）认为"压力是一种生理反应"③。这种刺激产生的反应诱发个体或群体生理或心理陷入不平衡状态。为应对这种不平衡状态，个体或群体会采取一定的措施对压力做出回应，这种回应即压力的结果。

现实生活中，处处充满着压力，不存在没有压力的生活，只存在压力大小的差异。比如，找不到理想的工作或找不到工作就会产生就业压力，不能升入理想学校的人则会有升学压力，工作不能按时完成或难以按时完成则产生工作压力。在此意义上，压力可视为个体内心的情感体验。这种体验可能源自个体自身，也可能源自个体以外。压

---

① ［英］萨瑟兰等：《战略压力管理：组织的方法》，徐海鸥译，经济管理出版社 2003 年版，第 83 页。
② 于斌：《组织行为学》，清华大学出版社 2013 年版，第 294 页。
③ ［美］斯波克：《斯波克育儿经》，南海出版公司 2013 年版，第 475 页。

力具有主体性，同样的事对于自己而言是压力，可能对于他者则不是压力。我们可以从需求难以得到满足与需求过分满足两个视角理解压力。就前者而言，压力指"个体面临自己重视和渴望的机遇、要求或资源，但对于自己是否能够获得或满足它却无法确定"[①] 而产生的内心体验。就后者而言，压力指个体面临过多的机遇、要求或资源，且自己难以取舍或逃避而产生的内心体验。主要伴随着焦虑、恐惧、紧张、狂躁、失眠等情感体验。

（二）乡村社区教育组织的压力

需求是我们分析乡村社区教育组织压力的核心词，参照 L. 利瓦伊的观点，需求正好得到满足则无压力，需求完全得到不满足产生负荷不足的压力，需求过分满足则产生负荷过重的压力。如果我们把乡村社区教育组织看作主体，同样其面临着负荷不足的压力与负荷过重的压力。负荷不足的压力主要指乡村社区教育组织面临陷入"无事可做"的闲置状态，闲置可能导致社会误认为乡村社区教育组织无存在价值。负荷过重可能导致组织自身难以有效完成任务，从而使得社会认为乡村社区教育组织效率低下。从压力的受体而言，乡村社区教育组织的压力主要包括组织的压力与组织利益相关者的压力，组织压力需要通过组织利益相关者的压力得以体现。基于上述的分析，我们认为乡村社区教育组织压力可理解为组织在服务乡村社区发展的过程中，因需求不足或过剩而产生的不良体验，主要通过组织的主建方或其他利益相关者的体验得以呈现。从功能主义视角上，乡村社区教育组织压力可以促进乡村社区教育组织的发展，也可能阻碍乡村社区教育组织的发展。

二 压力的类型

回顾乡村社区教育组织发展的历史，我们发现其发展与变化总是

[①] ［美］罗宾斯：《组织行为学》，孙健敏等译，中国人民大学出版社2012年版，第517页。

与乡村社会的变化存在着紧密联系。尽管其历尽各种风霜雨雪，但其仍旧不温不火，甚至有时表现为垂危之势。这种垂危之势在现实中主要表现为：乡村社区教育组织的相关人员总抱怨，上级党政机构要求乡村社区教育组织不仅要把硬件设施设备配备完善，也要求把村民组织起来多开展相关的社区教育活动，让社区教育组织真正能为乡村社区发展、国家的精准扶贫政策做贡献。理想很丰满，现实很骨感。现实中很多基层乡村社区教育组织不仅无钱配备设施设备，也请不到合适的老师，更为重要的是村民对学习不感兴趣。甚至有村民说你们要我们去培训，耽误我的时间，你们需要支付误工费、生活与交通补贴。这是西部乡村社区教育组织发展目前面临的真实困境，从压力的视角而言，这就是乡村社区教育组织发展面临的压力诱发责任人的心理体验。无论是经济偏好的城郊乡村还是偏远地区的乡村这种情况都较为常见。区别在于城郊的乡村居民对费用的补助标准要求较高，而偏远地区的居民对此要求偏低。

面对如此普遍之现象，乡村社区教育组织的研究有必要从组织自身发展的视角，结合乡村社区教育组织各利益相关者的内心体验，对压力进行分类。这有助于我们更加清晰地认识压力，并为缓解与减轻压力提供更有针对性的建议。从组织发展的视角而言，著名学者罗宾斯认为压力可分为挑战型压力与障碍型压力两大类。前者指"与工作负荷、工作任务的紧迫性或者时间的紧迫性有关的压力"，后者指"阻碍你达到目标的压力"。[①] 结合乡村社区教育组织的实际，我们同样从挑战型与阻碍型两个视角讨论乡村社区教育组织的压力类型。

（一）挑战型压力

挑战型压力是能激发乡村社区教育组织健康积极发展的压力。尽管完成任务的压力较大，但其能让人看到乡村社区教育组织的发展前景。因此，挑战型压力可视为乡村社区教育组织发展过程中最为重要

[①] ［美］罗宾斯：《组织行为学》，孙健敏等译，中国人民大学出版社2012年版，第517页。

的压力类型。就压力的源头而言,挑战型压力主要包括政策压力,设施设备压力,师资压力,课程与教学压力等。

1. 政策压力

尽管乡村社区教育组织是隶属于乡村自身并致力于乡村社区发展的组织机构,但就目前而言,它尚未在乡村社区真正扎根,成为乡村社区居民的必需品。因此,其发展仍处于外力助推阶段。乡村社区教育组织本身属于公益性组织,我国乡村范围较广,现有的 NGO 等公益性机构难以惠及所有乡村,因此乡村社区教育组织仍处于国家政策力量主导的状态。例如《教育部等九部门关于进一步推进社区教育发展的意见》(教职成〔2016〕4号)规定要建立健全社区教育网络;村(社区)教学站(点)为居民提供灵活便捷的教育服务。鼓励和引导社区居民自发组建形式多样的学习团队、活动小组等学习共同体,实现自我组织、自我教育、自我管理、自我服务,不断增强各类组织的凝聚力和创新力。这类政策的落实需要乡村社区教育组织的支持,同时政策也施予乡村社区教育组织的压力。

乡村社区教育组织作为落实国家乡村社区教育政策最基层的教育组织机构,国家乡村社区教育相关政策的落实需要依托它们的发展,反之其发展有助于国家相关政策的落实。在此意义上,乡村社区教育组织发展势必承受国家政策落实的压力。

2. 设施设备压力

设施设备是乡村社区教育组织的硬件,主要包括办公场所、教室、图书室、教育信息技术设施设备等,它是有形乡村社区教育组织最基础的构成要素。我国村级社区数量庞大,设施设备的配置存在很大的困难。调查发现,很多乡村都是 2014 年才基本完成独立的村支委办公楼建设,乡村社区教育组织如果要配备相对独立的办公场所、教室、图书室与信息技术设备困难会更大。就目前而言,乡村社区教育组织的设施设备独立的极少,而是主要采用挂靠的形式。一是挂靠在村支委,与村支委共用设施设备;二是挂靠在乡村学校。尽管两者的效果都不甚理想,但相比而言挂靠于村支委的乡村社区教育组织都开展过相应的社区教育活动，因为其直接管理权属于政府。挂靠在普通基础教育学校的乡村社区教育组织大部分流于形式，因为普通学校的工作重心是基础教育，并且很多直接管理普通学校的县级教育局没有设置管理乡村社区教育组织的职权部门。如我们在贵州省的部分中小学都能见到挂有"×××农民文化学校"的牌子，但通过访谈发现挂牌是"两基"验收时挂的，"两基"验收结束后从未开展过相关的农民教育活动。

尽管挂靠在村支委的乡村社区教育组织效果偏好，但毕竟村支委的设施设备并非专业的乡村社区教育组织设备，经常存在"凑合用"的实况。因此从专业的视角而言，乡村社区教育组织设施设备需要具有教育专业性。主要包括实体的物质设施设备与虚拟的网络资源与学习平台等。然而因我国乡村社区数量庞大，配备专业的乡村社区教育组织设施设备需要大量的经费。就目前的经济条件而言，社区教育组织的资源供给者难以提供足够的资源以满足组织设施设备购置的要求，从而给乡村社区教育组织带来发展的压力。

3. 师资压力

师资是乡村社区教育组织发展过程中必备的人力资源要素，从广义上看，师资主要包括管理人员与教师以及教辅人员三类。

管理人员主要包括组织内部管理者与组织外部管理者。内部管理者主要由村支委工作人员或普通基础教育学校成员兼任。乡村社区教育组织管理者属于其兼职工作，尤其是村支委成员通常其工资收入难以维持家庭的开销，当其承担乡村社区教育组织管理任务时，事实上身兼三职，即劳动维持家庭开销，担任村干部与社区教育组织管理工作。因此，他们通常难以全身心地投入社区教育组织的运行中，反之社区教育组织发展对内部管理人员的需求则会受到相应的影响，相应地乡村社区教育组织则会面临内部管理人员工作可能不力的压力。

外部管理人员主要包括业务指导机构管理人员与行政机构管理人员。业务指导机构的管理人员通常指乡镇社区学校与县级社区学院负责对组织进行业务指导和管理的人员，其存在价值在于从专业的视角为乡村社区教育组织的发展提供服务。业务指导人员的缺失势必为社区教育组织的发展造成专业支持不够的压力。行政机构管理人员指教育类行政机构中需要配备专门的社区教育管理人员，但现实中很多县仍未设置相关机构。如重庆市在市级与区（县）具有相对应的职业教育与成人教育处，职业教育与成人教育科负责乡村社区教育的实施。然而在西部部分省（区），只是教育厅建立有专门的职业教育与成人教育处，在县（区）级却缺乏对应的机构，使得乡村社区教育组织发展面临行政管理缺失的压力。

教师与教辅人员是乡村社区教育组织发展的技术动力。现实中教师尽管也能勉强依靠兼职教师维继，但是具有基本的乡村社区教育理论知识与实践经验的教师较为缺乏。至于教辅人员，目前乡村社区教育组织只有图书管理人员，但实际上图书管理员通常是由村支委的成员兼任。在理想层面，乡村社区教育组织需要建立在线学校（少量乡村已建立），这需要配备专业的教辅人员为村民提供学习服务，但现实中这样的教辅人员也很少见。总而言之，乡村社区教育组织目前仍面临着教师与教辅人员队伍建设的压力。

4. 课程与教学压力

课程与教学是乡村社区教育组织的知识与技术载体，是促使乡村社区教育组织不至于沦为"空壳"的关键因素。就目前而言，乡村社区教育组织的课程与教学仍不够科学合理，给乡村社区教育组织的全面发展带来压力。首先就课程而言，乡村社区教育组织的课程主要以技术类课程与政策类课程为主，至于休闲娱乐、健康保健与子女教育等不能带来直接经济效益的课程仍很少。甚至在部分乡村社区教育组织中，能带来直接经济效益的技术类课程都很少。乡村社区教育组织发展需要配备能为乡村社区全面发展有益的课程，目前的课程现状施予乡村社区教育组织课程建设的压力，在此意义上课程建设在将来很长时间内都会成为乡村社区教育组织的压力。

教学是教师与学生特殊的交往活动，它不仅需要教师的"教"，更为重要的是需要学员的"学"。我们可以这样理解，乡村社区教育组织的教学是整个乡村社区教育组织建设的最终落脚点，即通过教学对人的影响以实现组织服务社区乃至社会发展的目的。教师与学员的积极投入与参与是教学活动发生的重要保障，否则教学活动难以有效实施，相应的乡村社区教育组织最后也会形同虚设。现实中，乡村社区教育组织的发展面临着教学活动难以开展的压力，其主要表现为村民不愿意积极参与学习。主要原因包括三个方面。一是村民认为学习不是自己的任务或没有学习能力而不参与学习；二是村民认为学习不能解决其实际问题，因此不愿意参与；三是村民认为学习会耽误其参加劳动收益，因此不愿参与学习。村民缺学使得教学活动难以开展，从而使得乡村社区教育组织面临教学活动难以组织的压力。如果乡村社区教育组织发展解决了教学压力问题，组织可能得到更多的发展机遇。

（二）阻碍型压力

挑战型压力尽管在组织发展道路上会给组织带来阻碍，但乡村社区教育组织的主要利益相关者可以通过自己的努力克服障碍。如果给予其合理的引导与帮助，挑战性压力最终可能转化为组织前进的动力。阻碍型压力与挑战型压力不同的是阻碍型压力对乡村社区教育组织发展的阻碍更大，甚至不是乡村社区教育组织能通过自身努力解决的问题。结合乡村社区教育组织的实际，目前乡村社区教育组织发展的阻碍型压力主要指源自体制的压力。

乡村社区教育组织与普通学校的负责机构存在差异，普通学校有专门的责任机构——教育局负责管理，基本所有的教育资源都通过教育局分配到各所学校，从而增强各类资源使用的效率。乡村社区教育组织因其对象的教育需求较多且杂，涉及的相关责任部门很多，加上缺乏专门的责任机构，从而使得乡村社区教育组织的责任机构处于分散状态，难以有效地形成发展的合力。从乡村自身以外的机构而言，党政机构、事业与企业单位等很多都与乡村社区教育组织存在密不可分的关系，很多机构通常也深入乡村社区开展相应的社区教育活动，如卫生健康机构实施健康教育，环保机构实施的环保教育，司法机构实践的法律教育，农业部门开展的技术培训等。通常上述机构实施的社区教育都是各自为政，缺乏统一的规划与协调。乡村社区教育组织的"准"专业机构主要包括教育行政机构中的职业教育与成人教育处（科）、社区教育指导中心以及承担指导职能的县、乡（镇）级社区学院（学校）等，甚至还有在社区学校实施具体教育活动的人力资源和社会保障机构。就现实而言，职业教育与成人教育机构在很多县缺失，甚至很多厅级与市级相关的职业教育与成人教育机构在现实中只承担普通学校职业教育管理的职能。最为严重的问题是各类机构之间通常是各行其是，很难有机地沟通、协调与配合。这种管理体制上的问题给乡村社区教育组织的发展带来了极大的压力，不仅使得很多乡村社区教育组织的权责不分，也使乡村社区教育组织的发展难以成为有机的系统。

三　压力的后果

压力的后果主要指乡村社区教育组织应对压力过程中或应对压力后的状况，它总会在受体身上以各种形式表现出来。在压力状态下，不同的乡村社区教育组织会采取不同的应对措施，从而形成不同的组织类型。这种应对措施不仅包括积极的应对措施，同时也包括消极的应对措施。结合乡村社区教育组织建设的实际，在挑战型压力与阻碍型压力推动下，乡村社区教育组织主要表现为进取型、维持型与放任型三种类型。

（一）进取型组织

进取型乡村社区教育组织是乡村社区教育组织相关人员秉持着教育服务社区与智力促进社区发展的理念，在发展过程中不断克服困难，满足社区发展对教育的需求并引领社区向积极、健康方向发展的组织。它是理想的乡村教育组织形态，它能充分调动组织各利益相关者参与组织建设的积极性。进取型乡村社区教育组织主要包括四个方面的特征。一是乡村社区教育组织学员从根本上认识到学习的重要性，学习已成为其生产生活中不可或缺的重要构成要素。二是乡村社区教育组织管理者与服务者具有积极的乡村社区发展情怀与乡村教育情怀，能真正为组织发展不遗余力。三是乡村社区教育组织的教师具有较强的运用先进理念与技术服务乡村社区教育的情怀，并自觉地开展乡村社区教育研究，开发适合乡村社区发展的课程，探索适合乡村居民学习的方式方法。四是居民、管理者与服务者、教师相互主动沟通、协调，形成乡村社区教育发展的合力。同时各利益相关者还须积极、主动地提供或寻求社区教育实施所需的资源。

调查发现，进取型乡村社区教育组织仍不多见，主要表现为两种形式。一种是民间自发的组织。例如，2018年笔者调查发现，贵州省沿河土家族自治县的GH村有过这样的组织。2015年，文姓村民免费提供房屋，部分青年人捐钱建立土家民间文化传播室，它属于传统的歌谣、舞蹈与民间故事的传承与教育场所，老年村民响应比较积极，但该组织因功能过于单一，并于2017年停办。尽管它达不到我们所言的进取型的标准，但是它的产生源于民间自发的推动，代表了部分村民学习的心声。另一种是政府推动的组织。如2013年笔者调查发现，重庆市BN区的TP村乡村社区教育组织，其主要以雪梨种植技术传授为主，通过给村民带来实质的经济利益，组织的各利益相关者都积极参与到学习过程中。在其中学员获得了经济利益，学校有效完成了任务，资源投入方的资源投入获得了成效，因此组织成员的积极性较高。但随着雪梨技术教育高峰期的降温，组织的进取性也逐步下降。

（二）维持型组织

维持型组织指乡村社区教育组织在发展过程中，在压力的状态下组织的利益相关者抱着维持现状的态度而经营的组织类型。维持型组织主要表现为三个方面的特征。一是组织成员不愿意主动积极地争取资源，而是抱着给我何种资源就做何种事情的态度。二是组织成员完全按照相关责任机构的要求完成基本的工作任务。如管理机构要求一个月至少一次技术培训，组织则开展一次技术培训。三是组织成员间的协作程度偏低。管理者、学员与教师之间相互沟通，提高实质性工作效率的情况很少。成员间的关系主要表现为被动的接受或服从关系。

维持型组织通常存在于县级政府要求较为严格的地方，各利益相关者未完全认识到乡村社区教育组织的价值，而是抱着完成政府主导的责任机构规定任务的心态经营组织。例如，笔者于 2017 年在贵州省 MT 县调查发现，YL 村社区学校每月举行一次农民培训，事实上这一次培训是县级政府的基本要求。在国家脱贫攻坚政策的压力下，很多乡村社区教育学校基本都处于维持现状的状态。正如 MT 县 YL 村驻村书记所言，从理论上乡村社区教育学校有助于长效脱贫，但是就目前而言，它更是流于形式，充其量在乡村社区发展中起到锦上添花的效果。尽管该观点不一定完全正确，至少代表了部分乡村社区教育组织责任者维持组织现状的心态，也在某种程度上反映了乡村社区教育组织在当前乡村经济社会发展中的弱势地位。

（三）放任型组织

放任型乡村社区教育组织指组织的各利益相关者在发展过程中不主动、刻意回避甚至拒绝参与乡村社区教育组织发展活动的组织类型。放任型乡村社区教育组织是当前乡村最为常见的组织类型。放任型组织主要包括四个特征。一是乡村居民不相信乡村社区教育组织能给其带来生产生活方面的益处，因此不愿意参与到乡村社区教育组织中。二是组织管理者与教辅人员不愿意发自心底地为组织发展做贡献，而是抱着"我尽到告知责任，学员不来学习与我无关"的态度治理组织。三是教师抱着反正学员都不愿意学习的态度，在教学过程中敷衍了事。四是乡村社区教育组织缺乏基础性资源，各利益相关者不愿意主动寻求资源，甚至资源投入方也不愿意投入资源。其结果是乡村社区教育组织完全处于自主与自发状态，难以为乡村社区教育的发展提供服务支持。

现实中的放任型组织主要包括两种类型。一是有名无实的乡村社区教育组织。该类组织通常挂靠在普通中小学，地方政府并未投入专用的社区教育资源，因此通常只有看到标识牌才知道原来某学校也属于社区教育学校。例如 2015 年笔者调查发现，贵阳市 B 区的 DE 小学就有此牌子,小学校长兼任社区学校校长,访谈得知该校除召开家长会以外,从未组织过社区教育活动。二是有名略有实的社区学校。该类社区学校有标识牌,但只有在上级政府强制要求的时候才组织社区教育活动。例如笔者于2019年调查发现,贵州省沿河土家族自治县SW村社区学校挂靠在小学,自2006年"两基"验收后从未组织过相关活动,直至2018年6月地方政府要求该村进行智力脱贫,因此深圳某公司派教师在社区学校举行了为期十五天的纯脱贫理念与政策培训。

总体而言,进取型组织是最为理想的乡村社区教育组织类型,是对乡村社区教育组织发展的压力进行的积极回应,组织发展的压力转化为发展的动力。维持型乡村社区教育组织与放任型乡村社区教育组织是对组织压力消极应对的结果。对于前者而言,应对措施相对积极,后者则是完全消极应对。维持型乡村社区教育组织缺乏发展的动力,他们可能未体验社区教育组织发展的压力,或者也可能是因为在压力下未找到有效的应对措施而不去进取。放任型乡村社区教育组织由于缺少来自外界的资助,加上基层的直接利益相关者可能尚未意识到组织的重要性,因此各利益相关者在发展过程中可能抱着不思进取、无所谓的态度对待乡村社区教育组织。我们这里讨论的是已有乡村社区教育组织的发展,因地方政府未意识到乡村社区教育组织的重要性或地方政府无力发展乡村社区教育组织,现实中很多乡村连空壳的乡村社区教育组织机构都未设置。

第二节 乡村社区教育组织的变革

"未来环境唯一不变的就是变,任何组织都存在生命周期,组织只有不断变革才能摆脱衰退和死亡的命运。"[1] 乡村社区教育组织作

---

[1] 马作宽:《组织变革》,中国经济出版社2009年版,第2页。

为教育组织，在外界环境的压力下同样需要不断变革，只有不断变革，才能应对社会变化的需求，组织才能保持持久的生命力。我们在关于乡村社区教育组织变革的历史梳理中已说明，乡村社区教育组织不断变迁的历程即乡村社区教育组织不断应对外在环境变化的过程。从压力的视角而言，乡村社区教育组织总是面临着发展的压力，组织只有主动、积极地变革，才能顶住压力，保持旺盛的生命力。

一 变革的动力

乡村社区教育组织本身处于宏大的生态系统中，社会任何变化都将或多或少地施予组织一定的影响，这种影响事实上可视为压力，要求组织对此做出应对，否则组织将会在发展过程中遭遇崩溃的危险。在此意义上，我们可以理解为组织发展的压力在积极视角上即为组织变革的动力。结合乡村社区教育组织变革的实际，我们认为乡村社区教育组织变革的动力主要包括外部动力与内部动力。

（一）外部动力

本书第三章我们在讨论中已陈述，乡村社区教育组织处于生态系统中，生态环境总是在不断变化，这种变化从积极的视角上看即是组织发展的动力。组织的外部动力可以分为潜在动力与显在动力两种形式。

1. 潜在动力

潜在动力主要指其从环境变化的视角给乡村社区教育组织发展提出的要求，乡村社区教育组织如果积极应对则可以适应社会发展的需要。潜在动力原本可能与乡村社区教育组织无本质性的关系，它源于组织生存的大环境。因组织发展需要从外部环境中获取资源，同时组织的成果最终也是服务于外部环境的变化，因此环境的变化事实上提供了乡村社区教育组织变革的潜在动力。乡村社区教育组织的发展需要主动积极地应对环境的变化，挖掘其潜在的动力，只有这样我们才能预防后视偏见的出现。结合乡村社区教育组织发展的实际，乡村社区教育组织变革的潜在动力主要包括经济、政治、文化、技术发展四个方面的动力。

经济是乡村发展的基础，也是乡村社区教育组织发展的基础。尽管在"打工"经济的支撑下乡村经济发展势头较为良好，但当前的经济发展正在从传统的粗放式发展向内涵式发展转变，经济发展对知识与技术以及人口综合素质的要求越来越高。促进乡村经济发展是乡村社区教育组织的任务之一，为有效地完成乡村社区教育组织促进乡村经济发展的使命，组织必须积极应对经济环境变化的需要。在此意义上，可以理解为经济发展方式的转变为乡村社区教育组织发展提供了变革的动力。

政治是乡村社区教育组织发展的保障，它能强化乡村社区教育组织的政治合法性。当前与乡村政治相关的是乡村政治正在从传统的自上而下的管理模式向强调村民积极主动参与的治理模式转变。治理模式转变的前提是治理理念、意识与治理知识和技术的习得，乡村社区教育组织具有通过教育推动治理模式变革的职责。如果其履行该职责，其在乡村社区存在的合法性将得到更为有效的认可，其发展机遇越大。因此，我们可理解为政治要求是乡村社区教育组织变革的动力。

文化是乡村社会的灵魂。不同的生态环境孕育了不同的文化，因此不同的乡村文化具有自己的个性特征。近年来，国家提出了文化强国政策，为保持中华民族文化的活力，国家要求保护、传承与创新少数民族文化，同时文化保护也与旅游开发有机结合起来。乡村社区教育组织本身具有文化传承与创新功能，因此相关文化政策在本质上为乡村社区教育组织发展提供了发展的机遇。从动力视角而言，这也是为乡村社区教育组织发展提供了潜在的发展动力。

经济社会变迁的过程可视为技术不断变迁的过程，每次经济社会飞跃发展的背后总伴随着技术的更新。从原始的采集技术、渔猎技术到农耕技术，再到工业革命，到信息技术革命，每次变革总伴随着生产与生活方式的转变。就当前而言，信息技术、人工智能正在引领人类的生产生活，它使得人类生产生活方式越发便捷化。乡村社区教育组织在此环境中也不能独善其身，其教育理念、内容、方式与方法无不打上现代技术的烙印。信息技术与人工智能等技术在影响乡村社区教育组织的同时也在推动乡村社区教育组织向前发展。

2. 显在动力

潜在动力总是以环境影响的形式为乡村社区教育组织发展提供推动力，组织借此力量则会发展得更好，反之可能会逐步消亡。显在动力指乡村社区教育组织发展的直接推动力。可以这样理解，显在动力即明确要求乡村社区教育组织必须做什么的强制力。它主要包括法律、条例与行政性文件等类型。

《中华人民共和国教育法》（2015）规定"各级人民政府、有关行政部门和行业组织以及企业事业组织应当采取措施，发展并保障公民接受职业学校教育或者各种形式的职业培训。国家鼓励发展多种形式的继续教育，使公民接受适当形式的政治、经济、文化、科学、技术、业务等方面的教育，促进不同类型学习成果的互认和衔接，推动全民终身学习"。尽管从"应当"与"鼓励"可知乡村社区教育在法律上的强制力仍不够，但至少为乡村社区教育组织发展提供了法律依据与发展的基本动力。

行政性文件与法律条文的差别在于前者具有时代性与发展性，后者具有原则性与基础性。因此，乡村社区教育组织的发展不仅需要法律条文的支撑，同时也需要具体的行政性文件。行政性文件比法律条文更具操作性，如《教育部等九部门关于进一步推进社区教育发展的意见》（教职成〔2016〕4号），其中关于社区教育的规定比《中华人民共和国教育法》（2015）更具指导性。行政性文件对乡村社区教育组织的明确要求是其发展的显在动力，如果不在限期内完成，相关责任部门的工作绩效评估将会受到影响。

（二）内部动力

外部动力是从组织以外给组织施加的推动力，外部动力作用的有效发挥需要内部动力的支撑。因此，外部动力需要转化为内部动力，这样组织才能获得长效发展并永葆生机。借鉴梁漱溟先生关于乡农学校的观点，乡村社区教育组织也是注重新知识学习、注重社会改进问题的组织。在此意义上，乡村居民求知识与求社会改进是乡村社区教育组织发展的内部动力。它不是外界对乡村社区教育组织的要求，而是组织居民自身对教育改进乡村生产生活的需求。

乡村居民都具有追求美好生活的动力。尽管现实中部分村民尚未认识到乡村社区教育组织的价值，但其对美好生活的追求毋庸置疑，说明他们仍具有追求美好生活的动力。具体而言，当前乡村社区居民对美好生活的追求总体包括五个方面，即收入高、环境美、身体健、内心实、互帮助。乡村社区教育组织内部动力的激发需要紧扣居民当前的实际需求，把教育组织的工作与对美好生活的追求有机结合起来，这样才能促动居民认识组织发展与其自身生产生活的密切联系。居民才能积极地投入乡村社区教育组织建设中。

二 变革的阻力

组织一旦产生就处于不断的变革中。乡村社区教育组织同样处于不断的变革中，从我们在第二章对其变迁的梳理中即可知道组织总是在变革。就变革的方式而言，变革总是在不断批判与质疑过去与现在，并在此基础上探讨未来的发展。格林纳认为，组织发展可分为创业、聚合、规范化、成熟、再发展或衰退五个基本阶段。再发展或衰退是组织变革的根本动因。然而，因组织前期已具备相对稳定的文化与精神，因此在处理再发展或避免衰退问题的过程中势必会遭遇阻力。罗宾斯认为，组织变革的阻力主要包括来自个体的阻力与来自组织的阻力两类。[①] 乡村社区教育组织变革除来自个体与组织的阻力外，还包括来自资源的阻力。

（一）来自个体的阻力

变革本身需要成本，个体之所以不愿意变革，因变革要个体付出

---

① ［美］罗宾斯：《组织行为学》，孙健敏等译，中国人民大学出版社2012年版，第506页。

相应的成本，并且付出成本后可能达不到预期收益，所以个体通常不愿意变革。具体而言，乡村社区教育组织的成员阻碍变革主要包括三个方面的缘由。一是个体的习惯。乡村居民本身对成人参与学习的认同度偏低，组织本身具有改变其传统学习习惯的功能。在此过程中，对于习惯于慢生活节奏的乡村居民而言可能难以接受持续的变革。二是经济因素。乡村社区教育组织变革肯定需要投入时间成本与经济成本。对于乡村居民而言，持续的投入可能会使其感觉是在"折腾"他们，因此会拒绝投入。三是对未知的"恐惧"。变革总是指向未来的美好前景，而乡村社区教育组织的实效需要通过经济、文化、政治、环境等因素得以体现，教育本身不具把控此类要素的能力，因此乡村社区教育组织成员可能会对变革的预期结果抱有"恐惧"之感，担心其投入无法得到相应的回报，从而抵制变革。此外，对于管理者、教师与服务人员而言，在缺乏科学评价制度的乡村社区教育组织中，其工作的好坏似乎与自身的工作绩效关联不大，因此可能也不愿意主动变革。

（二）来自组织的阻力

尽管乡村社区教育组织具有开放性，但它已形成相对稳定的结构、文化与知识体系。组织的变革势必牵涉到其结构、群体惰性与组织权威，因此组织自身会抵制变革。一是组织的结构惰性。乡村社区教育组织结构松散，但已形成基本的构架与运行模式。部分乡村的社区教育组织本身处于可有可无的状态，组织成员已习惯这种运行状态。组织变革势必会增加成员工作量，重新制定组织运行的规则与制度，重新对成员进行分工，注入新的内容。因此，组织结构的惰性阻碍组织的变革。二是组织的群体惰性。就理想状态而言，一村一组织是乡村社区教育发展的理想标配，众多的乡村社区教育组织在运行过程中会形成相对统一的文化定式。这种定式即群体惰性，主要表现为大家都不改革我们也不改革，无形中这种群体惰性也成为组织变革的阻力。三是组织的权威。乡村社区教育组织在运行过程中已初步形成了自己的管理权威与知识权威，组织的变革在某种意义上可能是对已有权威的否定或削弱权威，因此现有的权威可能也成为组织变革的阻力。

（三）来自资源的阻力

乡村社区教育组织本身属于先消耗再收益的组织类型，其发展本身需要投入资源。资源主体在乡村社区教育组织建设的过程中已习惯于现有的资源投入。从资源消耗的视角而言，稳定的组织可能会消耗更少的资源，但变革过程本身会增加资源投入成本。在此意义上，乡村社区教育组织的资源投入主体可能会拒绝或削减变革的成本，从而影响组织的变革。具体而言主要包括管理成本与经济成本。一是资源投入者也可能是管理者，乡村社区教育组织的变革必然会依法重新对资源进行管理，与相关责任机构或个体进行沟通，形成新的资源投入模式。二是乡村社区教育组织的变革必然会引发资源投入主体对资源投入的重新评估，论证原有资源投入是否有效果。同时还会导致资源投入主体自有资源的重新分配。就现有的乡村社区教育组织资源投入主体而言，主要是以兼职主体为主，组织的变革必然会增加其工作量，甚至会影响其他方面的工作。在此意义上，资源主体也是组织变革的阻力。

三　变革的策略

库尔特·卢因（Kurt Lewin）认为组织变革主要包括解冻现状，移动到新现状与重新冻结三个阶段，是对组织变革前后状态对比的描述。以此为基础，约翰·科特提出了组织变革的八步计划（如表5所示）。[1] 对比卢因与科特的组织变革计划可知，科特的八步计划模型是对卢因三步骤模型的细化。第1、2、3、4条相当于组织的解冻，第5、6条相当于移动，而第7、8条相当于重新冻结。从变革思路的视角而言，事实上其主要分为变革前期的思想与理念准备，变革的实

---

[1] ［美］罗宾斯：《组织行为学》，孙健敏等译，中国人民大学出版社2012年版，第510页。

施与变革后的强化三个阶段。乡村社区教育组织变革可以借鉴上述的观点，但其也有自身的特殊性。结合乡村社区教育组织的实际，本书认为乡村社区教育组织的变革主要包括六个方面的内容。

表5　　　　　　　　　　科特的八步计划模型

第一步	通过提出组织需要迫切变革的有说服力的理由来建立一种紧迫感
第二步	与拥有足够权力的人形成联盟来领导这次变革
第三步	创建一个新的愿景来指导变革，并制定相关战略来实现该愿景
第四步	在整个组织中宣传该愿景
第五步	扫除变革的障碍，鼓励冒险和创造性的问题解决方式，向员工授权，以使他们投身于愿景的实现
第六步	规划、实现和奖励短期"胜利"，这些胜利会推动组织不断迈向新的愿景
第七步	巩固成果，重新评估变革，在新的计划中做出必要的调整
第八步	通过证明新行为与组织成功之间的关系来强化变革

（一）组织变革的意识与理念

乡村社区教育组织与普通学校组织尽管都属于教育实施类组织，但两者的稳定性存在差异，普通学校相对封闭且以未成年人的成长为己任，其变革主要是教育内容与方式上的变革，加上其主要以抽象知识与技能的传授为主，因此在组织层面上其变革的幅度不大。乡村社区教育组织是指向现实生产生活的组织，社会环境的任何变化都可能引起组织自身的"振动"，因此组织的变革频率远高于普通学校，甚至可以这样认为，乡村社区教育组织不变的是变革。

乡村社区教育组织主体主要包括村民、管理者、教师与资源投入者。村民是永久的学员，但他们通常缺乏专门的社区教育组织学习经验，甚至有人对学习的价值认识都不清楚，因此他们对乡村社区教育是否变革以及如何变革的关注不太高。管理者主要以村干部为主，事实上村干部对组织的认识可能稍优于普通村民，但其变革意识也不会很强，何况变革会增加其工作量，却不会增加其经济收入。教师主要以兼职教师为主，组织变革涉及他们的主要包括教育内容与方式方法的变革。因环境变化首先影响到的是学习内容与学习方式，所以教师是最敏感的变革者。资源投入者通常会评估其投入与产出的关系，他们处于社会大环境中，因此对于有效的变革持以支持态度。

所有变革都源于意识与理念，然而乡村社区教育组织本身缺乏变革的理念，这也就是为何乡村社区教育组织的建设与发展和国家相关政策密切关联的原因，我们可以这样理解，乡村社区教育组织的大面积变革都源于国家政策的推动，当缺少国家政策推动时，大部分组织要么维持现状，要么停止运行。在此意义上，乡村社区教育组织的良好发展需要具备变革的思维，要求管理者、教师与学员同时具备变革的意识与理念。意识的价值在于清楚组织需要不断变革才能积极向前发展，理念的价值在于清楚组织变革要建立什么样的组织。意识与理念本身不是与生俱来的，这要求相关机构加强乡村社区教育组织变革意识与理念的学习，让组织的直接利益相关者与间接的利益相关者都具备变革的意识与先进的变革理念，为组织发展奠定思想与理论基础。

（二）组织变革的领导团队

尽管现代治理理念总是在强调全民共治，要求充分发挥各利益相关者参与治理的积极性与主动性。然而就现实的乡村而言，延续了几千年的科层制治理理念已深入文化骨髓，在短时间内难以有效地建立起现代治理框架。受传统的小农经济模式的影响，乡村居民普遍比较"自私"，只要不影响到"我"自己的利益，很少有人主动积极地参与到公益性的乡村社区教育组织中，尤其是当因公需牺牲私利时，不乐意的村民更多。因此乡村社区教育组织的变革不能指望"我们"以为的各利益相关者能主动积极地参与组织的变革，而是需要构建乡村社区组织变革的核心团队，以领导乡村社区教育组织的变革。

1. 变革核心团队的组建

变革核心团队的组建首先要明确何人可以进入核心团队。本书认为核心团队主要包括管理者、教师、学员与相关的研究者。每个组织都有相对稳定的成员，最为稳定的成员理应成为团队的核心成员，因为他们在组织发展过程中直接为组织发展服务，对于组织的变革具有亲身的体验。管理者也称为组织者，他们是乡村社区教育组织最直接的组织者，可以说是组织变革最直接的实施者，因此管理者必须列入组织变革的核心团队。教师作为知识与技能的引导者，他们对专业性知识的发展最为敏感，这是组织变革动力，因此教师队伍中较为稳定的成员必须成为核心团队成员。研究者是组织探究的专业人员，对各种类型的组织以及国家的相关政策，其他组织发展的概况都有所了解，因此他们应成为组织变革的核心团队成员，且其承担着组织发展的研究与指导责任。

2. 组织核心团队成员的成长

核心团队的搭建是塑造核心团队的第一步，但因乡村社区教育组织成员当前的专业性普遍偏低，因此需要对核心团队成员的变革思想与理念进行培育。培育可以采用他人培育与自我体验式成长两种方式。他人培育主要请相关人员对核心团队进行培训，传输基本的变革理念、态度、方式与方法。自我体验式成长主要依靠成员自身在工作实践中通过体验、观摩与交流等形式自我成长。前者见效快，但难以扎根于内心。后者容易扎根于内心，但需要漫长的时间。他人培育与自我体验式成长共同结合，是变革核心团队成长的理想方式。

（三）组织变革的方式方法

不同的方法可能会产生不同的结果，在内容既定的前提下，方式方法变革尤为必要。乡村社区教育组织方式方法变革主要包括组织建设方式方法与组织的教育教学方式方法两个方面的变革。

组织自身的建设与运行思路主要包括两类，即自上而下的管理式与自下而上的现代治理式。当前乡村社区教育组织处于建设的初期，乡村居民尚未自觉地认识到组织存在的必要性，因此自上而下或自外而内的建设方式方法是当前的主要方法。这样可以帮助乡村社区构建基本的乡村社区教育组织框架与配置基本的硬件设施，同时也有助于引起乡村居民对教育组织的重视。然而这种外入式的建设方式方法只适合于组织建设的初期,随着组织的发展,它难以满足组织变革的需求。因此从长远来看,乡村社区教育组织最终会采用自下而上的现代治理路径。一是因为乡村社区本身属于自治型组织,社区教育组织属于其自治的所凭借的手段,因此教育组织本身需要从自身做起,在组织活动中培育乡村社区居民参与社区建设的积极性。二是组织属于教育组织,教育的主体是人,人自身主观能动性的充分发挥是教育效果的重要保障。在此意义上,乡村社区教育组织建设也需要引导村民参与其中,充分发挥其在组织建设过程中的积极性与主动性。

教育教学方式与方法也是未来乡村社区教育组织变革的重要要素。我国传统的教育文化中一直崇尚教师权威,通常村民认为只有有教师的课堂教学活动才是正规的教育活动。这也是目前我国乡村社区教育组织采取的主要模式。在很多乡村社区中,离开教师的教育活动很难开展。随着居民文化素养的逐步提升以及现代信息技术、人工智能等技术的发展,未来的教师所掌握的知识可能难以满足居民学习的需求,而且为使学习更加便利,自我导向型学习或自学是未来乡村社区教育组织学习的主要方式。总而言之,乡村社区教育组织尽管当前仍是以教育为主,但从教育向学习的转化是组织教育教学发展的必然趋势。

(四) 组织变革的内容

乡村社区教育组织内容变革并非变革教育内容,而是对组织的全面变革,当然这里暂不讨论乡村社区教育组织的方法变革。组织变革核心团队是兼具理论与实践的团队,因此它是组织内容变革的引领者。在其引领下,乡村社区教育组织内容变革主要包括组织发展理念的创新,组织资源的获取与利用,组织课程的转化与开发,组织成员的管理。

组织理念的创新必须突破旧有理念的桎梏,结合时代发展的实际,提炼与探索和时代进步吻合的且符合乡村社区实际的理念,随着时代变迁与国内外环境的变化其理念也需要发生相应的变化。

组织资源的获取与利用指乡村社区教育组织的变革需要注入新的资源、开发新的资源或者实现旧有资源的现代化。就目前而言，乡村社区教育组织的资源仍处于紧缺状态，很多地方财政难以支撑完善的乡村社区教育组织建设，因此为应对当前资源紧缺的困境，组织核心团队在坚持组织目标不变的前提下，要积极地开发或寻求更多的资源，以保证组织的正常运转。

组织课程的转化与开发。乡村居民本身普遍的文化水平偏低，加上种植养殖技术相关的技术本身需要结合乡村具体的生态环境，因此组织需要对引进的课程进行在地化处理，以防引进的课程资源"水土不服"。同时组织核心团队需要结合乡村社区发展的实际，重视"社本课程"的开发，这样的课程才能有效地、真正地为乡村社区全面治理服务。

组织成员的管理。尽管我们总是认为教学是组织最为重要的核心任务，然而就乡村社区教育组织的实际而言，组织成员的管理是最为基础的环节。因学员是成人，组织不能采用强制的手段要求学员参与学习，因此如何变革现有的学员不愿意主动参与学习的状态，是组织变革必须思考的问题。例如组织能否采用有效的措施激励学员参与学习，如何利用现代信息技术手段方便学员学习等。

（五）变革决议的形成

变革决议是乡村社区教育组织变革最为关键的环节，它具体确定变革什么以及怎么变。乡村社区教育组织之所以要通过讨论与商榷形成变革决议，主要源于三个原因。一是组织成员本身专业水平偏低，难以依靠个人力量推动科学有效的变革。二是组织具有复杂性与差异性，同样的内容可能在某些组织中需要变革而在其他组织中无需变革。三是共同商议的变革决议更为合理。

变革决议的形成主要包括五个基本环节。一是需要团队成员明确决议并非个人的决定，面对复杂的乡村社区教育，单个个体的力量通常是有限的。二是变革领导团队成员需要深入居民中广泛搜集居民的意见和建议，尤其是听取居民中的比较有远见的个体的建议。三是组织变革的领导团队成员结合自身的理解提出自己的组织变革建议。四是对所有的建议进行整理并归类，变革领导团队逐一对每条建议的价值与可行性进行评价，可以采用打分的方式排序。五是根据评估的实际形成组织变革的决议。变革决议类似于组织变革的方案与规划，其需要真正运用到乡村社区教育组织实际运用中才能产生实效。因此接下来需要对组织变革决议进行验证，验证组织变革决议的过程即实施具体变革的过程。

（六）变革决议验证与推广

决议的目的在于从理论上增加乡村社区教育组织变革的合理性与有效性，是组织变革的规划。其是否有效，需要实践的检验，因此组织变革的最后阶段是验证与强化改革效果，强化改革效果也称为决议的推广。

验证是乡村社区教育组织决议能否落实，是否达到预期目标的最为重要的环节，它要求乡村社区教育组织变革的具体实施者，如管理者、教师与学员严格按照乡村社区教育组织的实际推动决议的落实。在需要的情况下，相关人员要结合实际对决议进行适当的调整与修订。在决议落实的过程中，相关成员及时对落实情况进行总结，形成阶段性的实施报告。如果决议实在无法落实则要适时终止。当变革的决议完全终止或结束后，变革领导团队需要采用有效的手段对决议的运用情况进行会诊，以此确定相关决议是否继续执行。组织决议验证完毕后，变革领导团队需要做出三项决定。一是原有决议无效因此不再推行；二是组织决议部分有效需要继续商议，修订后再推广；三是原决议有效，需要继续推广。

决议的推广是决议验证的后续环节，是决议已在实践中被验证有效后采取的后续措施。决议推广主要包括三种措施。一是相关成员继续在实践中运用并强化被验证为有效的决议。二是加强宣传与推介，让组织的所有居民都知晓并明白此决议是有效的，能为乡村民众的生产生活水平的提升带来实效。三是变革决议的施行者要具备与时俱进的思想意识，在决议的使用过程中根据乡村社区教育组织发展需求适当修订。任何组织的变革并非一劳永逸，随着经济社会的发展乡村社区教育组织先前的决议总会逐步受到挑战，当这种挑战达到一定程度后并且在决议实施者无法自我有效调适的情况下，乡村社区教育组织的核心领导团队需要重新审视组织的发展，以形成新的决议。

第九章 乡村社区教育组织评估

乡村社区教育组织是事关乡村社区教育发展的关键性组织机构，它不仅是实施乡村社区教育的重要路径，也是社会认可乡村社区教育最为重要的基础。乡村社区教育组织价值发挥的关键是其质量是否得到保障，评估是判断质量最为重要的依据，因此探讨乡村社区教育组织评估是本书不可或缺的内容。

第一节 乡村社区教育组织评估的含义

乡村社区教育组织评估的界定主要包括两个方面的内容。一是讨论乡村社区教育组织评估是什么；二是讨论乡村社区教育组织评估到底有何价值。前者是本章研究的逻辑起点，后者是乡村社区教育组织评估探讨的价值导向，回答"为什么要讨论乡村社区教育组织评估"的问题。

一 评估的含义

乡村社区教育组织评估的核心词汇是评估，对评估的解读是我们理解乡村社区教育组织评估的重要环节。在教育理论与实践领域，与评估相关的词汇包括教育检查、教育测量、教育评价与教育评估等，因此通过概念对比的方式有助于更加清晰地理解评估的内涵。

（一）教育检查

在社会科学语境中，检查指翻检寻查、查看与查考，目的在于发现工作中存在的问题，据实际情况命令或建议整改。通常指上级检查下级或代表上级检查下级。教育检查通常指教育行政主管部门组织相关人员或主管人员亲临被检查对象的工作场景中，对被检查对象的工作进行评判，对不符合要求的工作进行否定并对相关责任者进行批评，同时对存在问题进行指导的行动。教育检查具有行政性、等级性与模糊性。行政性指检查方通常为行政机构或上级主管部门。等级性指检查过程中检查方与被检查方之间的关系为上下级关系。模糊性指教育检查过程中，缺少科学的检查工具，主要是以检查方相关人员的直觉或意图为目的，检查结论具有很大的模糊性。相应的检查结论的公正性也较为缺失。教育检查在我国现有的教育运行过程中的运用较为普遍，如教育局到其管辖范围内检查工作，县级党政机构到其所辖区域检查工作。随着社会的发展，部分地方教育机构开始采用更为专业的术语，把检查改为教育调研。在媒体报道中较为常见的是如某某县长到某某中学调研，尽管用语有所改变，但事实上其教育检查的性质仍未有实质性改变。

（二）教育测量

教育测量是教育科学化的发展方向，是"依据一定的法则（标准）用数值来描述教育领域内事物的属性，是事实判断的过程"[①]。教育测量需要编制科学的测量工具，并且工具本身要进行相对科学的赋值。最后通过得分高低作为评判的基本依据。现实中较为常见的教育测量如普通学校的测验、国家公务员考试与社会事业单位的招聘考试等。教育测量的优势在于科学性与可视性。科学性指测量依托科学的工具实施编制而成，操作性较强。可视性指测量的结果清晰与分明。教育测量的缺点在于：教育是以人为主要产出的活动，除知识与技能的测量具有一定的可操作外，人的思想变化是难以测量出来的。由于教育本身是一项长期的活动，其真实的效果可能需数十年才能显现。因此教育测量结果在现实中只能作为参考。

---

① 金娣、王钢：《教育评价与测量》，教育科学出版社2007年版，第7页。

（三）教育评价

教育评价是教育领域常用的词汇，是"在系统地、科学地和全面地搜集、整理、处理和分析教育信息的基础上，对教育的价值做出判断的过程，目的在于促进教育改革，提高教育质量"[1]。教育评价具有过程性、滞后性与科学性等特征。过程性指教育评价总是伴随着教育实施的过程而发生，融于教育过程中。例如从过程的视角而言评价可分为诊断性评价、形成性评价与终结性评价。滞后性指评价通常是对已发生的教育行为进行评价，并且需要做出价值判断。以诊断性评价、形成性评价与终结性评价为例。诊断性评价是对先前教育过程结果的评价；过程性评价是对教育过程中教育行为发生后的评价，如期中考试；终结性评价是对教育过程相对结束后的评价。评价的科学性指评价因涉及价值判断，因此需要相对科学的评价工具。

（四）教育评估

教育评估是教育评价学发展的结果，当教育评价在现实中难以对事物发展或将要发展的情况进行描述时，于是产生评估的概念。教育评估是"对人或事物的价值，做出评量与估价。评估的严格、准确程度偏低，含有揣度、推测与估量的成分，结论具有笼统性"[2]。教育评估主要采用量化方法与质化方法。当采用量化研究方法时，评估类似于评价；质化方法主要用于当量化方法失去效用的情况。因质化方法本身具有模糊性，从而使得教育评估也具有模糊性与笼统性特征。从评估发生的时间而言，评估可以发生在教育行动发生前，也可以发生在教育行动发生之后。相比教育评价，教育评估更多是通过对已经过去的教育行动的价值进行估算，目的是改进未来的教育行动；也可以是结合当下的实际对尚未发生的教育行动的可能结果进行预测。在此意义上，教育评估具有更多的未来性。

上述四个相似概念的分析事实上为乡村社区教育组织评估的讨论

---

[1] 金娣、王钢：《教育评价与测量》，教育科学出版社2007年版，第2页。
[2] 《教育评价辞典》，北京师范大学出版社1998年版，第55页。

奠定了基础，或者说乡村社区教育组织更适合选择与评估搭配。一是教育检查是上级对下级工作情况的检查，尽管上级也可以采用检查的形式对乡村社区教育组织进行检查，但检查的主观性可能会直接影响组织的发展。二是教育测量主要要求采用可量化的工具对教育发展情况进行分析，事实上乡村社区教育组织本身是不可量化的，因此其也不适宜与教育测量搭配。三是教育评价尽管比教育检查与教育测量更加科学，但是其事后性与重视价值判断的特点不符合乡村社区教育组织的特点。原因在于乡村社区教育组织的目标本身包括形态性目标、保障性目标与功能性目标。形态性目标与保障性目标本身属于中性目标，自身所蕴含的价值判断偏少。功能性目标是以学员的成长为导向的目标，其本身蕴含着价值导向。因此，如果用教育评价代替教育评估不符合乡村社区教育组织的特点。

基于上述的分析，本书认为乡村社区教育组织评估指以乡村社区教育组织目标为参照，综合量化与质化相结合的方法，制定科学的评估工具，对乡村社区教育组织的建设概况进行综合评判与预估的行动。评估主要包括指向过去的评估与指向未来的评估。指向过去的评估主要指对已结束的组织建设行动进行评估，指向未来的评估指对组织发展的可能结果进行预估，以确定组织的发展方向。

二 评估的必要性

（一）有助于强化乡村社区教育组织目标

经济社会的发展对工作效率的要求越来越高，各利益相关者也开始觉悟到"我"的投入是否得到了相应的回报，是否达到了预期的结果。这是最为直观的评价方式，即目标导向评估。在教育领域，泰勒在《课程与教学的基本原理》提出的四个基本问题中，第四个问题即确定课程目标是否达到。[①] 可见目标对于评估的

---

① ［美］泰勒：《课程与教学的基本原理》，罗康、张阅译，中国轻工业出版社2008年版，第1页。

重要性。目标明确对于组织发展，尤其是未成熟的组织发展尤为必要。任何评估都具有目标，没有目标的评价没有任何意义。因此组织评估必须具备相应的目标，无论是预设性目标、形成性目标或是终结性目标。对于评价主体而言，目标明确便于评价的实施。对于组织成员而言，目标有助于其清楚地知道自身的努力方向。在此意义上，评价有助于强化组织目标。调查中发现乡村居民讨论学习问题时常说的是"去学习没得用处"。事实上，他们所言的用处指的是学习不能带来经济效益，因此就目前而言，乡村居民学习主要集中在直观经济效益追求上。如果组织目标主要以实用为导向，组织评价同理要以此目标的达成为依据，因此评价实施的过程也就是组织目标被再认识的过程，这有助于强化组织成员的目标意识。

（二）有助于调动各利益相关者的积极性

调查发现乡村社区教育组织对评价关注不够，使得各利益相关者在投入经济资源、物质资源、人力资源与时间资源等等方面难以见到实质性的效果。自私是人的本性，任何投入主体的投入都带有"私心"。就连国人认可的"助人为乐"事实上也是饱含私心，即"我帮助别人，因为我得到了快乐。反之如果我帮助别人，别人可能反唇相讥或辱骂、殴打我，我没得到快乐因此也就不再帮助他人"。由此推及乡村社区教育组织的建设过程中，每个组织的参与者都是资源投入主体，都付出成本。如果得不到相应的收益，乡村社区教育组织的利益相关者可能不愿意继续投入，从而导致组织的不良运行。例如，村民投入的成本需要换回经济、技术与精神上的收益；行政主体投入需要换回"政绩"；管理者与教师的投入需要换回尊重与认可。然而，现有的乡村社区教育组织因评价机制的不健全，大部分资源投入后完全凭感觉收获"回报"，组织发展的实质性效果多大，资源投入者自身的回馈有多大，仍旧模糊不清。反过来影响到资源投入者参与组织建设的积极性与主动性。如果乡村社区教育组织建立相对完善的评价体系，并开展适时评价，各资源投入主体的投入能及时得到回馈，这有助于增强组织的利益相关者继续参与乡村社区教育组织投入的积极性与主动性。

（三）有助于提升乡村社区教育组织的效率

科学治理要求治理具有针对性，即哪里需要治理或治理在哪里。这样既可增强乡村社区教育组织的实效，也可以增强组织资源投入的效率，以减少有限资源的消耗。就现有的乡村社区教育组织而言，主要的评价仍是靠感觉，并未开展科学的评价，因此各资源主体并不明确自己的投入与产出之间的关系。此外因评价的模糊性，也可能导致乡村社区教育组织资源的浪费。例如2017年笔者调查发现，贵州省某地举办的针对贫困居民的护工培训，按照要求需要50个人才能开班，主办方为开班甚至采用行政强制手段把村民召集起来培训，培训结束后要把他们送到北京的三家医院做护工。然而仍有部分学员因不会说普通话与家庭原因而不愿意去北京工作。因相关人员不愿意提供学员联系方式，笔者也无法证实。但在其总结文件中仍说的是只有少数几人未去北京的医院工作。如此的案例说明其中肯定存在培训资源的浪费，如果组织开展科学有效的评价，学员的学习可能更加具有针对性，学习结束后也能从事相关的工作，从而减少资源的浪费。针对上述的实情，本书认为开展组织评估有助于我们发现乡村社区教育组织中真实的、具体的问题，从而对症下药，以减少不必要的资源浪费。

第二节 乡村社区教育组织评估的指标

评估指标体系是评估最为核心的要素，或者说是宏观层面的评估工具。在现实中我们发现任何一项评估都有自己的指标体系。例如，高等教育领域的本科教学合格评估指标体系，教学水平评估指标体系；基础教育领域的均衡发展评估指标体系，示范校（幼儿园）评估指标体系。可以这样理解，科学的评估指标体系在现代社会发展过程中正在取代传统的以经验与直觉为基础的视察式或检查式评估。乡村社区教育组织评估同样需要构建评估的指标体系,以此作为乡村社区教育组织实践评估的主要依据。

一 评估指标的基本框架

乡村社区教育组织评估并非仅对组织开展活动的评估,而是对组织发展进行全面的评估。结合本书中构建的乡村社区教育组织生态系统模型,这里关于乡村社区教育组织评估体系基本构架的讨论主要围绕组织建设的形态性目标、保障性目标与功能性目标三者展开。形态性目标与保障性目标讨论的是组织的投入问题,功能性目标讨论的是组织的产出问题。以三个目标的实现为依据,结合本书的前述讨论,乡村社区教育组织评估指标体系的构架主要以三个目标为基础并延伸出相应的形态要素、保障要素与核心要素3个一级指标。以此为基础,本书构建了乡村社区教育组织评估的基本框架(见表6)。该框架共包括3个一级指标,11个二级指标与50个三级指标,该指标框架在构建的过程中主要采用专家咨询的形式征求了20余位理论研究专家与实践工作者,在他们的共同指导下对框架进行了反复的修订,并且本书还以此框架为依据编制了西部农村成人教育实施现状调查问卷,根据调查结果反过来对此框架进行了补充与完善。然而,此框架只能为实际评估提供宏观的参考,具体的运用还需结合实际进行细化与操作性转化。

表6　　　　　乡村社区教育组织评估指标框架

一级指标	二级指标	三级指标
形态要素	场所与设施设备	组织的场所
		教育教学设施设备
		学习辅助设施设备
		休闲娱乐设施设备
		信息技术设施设备

续表

一级指标	二级指标	三级指标
形态要素	管理团队	职业结构
		专兼职结构
		职能与分工
		专业水平
		工作态度
	教师团队	专业结构
		职称结构
		职务结构
		专兼职结构
		专业水平
		工作态度
	学员	身份结构
		参学比例
		学习态度
核心要素	组织目标	覆盖领域
		层次结构
		具体表述
		实用程度
	组织课程与教学	课程主题类型
		课程主题来源
		学习内容载体
		教学组织形式
		教学/学习方法
		教学语言
		教学资源
	组织评价	评价主体
		评价模式
		评价方法
		评价工具
		评价反馈
	组织发展	组织愿景
		组织文化
		组织压力
		组织变革

续表

一级指标	二级指标	三级指标
保障要素	组织制度	法律法规
		政策文件
		管理制度
	组织资源	资源种类
		资源来源
		资源持续性
		资源的管理
	组织监管	监管主体
		监管内容
		监管频次
		反馈与处理

二 评估指标的基本要素解读

（一）形态要素

乡村社区教育组织的形态要素非常重要，它们是社区或社会认识组织的最为直观的要素，它可以通过社会舆论的形式提升乡村社区教育组织的地位。调查发现，问及乡村社区教育组织时村民通常有三种回答。一种是"什么都没有，叫什么学校嘛？"第二种是"有个房子在那里，没人管理，老师也没有，上级有任务的时候才开门学习"。三是"就是有块牌子挂在那里，没有老师、没有人管理，就是用来忽悠人的"。这是村民对乡村社区教育组织最为直观的认识，这也说明形态要素在组织认可中的重要性。结合乡村社区教育组织的实际，其形态要素主要包括场所与设施设备、管理团队、教师团队与学员。具备上述四个要素，才能在形态上保证乡村社区教育组织名符其实。基于上述的分析，本书拟定形态要素的评估主要包括场所与设施设备、管理团队、教学团队与学员4个二级指标。

1. 场所与设施设备

场所是乡村社区教育组织形态要素中最为基础的要素，是组织存在的地理空间范围，也是从形态上认识组织最直观的要素。设施设备主要包括教育教学设施设备、学习辅助设施设备、休闲娱乐设施设备与信息技术设施设备。教育教学设施设备是衡量组织机构是否具备常规的教学设施与基本教学材料等，其与组织场所结合后的功能在于使组织外观上看起来"是"乡村社区教育组织。学习辅助设施设备指居民能否依靠组织进行自学，是否提供学习资源（如图书）、是否配备自学场所（如自修室、阅览室与图书室）。休闲娱乐本身可以理解为精神教育、文化教育与健康教育类型。一是休闲娱乐对于乡村居民而言本身是教育活动；二是可以聚集人气；三是有助于通过劳逸结合的方式提升组织的教育效果。因此这里把休闲娱乐设施设备列入评估内容。信息技术本来可以归入教育教学的范畴，然而因网络学习通常以自我学习为主，同时在偏远的很多乡村根本未配备网络学习设施设备。加上科技的发展使得现代学习已无法回避网络学习，同时"候鸟式"迁徙的村民需要借助网络学习平台享受社区教育带来的福利。因此在形式要素的评估中摄入了信息技术设施设备的指标。

2. 管理团队

乡村社区教育组织的设施设备只是从物质设施设备上考察了乡村社区教育组织最基本的物质条件。其物质设施设备能否发挥效用，需要相关人员的组织与管理，在此意义上，乡村社区教育组织需要管理团队。乡村普通基础教育学校不存在无负责人统筹工作的现象，同理乡村社区组织也需要管理团队负责日常的设施设备管理与维护，教育教学活动的组织，否则组织难以有序运行。对管理团队的评估主要是评估其职业结构、专兼职结构、职能与分工、专业水平与工作态度等。职业结构主要考察管理队伍通常由从事哪些职业的人兼任；专兼职结构主要衡量社区对组织的重视程度以及乡村社区教育组织的稳定性；职能与分工主要衡量组织的相关职能是否具有对应的管理人员负责，以及这种职能分工是否合理；专业水平衡量管理团队的社区教育管理的专业化程度；工作态度用于评估管理人员在乡村社区教育组织管理过程中的责任心与积极性。

3. 教师团队

乡村社区教育教师指承担教育教学任务的人员，然而因乡村社区居民的学习需求呈多样化趋势，个别教师难以承担涉及领域较广的教学任务。因此需要建立教师团队。对于教师团队的评估，主要包括教师的专业结构、职称结构、职务结构、专兼职结构、专业水平与工作态度。教师的专业结构主要评估乡村社区教育教师来源的领域，以此推断教师的专业分布是否能基本满足所有村民的学习需求。职称结构用于评估教师的专业水平与专业能力分布情况。职务结构主要用于衡量教师队伍的职务分布。专兼职结构用于衡量组织的受重视程度，专职教师比例越高则说明组织受到重视的程度越高。专业水平衡量教师的专业知识与技术水平能否满足居民学习需求，以及教师的乡村成人教育教学理论知识与实践经验能否助其有效开展教育教学活动。工作态度主要用于评估教师的乡村社区教育情怀以及乐于奉献的精神。

4. 学员

学员是乡村社区成人教育的主体，没有学员的乡村社区教育组织只能流于形式。就目前而言，乡村居民参与学习的主动性、积极性普遍偏低，甚至部分乡村成人学习活动的开展是以强制的形式要求村民参加，因此对学员的评估尤为重要。学员评估主要包括身份结构、参学比例与学习态度三个方面的内容。参学比例主要评估居民学习的参与度，参与度高说明村民对组织的认同偏高，同时村民从学习中获得的收益可能较多，反之则低。就理想的视角而言，所有村民都应成为社区教育组织的学员，因此当应有数与实际数之比无限接近1或等于1的时候，说明乡村社区教育组织学员的参与度高。学习态度间接反映学员对组织的认同度，也反映组织本身的运行效果。学员的身份结构主要评估参与学习的是哪类人群，例如调查中发现很多乡村社区学校只把村干部与党员的会议或集中学习作为学习活动，原因在于非村干部与党员不愿意参与学习，但是为完成上级的学习任务只能开展"以偏概全"的学习活动。

（二）核心要素

形态要素从形态上提供了乡村社区教育组织运行的基本条件，而乡村社区教育组织真正效用的发挥需要组织正常或高效运行，因此核心要素是组织评估不可或缺的要素。核心要素的缺失导致的可能后果是乡村社区教育组织难以发挥实际效果。具体而言，乡村社区教育组织的核心要素主要包括教育目标、课程与教学、评价、发展4个二级指标，每个指标的缺失都直接影响组织运行的实效。

1. 组织目标

缺少目标引领的乡村社区教育组织是没有方向的组织，因此所有的组织都必须设计合理的目标。组织目标的评估主要包括覆盖领域、层次结构、具体表述与实用程度4个维度。覆盖领域主要评估组织目标与乡村社区发展需求之间的吻合度，即组织目标是否从教育的视角尽可能推动社区各领域的发展。层次结构用于评估组织目标是否在层次上呈现为总分关系，是否形成具有层次特征的目标体系。具体表述用于考量组织目标是否结合乡村实际把社区目标转化为组织目标，转化后的目标是否用学员听得懂的，并且操作性强的语言表述。实用程度主要评估组织目标是否真实具体，目标达成后是否能真正给社区与村民带来益处或助其解决问题。

2. 组织课程与教学

课程是乡村社区教育组织目标落实的支撑要素，可以这样说缺少科学有效的课程，组织目标难以有效实现。组织课程的评估主要评估课程的主题类型、主题来源与学习内容载体三类。主题类型主要评估乡村社区教育组织的课程主要包括哪些领域，这些领域是否覆盖了乡村社区发展的方方面面，是否观照到村民实际生产生活的各个领域。主题来源主要评估乡村社区教育组织的课程主题是怎么确定的，是否真正与乡村社区发展实际需求相符。学习内容载体即课程的呈现形式，其主要评估乡村社区教育组织课程以何种形式呈现出来，这种呈现形式是否符合具体社区居民的学习特点，例如讲义、光盘、视频或标准的出版物等。

教学是把课程转化为村民知识与技能、过程与方法、情感态度价值观的关键环节。乡村社区教育组织教学的评估主要包括四个方面的内容，即组织形式、教学/学习方法、教学语言与教学资源。教学组织形式主要评估乡村社区教育组织的教学活动采用何种方式组织，所使用的组织形式能否满足居民学习的需求，例如是集体教学、小组学习、个别指导还是网络自学等。这里的评估并非以形式多样来认定效果好，而是考量组织形式对于学员学习是否真正有效。教学/学习方法的评估主要考量教学过程中主要采用了何种教学方法，并且该方法对于特定学员与特定内容而言是否有效。既考察学习方法是否丰富，也考察方法的实效性。语言是教学最重要工具，是教学内容传输的重要载体。教学语言评估的假设前提为：乡村居民普遍文化水平偏低，难以理解专业性的术语，同时部分老年村民还听不懂普通话。因此主要考察教师与学习辅助者是否把教学内容用学员最容易理解与接受的语言加以表述。教学资源即乡村社区教育教学过程中所使用的辅助性材料，主要评估乡村社区教育组织是否有相关的教学辅助性材料，这些材料的配备是否与村民具体的学习基础与特点相吻合。

3. 组织评价

组织评价主要包括教学评价与组织建设评价两类。教学评价是对教师教学实施过程的评价，组织评价主要从建设与管理的视角对组织进行评价。两类评价的评估都包括评价主体、评价模式、评价方法、评价工具与评价反馈。评价主体主要包括第三方评价、组织管理机构评价与组织自评，评价主体主要考察评价主体的类型，从主体的来源推断评估的客观性与公正性。评价模式主要考察评价的组织方式。例如，是定期评估还是不定期评估，是他评还是自评，是依据呈送材料评估还是直接进入组织进行深度评估。评价方法主要考察采用何种方法以及此类评估方法能否评估出组织运行的真实效果。常用的评估的方法主要包括考试考察、陈述与演示；文献分析、观察、访谈与指标对比等方法。一般而言，评估方法越全面可能评价结果越客观公正。评价工具主要评估整个评价过程中采用何种评价工具，评价工具的科学性与实效性等。评价的工具主要包括习题、试卷、操作评分表、评价指标体系、问卷、观察记录表等。评价反馈主要评估评价结果到底用于何处，是否根据评价结果对组织进行相应的改进。

4. 组织发展

组织发展主要评估组织是否具有发展的意识与可能性。组织发展的评估主要包括四个基本的构成要素，即组织愿景、组织文化、组织压力与组织变革。组织愿景主要考察有无愿景，愿景是否具有现实性与前瞻性，是否真正有效地引领了村民的学习。组织文化主要考察组织是否建立了积极的、充满正能量的文化，这种文化是否内化为村民所有，并影响到村民的学习习惯，成为真正发展的精神动力源。组织压力主要考察组织是否感受到发展的压力，包括基本条件完善的压力与未来发展的压力，同时还要考察组织是否做好应对压力的准备。组织变革主要考察组织是否具有变革的意识，有无变革的计划以及变革问题的处理措施等。

（三）保障要素

保障要素主要从组织运行效果能否得到正常保障的视角评估组织，保障要素主要包括组织制度、组织资源与组织监管。组织制度的主要功能在于保障组织运行的规范性与流畅性。组织资源的功能是为组织运行输送必需的"血液"，以保证组织能运行。组织监管的价值是对组织的运行进行全面的监督与管理，保证各组织的主体能尽职尽责，保障组织的有效运行。

1. 组织制度

制度是组织的规则，规定着组织运行的合理性与合法性。组织制度主要考察组织的相关法律法规、政策文件与管理制度。法律法规主要包括国家和地方是否在法律与条例中提出建设乡村社区教育组织，同时考察是建议性规定还是强制性规定。政策文件主要考察是否有针对乡村社区教育实施的国家与地方层面的政策文件，该文件是否得到落实。管理制度主要评估乡村社区教育组织是否结合实际制定了有效的管理制度，此类管理制度在组织内部运行过程中所发挥的作用如何。

2. 组织资源

组织资源是保持组织运转必备的"燃料"，缺少资源的组织其运行效果必然受到不良影响。关于乡村社区教育组织资源的评估主要评估现有资源的满足情况与资源供给的持续情况。暂时满足意味着组织当前的运行较为正常，持续供给才是最为理想的组织资源。具体而言，资源评估主要包括资源种类、资源来源、资源持续性与资源的管理四个方面的评估。资源种类主要包括物质、经费、智力与政策四类，四类资源齐备的组织其才算是正常运行的组织。资源来源主要评估资源主体是谁，通过资源主体的来源可以推测社会推动乡村社区教育组织建设的积极性。资源持续性主要考察过去与现在组织资源的获取是否是持续的与稳定的，未来资源主体是否仍将持续提供组织建设与运行所需的资源。资源管理主要评估资源管理者是否从组织效率的视角对组织资源进行科学的管理，以减少资源浪费。

3. 组织监管

监管是维持乡村社区教育组织有效运行的外在手段，监管与评估的不同在于评估是事后做出判断而监管主要在事前或事中对组织运行进行监控与管理，及时调整组织使得组织能正常有效地运行。因此，监管本身带有指导性。组织监管的评估主要包括监管主体、监管内容、监管频次、反馈与处理。监管主体主要评估乡村社区教育组织由谁来监管，监管主体是否具有真正的监管权力；监管内容主要评估是否建立基本的监管内容框架；监管频次主要考察组织监管是否具有持续性；反馈与处理分为两个环节，反馈即把监管的实际情况反馈给相关责任主体。其评估主要是看是否采用及时与科学的反馈办法，反馈内容是否真实等。处理主要评估监管的同时是否对反馈的问题或可能出现的问题采取补救措施。

总体而言，评估指标体系从宏观层面对乡村社区教育组织评估提供了宏观的监控思路与框架，具体的评估指标体系仍需以此框架为参照，设计操作性更强与更细的指标与相应的评估工具，这样的评估才能真正落到实处。

第三节 乡村社区教育组织评估的实施

评估框架的设计与讨论为乡村社区教育组织评估提供了评估的参考框架和依据，评估真正的执行还需要回答谁来评估与采用何种评估方法的问题。对于前者主要探讨的是评估主体，对于后者主要探讨的是评估方法。

一 评估主体

尽管乡村社区教育组织属于政府主导的组织，但其在性质上仍不属于官方组织而是属于民间组织，与村同样属于带有自治性的教育组织。针对这种类型组织的评估，国外的评估模式值得借鉴和参考。综合国外关于民间组织的评估模式，其主要包括三种类型，即美国民间主导的评估模式，日本政府主导的评估模式与介于两者之间的英德评估模式。[①] 美国民间主导的评估模式的特点在于评估的公开透明、客观公正与效果好。日本政府主导的评估模式的评估主体是政府，其优点是评估的权威性高易于推行，缺点在于缺乏公开、公正与透明的特性。英德评估模式可以说集美国与日本模式的优点于一身，政府负责资金支持，但评估机构独立运行。英德的主要评估机构是评估委员会，评估委员会由政府、民间组织、社区代表和评估专家共同构成。评估委员会作为评估实施的主体，从理论上而言，英德评估模式的客观性、公正性、权威性与效果肯定优于单独的美国或日本模式。就我国对民间组织的评估而言，与日本政府主导的评估模式具有相似之处，政府既是资金的支持者，也是评估的主导者与实施者。随着近年来评估研究的发展以及对国外相关评估模式的引介，中国正逐步探索

---

① 邓国胜：《民间组织评估的几点思考》，《学会》2009 年第 2 期。

评估主体多元化的评估模式，借此提升评估的效果。基于对国内外评估发展现状的梳理，乡村社区教育组织评估主体的讨论首选需要明确主体应具备何种特点与谁应该成为主体。

就主体需具备的特点而言，乡村社区教育组织评估主体必须具备的品质包括多元性、客观性与平衡性。多元性指评估主体应该包括所有的利益相关者代表以及相关专家，目的是集众人的智慧共同推动组织评估效率的提升。客观性指评估主体需要具备公益心，即评估不是评估个人的利益和喜好，而是从社区发展的视角对组织展开评估。平衡性指主体的构成需要平衡各方势力，以此预防评估过程中依据个体利益与需求进行评估的现象。基于对评估主体构成特点的讨论，乡村社区教育组织的评估主体应该组建评估机构。评估机构主要由政府、评估专家、组织管理者、学员代表与教师代表共同构成。政府作为主要的资金支持者，其需要了解资金投入与收获的效益；评估专家作为评估专业人员，主要提供评估工具开发与评估实施的技术指导；组织管理者是组织运行的直接责任者，他需要通过评估发现组织存在的不足与自己工作存在的不足，以此制定进一步的行动计划；组织发展的最终受益者是学员，因此学员代表理应加入评估机构中表达其心声；教师作为教育的实施者，从教学组织与实施的视角可以为组织评估过程设计提供技术上的可行性反馈。

尽管本书从理论上提出乡村社区教育组织评估的主体要由上述人员构成，但就目前而言，乡村社区教育组织评估尚达不到上述的理想要求。一是真正的乡村社区教育评估专家少见。二是组织的部分成员评估的意识，尤其是发展性意识仍不足，通常认为评估就是为应付政府的检查。三是目前仍缺乏相对成熟的评估指标体系及其实施的经验总结。因此本书认为未来一段时间内乡村社区教育组织评估仍将会以政府为主体，随着社会评估意识的全面提升以及专业评估机构的发展，未来乡村社区教育组织评估将会逐步过渡为多主体参与的评估模式。

二 评估模式

评估模式指乡村社区教育组织评估的组织者依托特定的评估工具，对乡村社区教育组织进行全面评估时所采用的方法。每种评估方法都有自身的优点和缺点，因此在实际的运用过程中需要结合被评估的具体组织的实际情况，秉持客观、公平、公正的原则选择并采用合适的评估模式。结合当前乡村社区教育组织的实际，本书认为可采用的评估模式主要包括指标考核法、公众评议法与查访验证法。三种模式在实际运用中需要有机结合，否则会影响评估的实际效果。

（一）指标考核模式

指标考核法是相关评估主体结合乡村社区教育组织的实际情况制定明确的、操作性较强的考核指标体系，然后根据具体指标逐一考核，以此呈现乡村社区教育组织建设情况的方法。指标考核模式可以是第三方考核，组织自我考核，上级管理机构考核或相关的责任主体组织考核。其优点在于目标明确，具有较强的操作性，因此在当前的评价领域较为常见。其不足是指标体系的制定较为困难，既需要全面反映组织的实际情况，同时要具有较强的操作性。明确的考核指标不仅有利于考核者的实施，也有助于组织建设者按照指标的要求有计划地完成建设任务。因为指标涉及乡村社区教育组织的硬件、软件与效果等内容，因此在对指标达成进行核验的过程中需要采用文献收集、访谈、观察等多种具体的资料收集与分析方法。具体而言，乡村社区教育组织的指标考核法主要分为四个步骤。

1. 制定评估指标体系

指标体系的科学性与可操作性直接关系到评估工作能否顺利实施以及评估结果是否能反映组织建设的真实情况，同时因为乡村社区教育组织关涉到政治、经济与文化等乡村建设的方方面面，因此指标体系的制定需要整合社区教育理论领域与实践领域及政治、经济、文化等领域的人才，以保证指标制定的科学性、适切性与全面性。在指标体系的基础上，需要构建国家级、省级与县（区）三级指标体系。

此外指标体系制定还需经过试行与修订，再试行与再修订等多个阶段。

2. 依据指标收集资料

根据乡村社区教育组织的指标体系，评价主体深入具体的乡村社区教育组织进行全面的资料收集。资料收集必须做到详细、全面，不仅是为了完成评估，同时需要发掘指标未涵盖的但非常有益的经验。资料收集过程中可采用观察、访谈、问卷、政策文本、制度资料收集等方法。

3. 资料的整理与分析

根据收集到的资料，结合具体的评估指标对资料进行全面解读与核验。目的在于检查对应指标的完成情况，在此过程中注意有效的典型经验的挖掘。

4. 撰写评估报告

撰写过程主要包括回顾评估的整体过程，撰写评估报告，重点呈现乡村社区教育组织建设的基本概况、取得的经验与成效、存在的问题与应对措施、未来发展愿景与展望等方面的内容。评估报告的撰写需要写"实"，尤其是存在问题与应对措施部分更应如此。此外，评估报告修订完成后，需反馈给具体的乡村社区教育组织建设主体，成为其改进乡村社区教育组织的依据。

（二）公众评议模式

乡村社区教育组织与普通中小学比较而言，其对象更为广泛，是名副其实的终身教育组织机构，其根本目的非升学与应试，而是真正服务具体乡村发展的组织机构。乡村所有的社会成员都属于其服务对象，在此意义上民众的评议能较为真实地反映其实际效果。因此，在乡村社区教育组织评估的过程中有必要推行公众评议模式。该模式的优点在于能较为真实地反映乡村社区教育组织满足居民需求的实际情况，不足之处在于乡村民众可能尚未意识到乡村社区教育组织的价值从而导致其评价的失真。乡村社区教育组织的公众评议模式主要包括四个步骤。

1. 编制评议工具

评议工具是有序地收集公众意见的依据,主要包括调查问卷与访谈(座谈)提纲两种形式。评议工具的编制要以乡村社区教育组织宏观的评估指标体系为依据,结合具体乡村民众的认知水平开展编制工作。具体而言,要明确民众评议在哪些方面可以收集到真资料,在哪些方面收集到的是伪资料,因此评议工具的编制主要针对的是真资料的收集。评议工具编制结束后还要进行试用与修订,然后才能在同类乡村社区中推广。

2. 组织实施民众评议

根据评估的总体规划组织实施民众评议,民众评议的组织实施可分为三个环节。一是确定调查样本。二是确定评议形式。评议形式指乡村社区教育组织在民众评议过程中主要采用哪些方式,主要包括现场评议、资料评议与社会舆论评议等形式。三是拓展评议的内容。公众评议工具主要是对预设指标的考量,可能民众在实际的教育过程中有新的体验,因此在组织实施评议的过程中需增加"体验式"评议的内容。

3. 评议资料的整理与分析

民众评议结束后,需要对收集到的资料进行归类,并分析民众视角下乡村社区教育组织的成效、经验与问题。

4. 凝练与撰写评议报告

结合评议资料的整理与分析,在此基础上进行成效、经验、问题的凝练,讨论问题的应对措施,并撰写民众评议报告。在评议报告中须提出改进的建议,并反馈给具体的乡村社区教育组织管理与建设主体。

(三)查访核验模式

查访核验模式是对乡村社区教育组织进行再评估的模式,其主要用于:当乡村社区教育组织评估(含自评与他评)结束后,相关评估或监管主体对乡村社区教育组织的评估结果进行核验的评估模式。其主要功能在于核验原有评估的客观性,同时也可以检查先期评估出来的问题的改进情况。与指标考核模式与公众评议模式相比，查访核验模式主要以抽查的形式进行，因此其规模与范围要小。查访核验模式主要包括四个基本环节。

1. 明确查验的目标

目标明确有助于查访核验工作的开展。查访核验的目标并非发现组织建设的问题，而是核验原有评估结果的真伪，并检查评估发现的问题及其改进情况。

2. 组织访验队伍

为保证查访核验的公正性，查访核验队伍的组织需要排除原有的评估团队成员，既可组建专门的队伍，也可以在原有的队伍之间进行不对称的交叉查访核验。不对称的交叉查访核验指查访核验队伍之间不能直接交换（如 A 评估 A 区，B 评估 B 区，C 评估 C 区，而后 A 核 B 区，B 核 A 区），而是在更大范围内交叉核验（如 A 查核 C 区，B 查核 A 区，C 查核 B 区），这样不仅使得查核更为公正与客观，同时也有助于交流乡村社区教育组织建设的经验。

3. 实施查访核验

查访核验主要采用抽查的方式进行，采用分层、分类随机抽样的方法确定查验的样本，然后带着先期的评估结果进行对比查验。查验结果的记录主要采用与先期评估结果对比的方式进行。一是查验结果达不到先期的标准，二是查验结果符合先期标准，三是查验结果超出先期标准。针对达不到与超出的情况，需要具体注明差距与超出的内容和程度。此外，还需要对先期评估提出问题的改进情况进行查验，评估改进策略的有效性以及落实情况。

4. 撰写查验报告

结合查验所掌握的资料，分析并撰写查验报告。查验报告的主要内容需要反馈给先期的评估团队，以此作为其提升评估水平的参考。

参考文献

一 专著

毕虎、李惟民：《社区人与中国梦》，同济大学出版社2015年版。

成人教育学会、中正大学成人及继续教育研究所：《有效的成人教学》，师大书苑有限公司1995年版。

邓国胜：《非营利性组织评估》，社会科学文献出版社2001年版。

董明传、毕诚、张世平：《成人教育史》，海南出版社2002年版。

《汉语大字典》，四川辞书出版社、湖北辞书出版社1986年版。

胡晓松等：《当代社区教育的比较研究》，中央民族大学出版社2001年版。

黄健：《成人教育课程开发的理论与技术》，上海教育出版社2002年版。

黄利群：《社区教育概论》，沈阳出版社1992年版。

黄志成、程晋宽：《现代教育管理论》，上海教育出版社1999年版。

民国教育部社会教育司：《民众教育馆》，正中书局1941年版。

民国教育部社会教育司：《全国社会教育统计》，商务印书馆1936年版。

金娣、王钢：《教育评价与测量》，教育科学出版社2007年版。

黎民、张小山：《西方社会学理论》，华中科技大学出版社2005年版。

李冬梅：《现代化进程中农业园区制度结构研究——以浙江省农业园区为例》，农业出版社2006年版。

李珠：《中国成人教育近现代史》，黑龙江教育出版社1996年版。

马伟华:《生态移民与文化调适:西北回族地区吊庄移民的社会文化适应研究》,民族出版社 2011 年版。

马作宽:《组织变革》,中国经济出版社 2009 年版。

潘锦棠:《劳动与职业社会学》,红旗出版社 1991 年版。

乔东平、高克祥:《政府与社会组织的合作:模式、机制和策略》,华夏出版社 2015 年版。

秦向阳:《成人教育学》,江苏教育出版社 1989 年版。

芮明杰:《管理学:现代的观点》,上海人民出版社 2005 年版。

沈光辉:《转型发展中的社区教育问题研究》,中央广播电视大学出版社 2016 年版。

宋林飞:《社区社会工作》,社会科学文献出版社 2002 年版。

唐莹:《元教育学》,人民教育出版社 2002 年版。

陶西平:《教育评价辞典》,北京师范大学出版社 1998 年版。

王承云、郭鑫:《日本城市旅游地理》,上海社会科学院出版社 2013 年版。

王日根、张侃、毛蕾:《厦大史学》(第 4 辑),厦门大学出版社 2013 年版。

王思斌:《乡村社会学》,中央广播电视大学出版社 2004 年版。

吴鼎福、诸文蔚:《教育生态学》,江苏教育出版社 1990 年版。

《现代汉语学习词典》,商务印书馆 2010 年版。

徐永祥:《社区工作》,高等教育出版社 2004 年版。

阎光才:《识读大学:组织文化的视角》,教育科学出版社 2002 年版。

阎占定:《新型农民合作经济组织参与乡村治理研究》,世界图书出版有限公司 2013 年版。

于斌:《组织行为学》,清华大学出版社 2013 年版。

于海:《西方社会思想史》,复旦大学出版社 2010 年版。

张维:《世界成人教育概论》,北京出版社 1990 年版。

郑金洲:《教育文化学》,人民教育出版社 2000 年版。

[德]斐迪南·滕尼斯:《共同体与社会——纯粹社会学的基本概

念》,林荣远译,商务印书馆1999年版。

［德］卡西尔:《人论》,甘阳译,上海译文出版社1985年版。

［法］埃尔:《文化概念》,康新文等译,上海人民出版社1988年版。

［法］戈丹:《何谓治理》,钟震宇译,社会科学文献出版社2010年版。

［荷］法兰克·范克莱、［荷］安娜·玛丽亚·艾斯特维丝:《社会影响评价新趋势》,杨云枫译,中国环境出版社2015年版。

［荷］C. A. 冯·皮尔森:《文化战略——对我们的思维和生活方式今天正在发生的变化所持的一种观点》,刘利圭等译,中国社会科学出版社1992年版。

［加］加雷思·摩根:《组织》,金马译,清华大学出版社2005年版。

［加］明茨伯格:《卓有成效的组织》(珍藏版),魏青江译,中国人民大学出版社2012年版。

［加］托马斯·拉马尔、［韩］姜乃熙:《现代性的影响》,凤凰出版传媒集团2008年版。

［美］D. P. 约翰逊:《社会学理论》,南开大学社会学系译,国际文化公司出版1988年版。

［美］R. E. 帕克、［美］R. D. 麦肯齐:《城市社会学》,宋俊岭、吴健华译,华夏出版社1987年版。

［美］W. 理查德·斯格特:《组织理论:理性、自然和开放系统》,黄洋等译,华夏出版社2002年版。

［美］彼得·圣吉:《第五项修炼——学习型组织的艺术与实践》,张成林译,中信出版社2009年版。

［美］达夫特:《组织理论与设计》,王凤彬等译,清华大学出版社2011年版。

［美］戴维·波普诺:《社会学》,李强译,中国人民大学出版社1999年版。

［美］道格拉斯·C. 诺思:《制度、制度变迁与经济绩效》,杭行译,格致出版社2014年版。

[美]迪尔、[美]彼德森:《校长在塑造学校文化中的角色》,王亦兵译,中国青年出版社2006年版。

[美]霍尔:《组织:结构、过程及结果》,张友星、刘五一、沈勇译,上海财经大学出版社2003年版。

[美]杰夫·莫齐、[美]理查德·哈里曼:《公司中的创造力:创新型组织行动指南》,鲜红霞、郭旭力译,机械工业出版社2005年版。

[美]杰克琳·谢瑞顿、[美]詹姆斯·L.斯特恩:《企业文化》,赖月珍译,上海人民出版社1998年版。

[美]里基·W.格里芬:《管理学》,刘伟译,中国市场出版社2008年版。

[美]罗宾斯等:《组织行为学》,孙健敏等译,中国人民大学出版社2012年版。

[美]马尔科姆:《成人学习者》,龚自力等译,北京师范大学出版社2016年版。

[美]莫拉莱斯、[美]谢弗:《社会工作:一体多面的专业》,顾东辉等译,上海社会科学院出版社2009年版。

[美]欧文斯:《教育组织行为学》,窦卫霖等译,华东师范大学出版社2001年版。

[美]史蒂文·凯尔曼:《制定公共政策》,商正译,商务印书馆1990年版。

[美]斯波克:《斯波克育儿经》,哈澍等译,南海出版公司2013年版。

[美]威廉·大内:《Z理论》,朱雁斌译,机械工业出版社2013年版。

[美]雪伦·B.梅里安、[美]罗斯玛丽·S.凯弗瑞拉:《成人学习的综合研究与实践指导》,黄健、张永、魏光丽译,中国人民大学出版社2010年版。

[英]G.邓肯·米切尔:《新社会学词典》,蔡振扬等译,上海译文

出版社 1987 年版。

［英］戴维·布坎南、［英］安德杰·赫钦斯盖：《组织行为学》，闫长坡、何琳、闫甜等译，经济管理出版社 2005 年版。

［英］罗素：《西方哲学简史（下卷）》，马元德译，商务印书馆 1976 年版。

［英］马林诺夫斯基：《文化论》，费孝通等译，中国民间文艺出版社 1987 年版。

［英］萨瑟兰等：《战略压力管理：组织的方法》，徐海鸥译，经济管理出版社 2003 年版。

［英］泰勒：《原始文化》，蔡江浓编译，浙江人民出版社 1988 年版。

中国成人教育协会：《中国成人教育改革发展三十年》，高等教育出版社 2008 年版。

《中国教育年鉴》编辑部：《中国教育年鉴（地方教育）（1949—1984）》，湖南教育出版社 1986 年版。

中国教育年鉴编辑部：《中国教育年鉴（2011）》，人民教育出版社 2011 年版。

中国教育年鉴编辑部：《中国教育年鉴（2013）》，人民教育出版社 2014 年版。

中华人民共和国教育部发展规划司编：《中国教育统计年鉴 2009》，中国统计出版社 2010 年版。

钟启泉：《课程论》，教育科学出版社 2007 年版。

朱国云：《组织理论：历史与流派》，南京大学出版社 1997 年版。

二　论文

鲍有斌：《学习型组织与虚拟学习社区》，《远程教育杂志》2004 年第 3 期。

陈含章：《我国数字农家书屋建设现状及模式探析》，《出版发行研究》2017 年第 9 期。

陈燕：《农家书屋建设与发展再探：现状、问题与趋势》，《编辑之友》2018年第3期。

邓大才：《村民自治有效实现的条件研究——从村民自治的社会基础视角来考察》，《政治学研究》2014年第6期。

邓国胜：《民间组织评估的几点思考》，《学会》2009年第2期。

甘饴：《城乡统筹背景下社区教育趋势与对策》，《江苏社会科学》2019年第3期。

高志敏：《迈向交集：论社区治理与社区教育》，《教育发展研究》2015年第23期。

贺雪峰：《谁的乡村建设——乡村振兴战略的实施前提》，《探索与争鸣》2017年第12期。

梁靖松：《新农村建设中的乡村治理模式研究》，《改革与开发》2011年第9期。

刘佩芸、孟凡君：《日本社区教育活动特征及启示》，《河北师范大学学报》（教育科学版）2012年第4期。

沈光辉、陈晓蔚：《我国社区教育政策的演进历程、文本分析和改进策略》，《中国远程教育》2019年第5期。

王天平：《社会转型时期乡村教育的价值取向》，《西南大学学报》（社会科学版）2017年第1期。

魏娜：《我国城市社区治理模式：发展演变与制度创新》，《中国人民大学学报》2003年第1期。

温铁军：《生态文明与比较视野下的乡村振兴战略》，《上海大学学报》（社会科学版）2018年第1期。

吴遵民、黄健：《国外终身教育立法启示——基于美、日、韩法规文本的分析》，《现代远程教育研究》2014年第1期。

杨智、何光全：《近代以来我国农村成人教育组织的发展及其特征》，《职教论坛》2014年第22期。

姚朝进：《西部贫困地区"农家书屋"现状的调查与思考——以黔西南州为例》，《兴义民族师范学院学报》2018年第2期。

俞可平：《法治与善治》，《西南政法大学学报》2016年第1期。

曾祥翊：《专题教育社区的概念与特征》，《中国电化教育》2013 年第 10 期。

周嘉方：《走向学科：社区教育科学研究的理性目标》，《成人教育》2006 年第 1 期。

周立：《展望 2050：中国城乡一体化图景》，《经济研究导刊》2015 年第 8 期。

三 英文文献

Barbara Merrill and Andreas Fejes, *European Journal for Research on the Education and Learning of Adults*, 2018.

Currie, Jacqueline Waldine, *CanceR Epidemiology Biomarkers & Prevention*, 2016.

Daniel H. Jarvis, "Adult Education and the Planetary Condition", *International Review of Education*, Vol. 64, No. 1, 2018.

D. Brent Edwards, "Shifting the Perspective on Community-based Management of Education: From Systems Theory to Social Capital and Community Empowerment", *International Journal of Educational Development*, Vol. 64, No. 1, January 2019.

Flávio Reis dos Santos and Luiz Bezerra Neto, "Educational Praxis for the Brazilian Peasant Populations: from Pedagogical Ruralism to Historical-dialectical Materialism", *Universidade Estadual de GoiásUniversidade Federal de So Carlos (UFSCar), Acta Scientiarum: Education*, Vol. 39, No. 4, 2017.